我国近现代教育发展进程中的高校图书馆研究

李莘　著

中国纺织出版社

图书在版编目（CIP）数据

我国近现代教育发展进程中的高校图书馆研究 / 李莘著. -- 北京 : 中国纺织出版社, 2018.11
ISBN 978-7-5180-4314-9

Ⅰ. ①我… Ⅱ. ①李… Ⅲ. ①院校图书馆—图书馆发展—关系—高等教育—发展—研究—中国—近现代 Ⅳ. ①G259.256 ②G649.29

中国版本图书馆CIP数据核字（2017）第282127号

责任编辑：汤　浩　　　　**责任印制：**储志伟

中国纺织出版社出版发行
地　　址：北京市朝阳区百子湾东里A407号楼　**邮政编码：**100124
销售电话：010-67004422　　**传　　真：**010-87155801
http：//www.c-textilep.com
E-mail：faxing@c-textilep.com
中国纺织出版社天猫旗舰店
官方微博http：//weibo.com/2119887771
北京虎彩文化传播有限公司　　各地新华书店经销
2018年11月第1次印刷
开　　本：787mm×1092mm　1/16　**印　　张：**14.25
字　　数：260千字　**定　　价：**92.50元

前 言

高等教育是随着生产力的发展、文化科学技术知识的不断积累而出现的，并且由低级向高级逐步发展变化。本书着重研究近现代（一般指鸦片战争以后）高等教育发展进程中的高校图书馆。在研究图书馆的发展情况方面，主要对馆舍、文献、人员、经费、用户教育等进行论述。

本书坚持以科学发展观为导向，以时间为线索，本着以史为据、史论结合的原则，在浩如烟海的历史典籍文献中查找史料，在充分吸纳学界同人研究新成果的基础上进行分析，力求翔实生动地再现我国高等教育发展进程中高校图书馆的整体面貌，并从中认识我国高校图书馆对高等教育事业的重要作用及高校图书馆事业发展的自身规律。

本书由广西幼儿师范高等专科学校李莘著。作为一部研究我国近现代高等教育发展进程中的高校图书馆的通史性著作，该书涉及我国的近现代高等教育发展史，但由于本人水平有限，书中若有疏漏甚至错谬之处，恳请学界同人与广大读者不吝赐教。

编者　李莘

2017 年 8 月

目　录

第一章 我国近代精英高等教育及高校图书馆

近代阶段主要是指1840年鸦片战争至中华人民共和国成立之前近110年的历史。大致可以分为晚清、民国前期（1912—1927）和民国后期（1927—1949）三个阶段。这是中国近代高等教育从萌芽、兴盛到逐渐被新民主主义高等教育取代的时期，高校图书馆伴随着高等教育的发展，大致也形成了三个发展阶段。

第一节 晚清高等教育及高校图书馆

一、晚清的高等教育

鸦片战争之后，各帝国主义列强在中国加紧侵略，清王朝丧权卖国、苟存于世，民族矛盾不断加剧，民众起义不断，清王朝为巩固其统治，部分接受办“洋务”、兴“西学”的主张，在19世纪60年代掀起了“自强”“求富”“新政”的洋务运动，我国近代精英高等教育在这样的情况下诞生了。之后的维新运动也使高等教育获得了一定的发展。

（一）洋务运动时期我国近代高等教育的萌芽

从1862年京师同文馆创办至1895年中日甲午战争失败的30余年，是中国近代高等教育制度雏形初现的阶段。近代高等教育制度，是在资本主义列强侵略加剧的国际环境下起步的，是在世界资本主义潮流冲击下伴随着早期工业现代化的发展而起步的。19世纪60年代，以奕訢、文祥、曾国藩、左宗棠、李鸿章、张之洞等为主要代表的统治阶级掀起了洋务运动，他们标榜“自强求富”、兴办“洋务事业”，希望仿效外国资本主义国家兴办近代军用工业以“求强”，创办近代民用企业以“求富”，兴办新式学堂培养人才以“新政”。期间，创办了一定数量的“西文”教育和“西艺”教育专门学堂。这些学堂的创办，标志着我国近代高等教育的萌芽已经产生。

1.“西文”教育专科学堂

在洋务运动中兴办的著名“西文”专科学校有1862年创办的京师同文馆、1863年创办的上海广方言馆、1864年创办的广州同文馆以及1893年创办的湖北自强学堂等。这些学校以培养满族的翻译人才为目的，以便在与外国人进行交往时“不受人欺蒙”。京师同文馆先设英语，后增加俄、日、法、德等国的语言，不过英文一直居于首要地位。1866年，增设科学馆，学科扩大至算学、天文、化学、物理、万国公法、医学、生理等科，学习年限8年，前几年偏重语言文字，后几年加上一些科学知识。该学堂为我国近代第一所国立的新型高等专科学校，1901年并入京师大学堂，次年改称“译学馆”。上海广方言馆成立于1863年，是继京师同文馆之后设立的第二所外国语言学校，广方言馆初建之时，即设立了英文、法文和算学三个学馆。之所以设算学馆，是由于当时人们认为它是学习西学的基础，“西人制器尚象之法，皆从算学出，若不通算学，即精熟西学亦难施之实用”①。迁入江南制造局后，又增设了武学馆及铁船馆。湖北自强学堂是为培养洋务、翻译、教学人员创办的一所学堂。学堂设于武昌，分方言、算学、格致、商务四斋，设有英、法、俄、德、日五国语言，学生150人，算学一堂，并附译西书。1902年，更名为湖北方言学堂。毕业学生“分往各省任教习，或称翻译，并办理厂局商务各事”，培养出一批工矿商务管理和翻译人才。

2.“西艺”教育专科学堂

在“西艺”专门教育学堂方面，兴办的专业技术学校和军官学校主要有1866年设立的福州船政学堂、1881年创办的天津水师学堂、1886年创办的天津武备学堂、1887年创办的广东水师陆师学堂以及1895年创办的湖北武备学堂。

1866年由闽浙总督左宗棠在福建创办福州船政学堂，这是清末最早的海军学校。次年分为前、后两学堂，前学堂习法文及造船；后学堂习英文及驾驶。两学堂均学数学、天文、地理、画法等课，并读《圣谕广训》及《孝经》，兼习策论。1913年，前学堂改为福州海军制造学校，后学堂改为海军学校。

天津水师学堂创办于光绪七年（1881）。严复为总教习，聘用英国军官教练，仿英国海军教习章程制定条例和计划。经费由北洋海防经费内开支。分驾驶、管轮两科，驾驶科专习管驾轮船，管轮科专习管理轮机。开设英文、算学、几何、代数、三角、重学、天文、舆地、测量、驾驶、化学、格致等课程，兼习经史文义，训演外国水师操法。学生入学年龄14~17岁，学制5年，其中4年在学堂学习各种课程，1年上练船实习，学

①戴逸、吴士英：中国近代史通鉴（1840—1949）·洋务运动与边疆危机（3），红旗出版社，1997年版，第198页。

习船上诸艺，如火炮、洋枪、刀剑、操法、药弹利弊、上桅接线、用帆诸法等，要求于驾驶诸学能明体达用。毕业后授水师官职，任职北洋海军，或选送外国留学。

广东水师陆师学堂于光绪十三年（1887）由两广总督张之洞就原博学馆进行改设，分水师和陆师。水师习英文，分管轮与驾驶两项。管轮习机轮理法、制造运用；驾驶习天文、海道、驾驶、攻战之法。陆师习德文，分马步、枪炮、营造三项。此外，均习四书、五经、史书等。水师和陆师初设学额各 70 名。后水师两项各设 70 名，学额共 210 名。3 年结业。学生每年在堂学习 9 个月，在船或营练习 3 个月。水师学成后，需上船实习，初定 1 年，后改 3 年。学生除了原博学馆旧生外，还招收福建船政学堂及天津的武弁和文童。吴仲翔为总办，英国人李家孜为水师教习，德国人欧披次为陆师教习。1893 年改名“广东水师学堂”。1889 年增设矿学、化学、电学、植物学及公法学，各设额 30 名。公法学学生由福建船政学堂、上海广方言馆及广东同文馆考选。聘英国人赫尔伯特（Harper）、葛路模（Percy Groom）、骆丙生（H.H. Robinson）等分别教授公法学、植物学、化学。

天津武备学堂为近代最早的陆军学校。光绪十一年（1885）由李鸿章奏设于天津。仿照西洋陆军学校规制，聘用德国军官教授。挑选北洋各营中精健聪颖、略通文义之弁兵百余人入堂学习，其中有部分愿习武事的文员。学习内容有天文、舆地、格致、测绘、算化诸学及炮台营垒新法。另外，还有演试枪炮阵式，操习马队、步队、炮队及行军布阵分合攻守诸式，并兼习经史。1 年毕业，发回各营任用。光绪二十二年（1896）始分马、步、炮队三科。

湖北武备学堂于光绪二十三年（1897）正月，由湖广总督张之洞奏请在武昌设立。报考学生一律经过严格考试，还要经过 3 个月的试读，将不合格者剔除，留下实际所需要招收的人数。学生学习的课程由讲堂和操场两部分构成，讲堂功课有军械学、算学、测量学、绘图学、枪炮弹药的构造及使用和维修方法、枪队炮队马队营阵之要、营垒桥道制造之法、山川险易攻守进退之机；操场功课有操习枪炮、骑术、营垒工程、行军、打靶、演试测量、体操等。由此可见，该学堂具有招生质量较高、课程较全面、理论与实践相结合的特点。

这些洋学堂的设立在我国教育史上具有一定意义，它第一次对传统的封建教育实行了改革，开创了中国新教育的先河，特别是在学科专业上新增了一些近代的科学技术和外国语言文学课程，这一教学内容的改变，直接影响着中国高校图书馆的藏书结构。此后，中外图书兼顾，人文学科书籍、社会学科书籍与自然科学技术书籍并重，逐渐成为高校图书馆的藏书理念，高校图书馆的藏书面变得更广、结构更为合理，在推进高等教育发展方面的作用更大了。

3. 中西合璧的新式书院——格致书院

这是我国第一个科学教育机构。据记载，格致书院由三部分组成：一是“知新堂”，内有天球仪、地球仪、物理和化学仪器、铁器汽机等；二是讲论学问之堂，备作中外“院师”为学生讲授课程的场所；三是书房，内藏已译成中文的格致书。由于书院经费困难，迟至1879年才开始正式招生，1880年2月开学授课。据当时书院发布的《招收生徒启》称，格致书院当时设有两科，任学生自选：一是学西国语言文字，另一是学格致实学。至1895年，格致书院的课程作了改革。按照傅兰雅设计，书院设立“六学”（即六个专业），包括矿务、电务、测绘、工程、汽机、制造，并各按西法排定课程。学生可任选一学（专业），逐次学习各课程。学生自备学习用书。以自学为主，遇有难明之处，可按期到院询问。学生每学完一课，可前来考试，75分以上合格，发给该门课的课凭（合格证书），再学别课。学完一学（专业）全课，发给毕业文凭，证明其人“已精此门学业，足为行用”。由此格致书院的教学体系与方式已接近西方的高等学校。书院设有博物院、藏书楼，作为学生实习和阅览的场所[①]。格致书院存在时间达40年，为中国培养了早期具有新知识、新思想、新技能的人才，为近代科学在中国的发展作出了贡献。1911年，格致书院宣布停办。

（二）维新运动与清末“新政”时期的高等教育

1894年甲午战败之后，维新派兴起，他们认为中国落后的原因是教育不良、学术落后，于是主张通过改良中国的教育来达到救亡图存的目的。梁启超说：“亡而存之，废而举之，愚而智之，弱而强之，条理万端，皆归本于学校。”[②]他的这一观念逐渐被国人接受。于是维新派领导人及清末“新政”领导人都把兴办学校培养人才作为救亡图存的重要举措。这一时期，一批培养高级人才的学校纷纷建立起来。

1. 维新运动时期的高等教育

维新运动时期的高等教育以一批新式高等学堂的建立以及承担高等教育的书院的发展为主要内容。

（1）新式高等学堂的教育

① 维新派领导人创办的“新学”学堂。维新派领导人不仅大声疾呼要“废科举、兴学校”，还亲自创办学校，如康有为在广州设立“万木草堂”，自任总教授、总监督，撰《长

① 舒新城：中国近代教育史资料（上册），人民教育出版社，1979年版，第67页。
② 梁启超：饮冰室合集·变法通议学校总论，中华书局，1936年版，第19页。

兴学记》作为学规。并将其所著《新学伪经考》《孔子改制考》作为主要讲授教材，“教授弟子，以孔学、佛学、宋明学为体，以史学、西学为用”，即探讨中国数千年学术源流、历史政治及其沿革得失，寻求拯救中国的办法。学堂教学内容包括中国经史、诸子之学，西方的哲学社会科学和自然科学，音乐与体育等，并有课外的演说、游历等活动。鼓吹托古改制，按照改良派的需要塑造孔子、改造儒学。学堂还办有图书馆和仪器室。学堂于光绪二十年（1894）被清政府解散，1896 年又恢复讲学活动，1898 年戊戌政变后终于被封禁。

梁启超、谭嗣同等于 1897~1898 年在长沙主办“时务学堂”。目的是“用可用之士气，开未开之民智”，宣传变法维新。熊希龄任提调（校长）。学堂分为两部，学堂的功课章程包括普通学和专门学两类。学生所读的书也分两类，即专精之书和涉猎之书，其总学时比例为六比四。每生每人置札记册一本，每天把所读书的页数和心得记于其上，每 5 日交一次，由院长批答给分，并给予奖惩。学堂经费除了绅商捐集外，并由官府逐年酌量发给。梁启超以万木草堂为蓝本，制定《学约》十章，向学生灌输变法维新思想。师生旦夕讲论，谴责君主专制，鼓吹平等、民权之说。风气所及，于省内外产生相当影响。学堂成立不久即遭到顽固士绅王先谦等激烈攻击，戊戌政变后改为求实书院。

严复于 1894 年在北京创办“通艺学堂”。校址在北京宣武门内象坊桥。1897 年 2 月正式开学。学制 3 年，分初次学期与特班授课的二次学期。初次学期的课程，英文为公共必修科，另设文学门，讲授舆地志、泰西近史、名学、计学、公法学、理学、政学、化学、人种论等；艺术门，讲授标学、几何、代数、三角术、格致学、天学、地学、人身学、制造学等。在学习中，学员对其所列科目，各可按自愿，分门专习。3 年期满毕业，对有官阶者，保荐以加陛阶；无职人员，准做监生参加乡试。戊戌政变，学堂停办，其设备、图书、仪器等物移交京师大学堂。

1897 年，谭嗣同、欧阳中鹄等人发起捐资创建“浏阳算学馆”。馆址在浏阳县城内的奎文阁。“浏阳算学馆”本着“业有专长，学求实用”的原则，以算为主，其他格致诸科，均以自学为主。聘请“精于算法，兼通西学”的人为掌教，置监院 1 人，管理学员，督促稽查功课。规定招收“文理通顺，能晓珠算”、年 20~30 岁的学员，由总掌教出题面试，如原系生员，可免试文理。取录分额内、额外，额内学期 3 年，有缺由额外学员递补。馆内备有《御制数理精蕴》《几何原本》以及古今经史、算术、中外科学图书，供学员参考查阅。考试每月逢八有馆试，3 个月有季课。平时学员要将学习所得，记入学习日记呈交查阅。不久，即停办。

陈芝昌、邓家仁等捐资在广州设立“时敏学堂”，开设国文、外语、算术、史地、理化、体操、图画诸课。1902 年曾派 10 名学生自费留学日本。1919 年停办。该学堂制定的《时敏学堂章程》，对购买图书和学生借还图书等进行了规定：

购图经济以地理为本，地理非图不明。今拟购各直省、各国舆图，其西籍所载鸟兽草木各图，金煤各矿质，均拟采购。

设借书以便观览，堂内诸君，居处不同，境遇各异，岂能尽人入堂肄业？且房舍有限，或不能容，拟设借书部一卷，分送同人，俟捐款缴清，取有回条，再凭回条至学堂换借书，凭部一本，凡借书还书，须据部到掌书处，给回收发字样。省城限三日为一期，四乡限十日为一期，上期书还，乃借下期，逾期不还，掌书催之。延至三期，永远不借，或有遗失污损一册者，酌议赔值，或令抄回三册。以上照全书原值赔偿，另购新本，其旧本仍充公籍，不赔者亦永远不借。不与会者不借。

②京师大学堂。这是我国近代由政府正式开办的最早的大学。“百日维新”期间，光绪皇帝采纳了维新派领导人的主张，并发出了几十条改革命令。关于高等教育方面，最突出的是筹办京师大学堂。1896 年 6 月，刑部左侍郎李端棻就向光绪建议在京师建立大学堂；继而孙家鼐上奏表示支持，并补充提出了具体的分学科、请教习等建议。1898 年，维新运动开展，维新派及一些开明官员如御史王鹏运重新提出创办京师大学堂的要求，得到光绪帝的明确支持，命令总理衙门“妥筹具奏”。并在 6 月 11 日的《明定国是诏》中，催促总理衙门尽快办理。后总理衙门上报了由梁启超草拟的《京师大学堂章程》，并派孙家鼐为京师大学堂的管学大臣，以美国教士丁韪良为总教席，正式办理京师大学堂。经过 5 个多月的筹建，京师大学堂于 12 月正式开学。由于戊戌政变的影响，入学学生很少，学科内容大为缩减，只开设诗、书、易、礼四堂和春、秋二堂。维新运动失败后，虽然新政停止实行，但京师大学堂的筹办仍然继续进行。京师大学堂是我国近代最早的中央官办大学之一，是北京大学的前身。

梁启超草拟的《京师大学堂章程》共 8 章 54 节。其中提出的办学方针有二：“一曰中西并用，观其会通，无得偏废；二曰以西文为学堂之一门，不以西文为学堂之全体。”该章程为大学堂设置的课程有两类：普通学科类，即经学、理学、掌故学、诸子学、文学、体操和初等的数学、格致学、地理学等，为所有学生所必学；专门学科类，即政治学、农学、矿学、工程学、商学、兵学、卫生学和高等的数学、格致学、地理学等，由学生任选一门。并规定凡 30 岁以下的学生必须选学一门外语。大学堂招收的学生有两类：一类是翰林院编检、知县以上官吏及大臣子弟中愿入学肄业者；另一类是各省中学堂领有文凭咨送来京肄业者。关于学生的出身，拟请将各省中学堂毕业并领有文凭者作为举人出身；其升入大学堂，毕业而领有文凭者，作为进士出身，并因其所长而授以职事。[①]

③天津中西学堂和上海南洋公学。在维新运动的影响下，清朝政府的一些地方官员也积极筹办新式学堂。其中较有名的有天津海关道盛宣怀于1895年在天津创办的“西学学堂”（即中西学堂，1903年改为北洋大学堂）、1897年在上海创办的“南洋公学”（系上海交通大学的前身）。

天津中西学堂利用博文书院的校舍建成，目的在于造就军事、外交、制造、工艺等各方面人才。天津中西学堂分头等学堂和二等学堂，学制均为4年，盛宣怀要求“二等学堂功课必须四年，方可进入头等学堂；头等学堂功课必须四年，方可进入专门之学”。这是中国学校分级之始。头等学堂相当于大学本科，二等学堂则相当于大学预科。头等学堂的4年学习中，第一年课程不分科，学生学习通习科目，包括英文、数学、制图、物理、化学、天文、地理、万国公法、理财学等，余下的3年各就性质相近学习一种专门科目，专门科目有法律学、工程学、采矿冶金学、机械工程学、电学五科。学生毕业后，或派赴外洋分途历练，或酌量委任洋务职事。二等学堂不分科，招收13~15岁、读过“四书”、并通一二经、文理稍顺者为学生，课程有英文、数学、各国史鉴、舆地、格致等。学生按班次递升，毕业后即可升入头等学堂。1898年奉京铁路局之请，学堂又特设铁路专修科。1900年，八国联军入侵天津，学堂被毁，学务被迫中止。1903年重建，改名为“北洋大学”。

上海南洋公学是仿天津中西学堂，于上海筹设的新式学堂，侧重培养以通晓中国传统文化为基础而又了解西方洋务的政治人才。因学堂以招商、电报两局众商每年所捐银10万两为经费，故名为“公学”，所招学生不分籍贯地区，率经甄试选录。该学堂体制较为复杂，光绪二十三年（1897）四月八日开学，先设师范院，通过考试选取学生40名，多为举贡监生出身，兼习中西各学，培养目标是“明体达用，勤学善诲”。合格者选为公学中院、上院教习，这是中国师范教育的开端。同年又仿日本师范附属小学之法，设外院（光绪二十五年，外院生悉数递升中院，外院即取消）。光绪二十四年设中院（相当于中西学堂的二等学堂），光绪二十六年（1900）建上院（头等学堂），实现四院并设计划。其《章程》规划了一种新的学制，外、中、上3院各120名学生，按程度分四班，每年依次升班，上院4年学成给予毕业文凭。这种学制成为中国近现代大、中、小学3级制的雏形。次年再设译书院，选译东西洋政治、经济、社会、科学、军事、教育、商业、史地等书。1900年，上院校舍落成时，先由师范生迁入使用。公学的教育内容“以

① 朱有瓛：中国近代学制史料（第1辑下册），华东师范大学出版社，1987年版，第940页。

通达中国经史大义、厚植根柢为基础，以西国政治家、日本法部文部为指归，略仿法国国政学堂之意”，为国家培养内政、外交、理财方面的人才。

（2）书院教育

在维新运动中，对书院的改进成为当时教育改革的重要内容。一部分注重学术性的传统书院和新建的学术性书院具有高等教育的性质，在清末承担着高等教育的任务。

①传统学术性书院的高等教育。在清末，一部分传统书院仍承担着传播高深知识、研究高深学问的任务，如湖北的两湖书院、经心书院及四川的尊经书院等。

两湖书院是湖北省名气最大的书院。光绪十六年（1890）由湖广总督张之洞创办于武昌。由湖南、湖北两帮茶商捐助书院经费，专收两湖士子入学，故名“两湖书院”。当时新学方兴，书院课程除了经、史、辞章外，还开设天文、地理、数学、测量、化学、博物学、兵法、史略学及兵操等新学科。著名的地理学家和书法家杨守敬、数学家和翻译家华蘅芳、音韵学家沈勇植以及易顺鼎、杨锐、汪康年、姚晋圻、周树模、陈三立、屠寄、邹代钧等名流都曾任教该院；自立军领导人唐才常、辛亥革命领袖黄兴等都曾是两湖书院学生。1903 年，两湖书院改为“湖北高等学堂”，亦称“两湖大学堂”（实为大学预科），不久又称为“两湖总师范学堂”。

经心书院于同治八年（1869）由湖北学政张之洞创设于武昌，招收 25 岁以下肄业者，以 5 年为期。光绪二十四年（1898）张之洞酌照学堂办法，改定课程为外政、天文、格致、制造四门，分年轮习，无论所习何门，均兼习算学，选习西语西文者听便。次年将课程改定为天文、地舆、兵法、算学，并专设经史一门，兼习兵操。设院长、总教习整饬学规，考核品行（称为“行检”），并用宋太学积分法每月终核其所业分数之多寡，酌定进退。办院宗旨为“中学为体，西学为用”，一洗帖括辞章之习，唯以造真才、济实用为要归。光绪三十三年（1907）张之洞将它改设为“存古学堂”。

尊经书院创办于 1875 年，是当时四川的最高学府。当时成都虽有锦江书院，但所教课程偏重时文，成就不大。1873 年 7 月，具有洋务思想的知识分子张之洞奉旨任四川乡试副考官，同年，又担任四川学政。张之洞到川后，除了采取一些措施，以剔除科场积弊、整顿学风外，还在成都城南创办了尊经书院，进而对四川学界产生了极大的影响。书院首批学生是从全川 3 万余名生员中按学问人品择优录取 100 人。以后，每逢科、岁两考，在各府县考取第一二名秀才、贡生中调取入院学习。所学课程为经、史、小学、辞章，尤重通经。书院购书万卷，延请名师，为学生创造了良好的学习条件。张之洞曾编撰《輶轩语》和《书目问答》作为读书指导，又撰写《尊经书院记》，说明办学宗旨是培养蜀中人才、通经致用。1879 年，设立尊经书局，刊行书籍。由于张之洞、王闿运等倡导通经致用，注意发掘人才，教学方法也比较灵活，因此尊经书院成了当时四川学术文化的中心，以人才荟萃名闻全国。学生们治学严谨，思想活跃，喜欢议论时政，臧否人物，这就为改良主义思想在四川的产生和传播创造了条件。

此外，清光绪九年（1883）张之洞任山西巡抚时在太原还创建了令德书院（又称“令德堂”，1900 年停办，肄业生后来一律转入新设立的山西大学堂）；光绪十三年（1887）任两广总督的张之洞在广州城西北创办了广雅书院（1901 年改名为“两广大学堂”），这些书院均具有高等教育的性质。

②新办书院的教育状况。与此同时，清末还创办了一批具有高等教育性质的新式书院，如杭州的求是书院等。求是书院位于现浙江省杭州市上城区大学路 3 弄 5 号。清光绪二十三年（1897）由浙江巡抚廖寿丰、杭州知府林启发起，以普慈寺为院址，由林启负责筹建创办，并定名为“求是书院”。这是浙江大学最初的前身，也是浙江在省城率先建立的一所新式高等学堂。1897 年 5 月 21 日开学，陆懋勋、陈仲恕主持教务。书院以“振兴中华、御侮图强”为办学方针，注重实学，反对科举，在教授英语、数学、化学、地理等课的同时，也十分重视国文教育，注意培养学生的民族自强意识。该书院对考试制度也进行了较大的变革，明确规定考生“先试经义史论时务策”，并规定在校学生于“朔课考试化算诸学，望课考试经史策论”，这是对当时考试制度的重大突破。求是书院又是全国实行选送高才生出国深造较早的学校。该书院造就了一批具有科学文化知识的新型人才，如邵飘萍、陈独秀等。书院屡经更名，光绪二十七年（1901）改称“浙江求是大学堂”；翌年改称“浙江大学堂”；光绪二十九年（1903）十二月又改称“浙江省高等学堂”；辛亥革命后，国民政府教育部于 1912 年 1 月将其更名为“浙江高等学校”；1927 年定名“浙江大学”。

总之，从清末兴学热潮到南京国民政府成立之前，是中国近代高等教育的起步时期，总体趋势是从无到有、从少到多、从小到大、从弱到强逐步发展。随着晚清高等教育的发展，高校图书馆事业也逐渐发展起来。

2. 清末“新政”时期的高等教育

清末“新政”，政府对高等教育更加重视，恢复了京师大学堂并将其作为全国大学的典范，一批大学堂如南洋公学等获得了发展，一批为推行新学培养师资的优级师范学堂纷纷建立，一批承担高等教育任务的书院得到彻底改造。所有这些，都成为清末高等教育发展的主要内容。

（1）京师大学堂的恢复

光绪二十八年（1902），慈禧太后由西安回銮北京后，委派张百熙为管学大臣，着手恢复京师大学堂。张百熙思想开明，热心于新教育。他主张脚踏实地，从头做起，先办预备、速成两科。预备科分政科（包括经史、政治、法律、通商、理财等）、艺科（包括声、光、化、电、农、工、医、算等）；速成科设仕学馆、师范馆。预备科为3年后办大学本科作准备，速成科则为收急效。

京师大学堂按照张百熙的筹划走上正轨。1902年10月14日，京师大学堂举行招生考试，结果仕学、师范二馆共录取学生180余人。第二年增设了进士馆、译学馆、医学实业馆。1904年预备科招生。1910年，京师大学堂正式开办经、法、文、格致、农、工、商七科，学生400余人。至此，京师大学堂初具规模。辛亥革命后的1912年5月，京师大学堂更名为“北京大学”。

（2）南洋公学的发展

光绪二十七年（1901）南洋公学设立特班，作为应考“经济特科”之预备，课程包括课艺、英文、数学、格致、史地、名学、政治学、经济学、外交史等。同年又设政治班，由师范生及中院高级生选入，课程包括宪法、国际公法、行政纲要、政治学、经济学等。此外，因外院取消后，中院招生渐感不易，故1901年再设附属小学，分预备、高等两级。1906年改政治科为商务科，添设铁路科；1907年停商务科，由此成为专办工科的大学。从1908年到1921年，工学增设电机科、船政科（后分离独立设校）、土木科（由原铁路科改设）、电气机械科（由电机科改设）、铁路管理科等。设科变化表明，1907年以前，由于政局的发展以培养政治经济人才为主；1907年以后，以培养工业交通人才为主。校名由于经费来源问题而不断更改，1905年改名为“商部高等实业学堂”；1906年改为“邮传部上海高等实业学堂”；1912年改为“交通部上海工业专门学校”；同年与唐山工业专门学校、北京邮电学校、交通传习所合并，始名为“交通大学”。南洋公学曾造就了一批科学技术人才，对中国近现代工业交通的发展作出了很大贡献。南洋公学彻底改革了封建教育的办学形式和教育内容，对于19世纪末20世纪初资本主义新教育制度在中国的确定，发挥了积极的作用。

（3）对书院的彻底改造

早在戊戌变法期间，清政府发布上谕指令：“即将各省府厅州县现有之大小书院，一律改为兼习中学、西学之学校。”同年6月，光绪皇帝又诏令废除“八股”，以示革除旧式教育的决心。但是在此后的7年间，书院、“八股”并未能真正废止。表面上看，这是因为除京师大学堂师范馆及其延续京师优级师范学堂是慈禧太后钦定的之外，清朝政府中对新式学堂建立与否的争执既激烈又毫无结果，张之洞早就提出的改书院为学堂的折中办法未能实行。真正的原因是当时科举取士的制度仍然存在，士子们仍能通过官学化了的书院教育考取功名，走上仕途。直到光绪三十一年（1905），光绪皇帝诏令“著即丙午（即 1906）科为始”废止科举，停止所有乡试、会试及各省岁科考试。这就断绝了以科考为本的旧式教育之路，而使书院教育制度彻底瓦解。一时间，旧式书院纷纷关闭，新式学堂接连开办。部分承担高等教育的书院被停办，大部分改办为新式大学堂。

（4）优级师范学堂的建立

光绪二十八年（1902）一月十日，慈禧太后回銮北京的第三天，便委派张百熙为管学大臣，着手恢复京师大学堂以示兴学的决心。二月十三日，张百熙在《奏陈筹办京师大学堂大概情形疏》中说，因考虑到短期内不可能办起大学预科及分科的实际情况，故先“设速成科，分仕学馆、师范馆”[①]附设于大学堂，以便能够尽快招生上课。此举不仅能“使京师大学堂就此恢复”[②]，更能体现出他所拟奏《钦定京师大学堂章程》中“学堂开设之初，欲求教员，最重师范”的思想。经过紧张的筹办，京师大学堂师范馆于光绪二十八年农历十一月十八（1902 年 12 月 17 日）正式开学。这一天就成了我国高等师范教育的开端。

光绪二十九年（1903）学务大臣张百熙、荣庆、张之洞等奉旨重新审订学堂章程。新章程重视师范教育的程度较《钦定京师大学堂章程》又有了发展，即除了主张“宜首先急办师范学堂”“以师不外求为成效”外，还将师范教育分作优级（即高级）和初级两个级别，在初等级别中又有完全师范科、简易师范科、师范传习所、实业教员讲习所的区别，以培养中、小学正、副教员不同层次的师资。这就使师范教育形成了一个独立的系统。

光绪二十九年年底（1904 年 1 月），新章程颁行，即《奏定优级师范学堂章程》，规定“京师及各省城宜各设一所优级师范学堂以培养初级师范及中学堂教员”。随即在京师和各省纷纷设立起了优级师范学堂以培养初级师范及中学堂教员，成为我国高等师范教育的萌芽。京师大学堂师范馆按照《奏定学堂章程》的规定更名为“京师大学堂优级师范科”。1908 年，优级师范科从京师大学堂里分离出来，发展为一所独立设置的学校。其任务仍是培养初级师范学堂及中等学堂正、副教员和管理员。京师优级师范学堂的建立是我国独立设置高等师范学校之始，也是我国的师范教育开始有了一个独立组织系统

① 朱寿朋：光绪朝东华录卷 171，团结出版社，1998 年版，第 176—177 页。
② 朱寿朋：光绪朝东华录卷 171，团结出版社，1998 年版，第 176—177 页。

的标志。此后，各地纷纷设立师范学堂。

1902 年，山东巡抚周馥为选拔本省送往京师大学堂及留学日本的师范生，令山东高等学堂暂设师范馆安顿这批学生，待学生分派完毕，师范馆即行裁撤。1903 年复于济南创设山东全省师范学堂，以方燕年为监督。清宣统二年（1910）山东全省师范学堂的校名改为“山东优级师范学堂”，学堂内编制依旧。

1903 年，两江总督张之洞奏设三江师范学堂于南京。1905 年，三江师范学堂改称“两江师范学堂”，后又改名为“两江优级师范学堂”。

1905 年春季，成都创办四川师范学堂。同年，广州创办两广速成师范馆和管理练习所，附设初级师范简易科，后改名为“两广师范学堂”。

1906 年，袁世凯于天津创办北洋师范学堂，是为后世影响较大的北洋女子师范学校、河北省立女子师范学院的前身。同年，安庆创设了安徽优级师范学堂；兰州将兰山书院改办为“甘肃优级师范学堂”；两广总督岑春煊奏请将两广师范学堂升格改办为“两广优级师范学堂”，获准后即以广东贡院旧址改建为“两广优级师范学堂校舍”；四川师范学堂校名改为“四川通省师范学堂”。

1907 年，开封河南师范学堂升格为河南优级师范学堂，附设初级师范；同年，福建两级师范学堂中的优级师范班更名为“福建优级师范学堂”而独立设置，是福建省最早的高等师范学校。

1908 年，学部奏议建女子师范学堂于北京，称京师女子师范学堂。

这一时期建立的还有直隶优级师范学堂、江西优级师范学堂等。这些优级师范学堂的建立，为后来的高等师范院校群体的形成创造了条件。

二、晚清高校图书馆发展的背景

晚清时期，除了高等教育发展对高校图书馆建设的需要外，随着西方藏书理念的传入及国人对藏书的思想宣传，国人创办藏书楼实践经验的不断积累，促使国人更加重视高校图书馆建设，在这种情况下，高校图书馆获得了初步的发展。

（一）晚清国人的藏书理念

19 世纪后期，西方思想输入中国以后，一些有志之士产生了变法维新的思想。这种思想也影响、推动了中国藏书工作的性质的变化。郑观应、康有为、梁启超、李端棻等人在论述书院、学校、学会等问题时，都呼吁仿效西方图书馆，创立可供公众阅览的“书藏”，

并构想出一种新式的中国近代藏书楼，为中国近代图书馆的建立作了舆论上的准备。

清朝末年，以郑观应、王韬等为代表的早期改良主义者和以康有为、梁启超等为首的维新派从改良的愿望和需要出发，积极推介西方国家的藏书理念和技术，并在这一过程中形成了自己的藏书理念。

1. 郑观应的图书馆思想

郑观应(1842—1922)，广东香山人。他是近代中国维新派思想家，长期经营近代工商业，一生参加社会实践活动的时间达65年之久。他曾当过英商宝顺洋行、太古轮船公司买办，并捐得道员衔；历任上海机器织布局帮办、总办，上海电报局总办，轮船招商局帮办、总办、会办，汉阳铁厂总办和商办，粤汉铁路公司总办等职；创办和投资了不少贸易、金融、航运、工矿等企业。作为近代中国维新派思想家，郑观应从24岁开始“究泰西政治、实业之学”，先后著述过《救时揭要》《易言》和《盛世危言》等著作，这些著作标志着他维新思想的发生、发展和成熟几个阶段。他大力提倡“西学”，并认为图书馆在人们生活中有着重要的作用。在其著作《盛世危言》中的《藏书》及其《附录》译文——《西士〈论英国伦敦博物院书楼规制〉》中系统地阐述了有关图书馆的思想，归纳起来主要有以下几点：

（1）论图书馆的重要性

郑观应把图书馆（“书籍馆”）看作培养人才的三大机构之一。他在《盛世危言》中，分别撰写了《学校》《日报》和《藏书》三个节，来专门阐明三大机构的重要性。他认为西方国家强盛的重要原因之一是其具有发达的教育：“夫英国近数十年来，人但诩其称雄宇内，人才辈出，而不知其培植人才之法有以致之也。此正所谓人才得而国家兴矣。然设立书院，法似平平，久而行之，其效捷于影响。”因此，他认为如果中国能够“仿而效之，人才之验亦必接踵而兴矣”[①]，并对此“跂予望之”！他与近代思想先驱林则徐、魏源和徐继畬等人一样，都认识到了教育和人才对国家发展的重要性。为了阐明教育和藏书的重要性，他在《藏书》中说：“尝谓人才之得失，系国家之盛衰，是以有国者不可不慎也。然而股肱辅弼，每资贤才；究穷物理，尤需博士。常见蕞尔小邦崛然振兴，巍峨大国忽焉颓败，非尽由治理之失法，亦实缘人才之不得也。夫普天之下何处无才？要在培植之得失耳。而培植之法，非学问无以立其基。欲增学问，非诵读无以开其识。然有益要务之书，卷帙甚富，价值昂贵，非寒士所易购，故书院之设尤不可不亟亟也。”[②]在这里，郑观应阐明了国家、教育和读书三者之间的关系，即“国家之盛衰”，其要“在培植之得失”；

① 夏冬元：郑观应集（上册），上海人民出版社，1982年版，第247页。
② 夏冬元：郑观应集（上册），上海人民出版社，1982年版，第307页。

“而培植之法，非学问无以立其基；欲增学问，非诵读无以开其识”，“藏书之为益多，而广置藏书以资诵读者之为功大也”，所以，“书院之设尤不可不亟亟也”。郑观应把兴学养才提到了富国、安天下的高度来加以审视，明确指出，发展新式教育、培养人才的首要任务便是建立图书馆。

（2）反对旧式封闭的藏书楼，主张建立西方开放式图书馆

郑观应在1894年的《盛世危言·藏书》的开篇即指出了我国藏书楼的封闭状况：“我朝稽古右文，尊贤礼士，车书一统，文轨大同，海内藏书之家指不胜屈。然子孙未必能读，戚友无由借观，或鼠啮蠹蚀，厄于水火，则私而不公也。乾隆时特开四库，建文宗、文汇、文澜三阁，准海内稽古之士就近观览，淹通博洽，蔚为有用之才，作人养士之心，至为优厚。而所有官吏奉行不善，宫墙美富，深秘藏庋，寒士未由窥见，及寇乱䊷经付之一炬。中兴将帅，每克复一省一郡，汲汲然设书局，复书院，建书楼。官价无多，尽人可购，故海内之士多有枕经胙史，博览群书，堪为世用者。通商日久，西学流传，南、北洋亦复广译西书以资考证。惟是穷乡僻邑闻见无多，疆吏亦漠不关心，置之度外，则傲僻孤陋，故我依然，然后知藏书之为益多，而广置藏书以资诵读者之为功大也。”①

他认为古代藏书楼不能真正付诸“公”的原因是“所在官吏奉行不善”，因而导致“宫墙美富，深秘藏庋，寒士未由窥见，及寇乱涪经付之一炬”。在清廷镇压太平天国运动以后，虽然“中兴将帅，每克复一省一郡，汲汲然设书局，复书院，建书楼”，但“穷乡僻邑闻见无多”，因为“疆吏亦漠不关心，置之度外，则傲僻孤陋，故我依然”。虽然郑观应没有从中国封建社会的政治和经济制度的根本上探求中国古代藏书“私而不公”的原因，但是，他能够把中国古代藏书虽“公”而不能“公”归结为“官吏”和“疆吏”的不重视，这也是一个进步。

郑观应主张革除中国传统藏书楼的陈规陋习，称赞开放私家藏书的做法。中国的私人藏书之家，把藏书当作观赏把玩的“古董”，当吴兴的陆心源将自家的“宋楼”所藏古籍，奏请朝廷将其向一郡人士开放时，郑观应由衷地敬佩，并赞赏陆氏说：“其大公无我之心，方之古人，亦何多让”。同时他深叹道：“独是中国，幅员广大，人民众多，而藏书仅此数处，何以遍惠士林。”希望在中国建立西方式的图书馆。

（3）倡导普遍设立近代图书馆

在郑观应看来，为使中国的图书馆很好地发挥社会教育职能，重要的步骤就是购置大量图书，并建立相当数量的各级各类图书馆。郑观应盛赞英、法、德、意等西方国家

① 夏冬元：郑观应集（上册），上海人民出版社，1982年版，第304页。

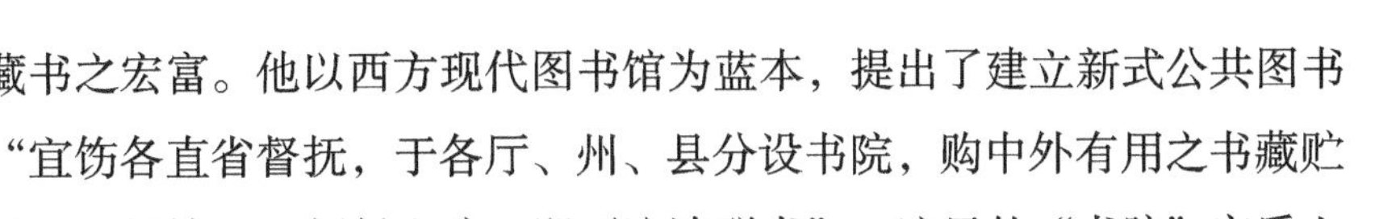

图书馆数量之多、藏书之宏富。他以西方现代图书馆为蓝本，提出了建立新式公共图书馆的具体做法：即“宜饬各直省督抚，于各厅、州、县分设书院，购中外有用之书藏贮其中，派员专管。无论寒儒博士，领凭入院，即可遍读群书”。这里的“书院”实质上已是西方式的现代公共图书馆。

郑观应主张各省至各厅、各州、各县地方政府分别设立图书馆，使其具有广泛性和普遍性。其主旨就是要在中国各地建立各级各类图书馆，使全国图书馆在结构上成网状分布以便为全国各地的读者服务，而且这些图书馆以官办为主并由专人管理。他所提出的图书馆面向社会全体公众开放的观点，意在要求将中国的图书文献公开和共享，使之成为社会的共同财富，直接冲击着旧的藏书观念和制度；同时这也意味着将藏书楼由宫廷或私人占有向社会化转化，由重藏轻用向藏用并举转化，由保存图书的职能向社会教育职能转化等，意义十分重大。

郑观应提出了普遍设立近代图书馆的方法，归纳起来有如下几种：

一是通过行政手段，自上而下地设立各级图书馆。“宜饬各直省督抚，于各厅、州、县分设书院，购中外有用之书藏贮其中。凡外国未译之书，宜令精通西文者译出收贮。”①

二是在管理上，“派员专管”，对读者全面开放，“无论寒儒博士，领凭入院，即可遍读群书”②，体现出图书馆的公共性。

三是在经费上，采取官办和绅捐等多种形式相结合的办法。“至于经费，或由官办，或由绅捐，或由各省外销款项科场经费。常年储备专款，分派员役管理，稽查所有新书，随时添购。”

（4）倡导现代图书馆的公共阅览制度

郑观应对西方图书馆对外开放的做法十分赞赏，他研考了西方各国，特别是英国图书馆，并对英国伦敦藏书院（即伦敦图书馆）公开借阅的情形进行了具体描述：“咸丰四年（1854）间，于院中筑一大厦，名曰：读书堂，可容三百人，中设几案笔墨。有志读书者，先向本地绅士领有凭单，开列姓名、住址，持送院中董事，换给执照，准其入院观书，限六个月更换一次。如欲看某书某册，则以片纸注明书目，交值堂者检出付阅，阅毕缴还，不许携带出门及损坏涂抹。倘有损失，责令赔偿。”③

另外，图书馆还实行有偿租书外借的做法，即让读者交付一定的费用后，可以允许图书的短期外借。最值得注意的是，该图书馆阅览室有一大柜，“以书目三百卷陈其上，使

① 夏冬元：郑观应集（上册），上海人民出版社，1982年版，第306页。
② 夏冬元：郑观应集（上册），上海人民出版社，1982年版，第306页。
③ 夏冬元：郑观应集（上册），上海人民出版社，1982年版，第304—305页。

人易于检视”。这反映了西方图书馆已经有了较系统的图书分类和编目。

总之，郑观应的有关论述已经提到了相当系统的现代公共图书馆的管理方法和技术。可以说，郑观应详细介绍英国图书馆的管理方法和技术，表明他赞赏这些先进的管理制度，希望未来中国的图书馆也能予以采用。

（5）主张学习西方图书馆的藏书制度和管理办法

郑观应认为，中国要培植人才，应设立图书馆“广置藏书”，而设立中国近代图书馆则必须向西方图书馆学习，尤其要向英国图书馆学习。他说：“近考各国书院，列若繁星，当推英国伦敦博物院之书楼为巨擘。且英国书院之多不胜枚举，而不费钱钞，任人游观者随在有之，若较博物院之书楼，实不可同日语矣。”向西方图书馆学习，并不是模仿英国也去建造大英博物院图书馆那样的圆形阅览室，而是学习西方图书馆的先进管理理念和管理方法。郑观应认为，一是应学习西方图书馆的图书呈缴制度。他说：“泰西各国均有藏书院、博物院，而英国之书籍尤多，自汉、唐以来，无书不备，本国书肆新刊一书，例以二分送院。”为了进一步说明英国的图书呈缴制度，郑观应在1895年的一段文字中说：“如有益于国计民生者，必膺朝廷重赏，并给予独刊之若干年。”这样，郑观应不仅说明了图书呈缴制度本身，还说明了呈缴制度与《著作权法》之间的关系。在中国图书馆学术史上，郑观应可能是最早明确地说明呈缴制度与《著作权法》之间关系的人。

二是应学习西方图书馆的借阅管理方法。他认为西方图书馆的借阅管理方法值得借鉴，他在1895年写道：“就长案上静看，不许朗诵。阅毕签名书后，何日、何处、何人阅过，缴还经手。该值堂年终查核，知何书最行。另有赁书楼，有股分者每年出书银四元，可常往看，各处新报俱全，只准借书两本，限两礼拜归还。如无股分者赁阅，每日计银两先付。”这样，他就比较完整地向人们介绍了“英国伦敦博物院之书楼”的借阅流程与方法。

为了给图书馆提供可资借鉴的借阅管理方法，郑观应专门选录了“英国伦敦博物院之书楼”的“书楼规制”：

“一、书楼之设，原为供人阅看，增长学问，唯礼拜日及各节期不得入观，余日无论风雨俱开各门。二、开楼时刻，自西九月初起至四月底止，早九点开门，晚八点关门；自五月至八月，则九点开而七点闭。三、欲入观书者，先将其来意住址写明，交总管阅看。四、未入先二日须有荐函致总管。如举荐人果系可靠，本人只写住址、钤姓名即可入内。五、荐函如不可靠，总理即不许入，或与董事同议之。六、入楼之人各领一牌，嗣后随便持牌往观，至换牌之期，凭总管更给。如不换牌者则不得再入。七、所领之牌随身佩带，甲领之牌，乙不得冒往。八、年不满二十二岁者不许入楼。如必入观，亦可与董事议之。九、不许污坏书籍。十、不准以纸置书上而写之。十一、楼内地图及各图画，若不向总管言明，不准以纸加图，照影描画。十二、楼内须雅静，不许高声喧嚷。十三、阅毕之书，仍置原处。十四、不遵规例者不准入楼。十五、若擅取书籍出楼者，照偷窃例科罪。十六、使执役人所取之书，亦必交该役送回，掣取原条。如不掣回，似乎书仍未交，恐致争论。十七、本楼人有得罪看书人处，执役人有不善处，许看书人写信告明总管。”[①] 这篇“书楼规制”是迄今为止我国最早的有关西方图书馆借阅规则的译文，它为晚清近代图书馆的创办提供了具有操作意义的范例。

三是应学习西方图书馆的藏书管理方法。郑观应在介绍西方图书馆借阅管理方法的同时，还专门记述了西方图书馆的藏书管理方法。①“索书号”。郑观应介绍道：“书目册上收逐日所入之书，暨各新闻纸，俱分门类注于各作家之名下。书目之旁各有暗记，阅书人不之知也。本楼人一看暗记，即知其书之所在。观书者欲看何书，当将书名暨暗记一并写明，执役人以便检取。”又言：“楼内阅书者四面俱能写字，且有执役之人。如欲观何书，即写一纸条付执役人，立刻照取。纵世家自置书楼恐亦未必如是之便也。”[②] 郑观应在这里所说的“暗记”相当于今天我们所说的“索书号”。中国古代藏书虽然使用过类似“千字文”之类的图书排架方法，但是从来没有使用过西方那种“字母—数字”式的图书排架号，即“索书号”，所以，郑观应将它称为“暗记”。因此，郑观应是我国最早介绍西方图书馆“索书号”的人。②“图书馆统计”。郑观应说：“记一千八百八十四年一岁之中，计阅书一百十万四百五十次，阅书者十五万四千七百廿九人，加添书籍三万一千七百四十七卷。按华丽之式装订成书者二万一千六百廿一本。此内为人增送者，三千三百七十六本。造书人照例送入者，一万一百廿七本。别国造书人送入者，一千四百八十六本。本楼购买者五千八百三十五本。”郑观应主要是想通过有关藏书“借阅率”和“增长率”的数据说明大英博物院图书馆“不可同日语”，但它在客观上却第一次间接地介绍了西方图书馆的“借阅统计”和“藏书统计”，其中“藏书统计”又可分为“采购统计”“捐赠统计”和“呈缴统计”。这些观念直到20世纪20年代以后才开始引起我国图书馆界的注意。

四是学习西方图书馆的管理制度。郑观应认为，大英博物院图书馆久盛不衰的关键

① 夏冬元：郑观应集（上册），上海人民出版社，1982年版，第308—309页。
② 同上书，第309页 .

在于其管理制度，而这一点特别值得中国认真学习。郑观应曾下过这样的结论："溯此楼建于一千七百五十九年，初创之人名曰噶瑞，立法美善，至今俱循旧章，毫无弊病。唯制度之华美，月异日新，而观书之人数加增颇巨，较前百年之气象则迥不相侔矣。"①

综上所述，郑观应在《盛世危言》中批判了中国传统藏书"私而不公"的弊病，阐述了图书馆在富国强国中的重要作用，提出了向西方学习普遍设立图书馆的倡议，为中国设立西式图书馆提供了具有可操作性的范例，从而比较全面地传播了西方图书馆的观念和学术。郑观应的这些图书馆学术思想对戊戌变法前后西方图书馆思想在中国的传播发挥了重要的作用，对中国近代图书馆和图书馆学术的产生和发展产生了比较广泛的影响。

总之，郑观应基于现代图书馆理念及西方的实践经验，以其远见卓识，得出了这样的论断：如果中国能真正建立为广大民众服务的现代图书馆体系，那么"数十年后，贤哲诞生，兼文武之资，务将相之略，或钩元摘秘，著今古未有之奇书，或达化穷神，造中外所无之利器，以范围天地，笼罩华夷，开一统之宏规，复三王之旧制"，甚至"若合天下之才智聪明，以穷中外古今之变故，标新领异，日就月将，我中国四万万之华民，必有复出于九州万国之上者"。可以看出，郑观应接受了以英国为代表的西方现代图书馆思想，尖锐抨击中国古代藏书楼的封闭性，主张以西方现代图书馆为蓝图，建立遍布全国各地的图书馆网，以采用先进的管理方法和管理技术的图书馆来代替我国传统的藏书楼，促进中国图书馆的现代化。因此，郑观应是中国图书馆现代化的名副其实的思想先驱。

在郑观应的倡导下，兴办新式图书馆成了人们津津乐道的话题，并成为一种观念而渐入人心，如当时的《时务报》《国闻报》《万国公报》等大量地刊载有关新式图书馆的文章，建立现代公共图书馆渐渐形成了一种思潮。他的一部分图书馆思想至今仍有生命力，如搜罗书籍及筹措购书款项的具体办法、出版社向图书馆"呈缴本制度"、广开资金筹措渠道，甚至提出官民共建图书馆的设想，对于经费依然是困扰图书馆发展之难题的今天，仍具有借鉴意义。此外，郑观应还主张中国图书馆的收藏应与时事需要相符合，强调在收藏儒家经典之外，图书馆应购置西方译书及时人论著，这些观点反映了他主张维新启蒙的倾向，对当时还很保守的儒家士大夫阶层具有相当大的震撼意义。

2. 康有为的图书馆思想

康有为（1858—1927），广东南海人，人称"康南海"，清光绪年间进士，官授工

① 同上书，第 308 页 .

部主事。出身仕宦家庭，乃广东望族，世代为儒，以理学传家。他信奉孔子的儒家学说，并致力于将儒家学说改造为可以适应现代社会的国教，曾担任孔教会会长。主要著作有《康子篇》《新学伪经考》（陈千秋、梁启超协助编纂）、《春秋董氏学》《孔子改制考》《日本变政考》《大同书》《欧洲十一国游记》《广艺舟双楫》等。其图书馆思想主要体现在他的变法主张中。

1894年中日甲午战争爆发，中国惨败，1895年4月，清政府被迫与日本签订丧权辱国的《马关条约》。康有为于1895年5月2日利用入京应试的机会，联合各省应试举人1300余人联名上书请愿，坚决反对《马关条约》，请求拒和、迁都、练兵、变法，提出了他的全部变法维新主张，史称“公车上书”①。

在“公车上书”中，康有为提出了“权宜应敌之谋”和“变法成天下之治”的“立国自强之策”。对于“变法成天下之治”，康有为提出了富国、养民和教民三个方面具体的变法维新建设，其中，“教民之法”包括分立学堂、延师教习、开设报馆、设道学科等法。②在论述“教民之法”中，康有为第一次正式地向清政府提出“设书藏”的建议。

康有为认为必须向西方学习，因为“泰西所以富强，不在炮械军兵，而在穷理劝学。彼自七八岁，人皆入学，有不学者责其父母，故乡塾甚多。其各国读书识字者，百人中率有七十人。其学塾经费，美国乃至八千万，其太学生徒，英国乃至一万余。其每岁著书，美国乃至万余种，其属郡县各有书藏，英国乃至百余万册。所以开民之智者亦广矣”。③这样，康有为就通过“读书—著书—书藏”说明了泰西各国广开民智的方法与经验。因此，康有为提出了在全国普遍设立“书藏”（图书馆）的建议：“省学书器益多，见闻益广”，“其余州县乡镇皆设书藏，以广见闻”。康有为作为一个维新领袖人物能够在当时充分认识到图书馆在广开民智中的重要性，并提出在全国普遍设立图书馆的建议，这在当时有着十分重要的意义，其影响也是不言而喻的。

在“立科以励智学”中，康有为说：“外国凡讲一学，必集众力以成之，固为集思广益，观善相摩。亦以购书购器动费巨万，非众擎则不举。”④也就是说，外国之所以要“集众力”成立各种学会研究学问，除了要集思广益和相互交流外，主要是因为如果没有众人的共同支持，就无法购买所需的大量图书资料和仪器设备，这说明了图书馆的创办要依靠众人的力量。

---

① “公车上书”，即《上清帝第二书》。
② 沈茂俊：康南海政史文选（1880—1898），中山大学出版社，1988年版，第106—129页。
③ 同上书，第123页。
④ 沈茂俊：康南海政史文选（1880—1898），中山大学出版社，1988年版，第146页。

“开馆顾问”是康有为所提出的“有情必通，有才必用”的五种办法之一，所谓“开馆顾问”是指在宫中设立类似今日的“参考咨询图书馆”。康有为请求光绪皇帝：“大开便殿，广陈图书，每日办事之暇，以一时许亲临燕坐，顾问之员轮二十员分班侍值，皇上翻阅图书，随宜咨访以中外之故、鼓劲之宜、经义之精、民间之苦、吏治之弊、地方之情，或霁威赐座，或茶果颁食，令尽所知能，无有讳避。”并认为只有这样才能够做到“上以启圣聪，既广所未闻；下以观人才，即励其未学”①。虽然，《上清帝第四书》未送达光绪皇帝，但是，可以肯定的是，康有为认为普遍设立图书馆乃是国家自强的重要措施之一，这一点有着十分重要的意义。他为我们描绘出了美好的蓝图：“至于三年……书藏遍设，报馆遍开，游学多归，新制纷出，诸学明备，人才并起，道路大辟，知识俱开，荒地渐垦，游民渐少，工院渐众，乞丐渐无，童学皆识字知算之人……”②

康有为在多次上书的同时，又在北京、上海组织强学会，办报刊、办“书藏”（图书馆），进行变法的舆论宣传。在创办北京强学会的过程中，康有为进一步宣传和实践了他在《上清帝第四书》中所提出的有关“书藏”的思想。康有为认为，开办强学会“最要者四事”，乃是“译印图书”“刊布报纸”“开大书藏”“开博物院”。这说明“开大书藏”是开办强学会的“最要事”之一。对于应该如何“开大书藏”，康有为认为，其一是“今合四库图书购钞一分，而先搜其经世有用者”；其二是“西人政教及各种学术图书，皆旁搜购采，以广考镜而备研求”；其三是“其各省书局之书，皆存局代售”。③康有为的“开大书藏”是为了搜集中国的“经世有用”之书和“西人政教及各种学术图书”。这也就清楚地表明了康有为“开大书藏”对于“以求中国自强之学”的重要意义。

值得注意的是，康有为开办强学会的“最要者四事”在向西方学习“以求中国自强之学”上是相辅相成的四个方面，即“译印图书”可以“令天下士人皆通西学”，故为“讲求西学之法”的“第一义”；“刊布报纸”可以“知时务”和“觇敌情”；“开大书藏”可以收集“经世有用”之书和“西人政教及各种学术图书”，“以广考镜而备研求”；而“开博物院”则可以“以为益智集思之助”④。

3. 李端棻的图书馆思想

李端棻（1833-1907），字宓园，贵阳贵筑人。同治二年（1863）进士，入翰林，授编修。历官内阁学士、刑部侍郎、礼部尚书。多次主持乡试、充会试副总裁，出督云南学

① 同上书，第 149 页。
② 同上书，第 151 页。
③ 张静庐：中国近代出版史料（初编），上海杂志公司，1953 年版，第 39 页。
④ 张静庐：中国近代出版史料（初编），上海杂志公司，1953 年版，第 38—40 页。

政。光绪十五年（1889），典试广州，赏识梁启超。1895年，康有为三次上书变法[①]，在全国产生广泛的影响。因受康有为教民及兴学思想的影响，遂李端棻于光绪二十二年五月初二（1896年6月12日）上书《请推广学校折》，请设立京师大学堂及各省、府、州、县学堂以及藏书楼、译书局，广立报馆，选派留学生。密荐康有为、谭嗣同可当大用。光绪二十四年（1898）五月，京师大学堂创设。"未几政变，李端棻自疏检举，请治以应得之咎"，奉谕"事后检举，实属有意取巧"，诏革职，戍新疆。光绪二十七年，赦归，主讲于贵州经世学堂。[②]

李端棻的《请推广学校折》不仅大力提倡兴办学校，还从多个方面发展了康有为的"开大书藏"思想。

（1）在全国普遍设立藏书楼

李端棻认为应该在全国普遍设立藏书楼。第一，"好学之士，半属寒峻，购书既苦无力，借书又难，其人坐此孤陋寡闻无所成就者不知凡几"，所以，设立藏书楼可以使"好学之士""自励于学"和"广风气"。第二，中国的实践证明设立藏书楼成效显著。"高宗纯皇帝知其然也，特于江南设文宗、文汇、文澜三阁，备庋秘籍，恣人借观。"不仅清政府如此，民间亦有此举，"嘉庆间，大学士阮元推广此意，在焦山、灵隐起立书藏，津逮后学。"所以，"自此以往，江浙文风，甲于天下，作人之盛，成效可睹也"。也就是说，实践证明设立藏书楼对于培养人才成效显著。第三，泰西诸国的实践证明设立藏书楼成效显著。李端棻说："泰西诸国颇得此法，都会之地皆有藏书，其尤富者至千万卷，许人入观，成学之众，亦由如此"。也就是说，设立藏书楼是泰西诸国"成学之众"的原因之所在。鉴于上述理由，李端棻建议："请依乾隆故事，更加增广"；另"自京师及十八行省省会，咸设大书楼"。李端棻的这个建议至少具有以下几个方面的重要意义：第一，所谓"自京师及十八行省省会，咸设大书楼"，除了已经提出了在全国普遍设立图书馆外，实际上还包含着设立国家图书馆（即京师图书馆）和省立图书馆的思想；第二，这里所谓的"大书楼"当然不仅仅是指学校图书馆，更多的是指公共图书馆；第三，李端棻所谓以"自京师以及各省、府、州、县皆设学堂"为经，以"自京师及十八个省会，咸设大书楼"为纬的主张，体现了他的大教育观，也体现了他对图书馆这种"无墙的大学"的重视。

（2）藏书楼的馆藏建设

李端棻说："夫二十年来，都中设同文馆，各省立实学馆、广方言馆、水师武备学堂、

①《公车上书》《上清帝第三书》《上清帝第四书》。
② 汤志钧：戊戌变法人物传稿，中华书局，1962年版，第139页。

自强学堂，皆合中外学术相与讲习，所在而有，而臣顾谓教之之道未尽，何也？”其原因之一就是“诸学或非试验测绘不能精，或非游历察勘不能确。今之诸馆未备图器，未遣游历，则日求之故纸堆中，终成空谈，无自致用”。洋务派办了20多年的学堂，但仍然是“诸馆未备图器”，以至“教之道未尽”。所以，要“自京师及十八行省省会，咸设大书楼”，并提出了“大书楼”藏书建设的三种办法：一是调集书籍。李端棻认为行之有效的藏书建设方法是通过政府的行政手段调集现行出版物，分发到各级图书馆。所以，李端棻建议“调殿板及官书局所刻书籍，暨同文馆、制造局所译西书，按部分送各省以实之”。二是访购书籍。李端棻认为，各图书馆应在官府调集图书的基础上进一步收集民间的有用之书，对于“其或有切用之书，为民间刻本官局所无者，开列清单，访书价值，徐行购补”。三是咨送译书。李端棻认为应该通过政府的行政手段保证图书馆能够得到以后陆续出版的西学新书，为此，他建议：“其西学书陆续译出者，译局随时咨送。”这种要求“译局随时咨送”①的思想虽然只是针对“译局”而言，而不是针对所有的出版机构，但是它已经具有了部分类似于西方国家实施的“出版物呈缴制”的性质。

（3）建立藏书楼的管理制度

李端棻认为在藏书建设的同时，还必须建立起图书馆的管理制度。为此，他建议：“妥定章程，许人入楼观书，由地方公择好学解事之人，经理其事。如此则向之无书可读者，皆得以自勉于学，无为弃才矣。”这项建议实质上包含了三个重要的近代图书馆思想观念：第一，制定图书馆章程。图书馆章程是图书馆法规的重要内容之一，是保障图书馆事业发展的重要措施。虽然李端棻在此处并没有详细地说明如何“妥定章程”以及章程的详细内容，但是，李端棻第一个正式地向光绪皇帝提出了“妥定章程”的建议，这无疑开了倡议制定我国近代图书馆法规的先例。因而，李端棻的这项建议也就具有十分重要的历史意义，可以说，在某种意义上，清政府在1910年颁布的《京师图书馆及各省图书馆通行章程》实际上肇始于李端棻的倡议。第二，对外开放观念。李端棻提出要通过“妥定章程”用制度来保证“许人入楼观书”。也就是说，要允许包括“寒峻”的“好学之士”在内的所有人都享有利用图书馆的机会。这与前人提出的有关图书馆“公共性”的认识相比有着明显的进步，即它强调了用制度来保证图书馆的“公共性”。第三，图书馆馆长的选定。李端棻建议：“由地方公择好学解事之人，经理其事。”这其中包含着两层意思：一是“地方公择”图书馆馆长，即通过一定的公开程序来推定图书馆馆长；二是由“好学解事之人”“经理其事”，即选拔学识（“好学”）和专业才干（“解

① 李希泌、张椒华：中国古代藏书与近代图书馆史料（春秋至“五四”前后），中华书局，1982年版，第97页。

事”——解书楼之事）兼备的人担任图书馆馆长。李端棻认为，采用上述有关“大书楼”管理措施与办法可以起到“一奉明诏，事即立办，而飨遗学者，增益人才，其益盖非浅鲜也”的作用，同时又可以收到“如此则向之无书可读者，皆得以自勉于学，无为弃才矣”的效果。

综上可见，李端棻的图书管理思想已相当完备，对于清末政府建设图书馆产生了深刻的影响；对我国创建和管理高校图书馆有着十分重要的意义。

4. 孙家鼐的图书馆思想

孙家鼐（1827—1909），安徽寿州（今六安寿县）人。1864年提督湖北学政，后屡充考试试差阅卷大臣。1876年，与尚书翁同龢同任帝师。主张阅报以去皇帝壅蔽，然要严禁“渎乱宸聪”。建议酌置散卿，广集人才，以资议政。1895年列名北京强学会。1896年主持官书局。1898年以吏部尚书、协办大学士管理京师大学堂。建议增设中小学堂、速成学校及医学校。戊戌维新时，向光绪帝推荐冯桂芬、郑观应等人的著作，但又奏称康有为“学术不端”。1900年，八国联军入侵，逃往西安。后授礼部尚书，任体仁阁大学士、历转东阁、文渊阁大学士、晋武英殿大学士，充任学务大臣、政务大臣、管理官书局事务工部尚书等。1907年任资政院总裁，参与“立宪”事宜。其图书馆思想归纳起来主要有：

（1）图书馆是培养人才、启迪民智的重要机构

光绪二十二年（1896）孙家鼐在《官书局奏开设缘由》一文中称：“泰西教育人才之道，计有三事：曰学校，曰新闻报馆，曰书籍馆。”这说明图书馆在教育人才方面具有十分重要的作用。同年正月二十一，孙家鼐在《官书局奏定章程疏》中，更进一步提出具体的建议，其主要工作有拟设藏书院、刊书处、学堂、游艺院等。可见，他把设立图书馆放在培育人才、启迪民智之途的首位。

（2）主张设立图书馆以保存中学和旧学书籍

孙家鼐在《官书局奏定章程疏》中“拟设藏书院”一款称：“尊藏列朝圣训钦定诸书，及各衙门现行则例，各省通志河漕盐厘各项政书，并请准其咨取储存庋列，其古今经史子集，有关政学术业者，一切购置院中，用备留心时事请求学问者，入院借观，恢广学识。”①由此可见，孙家鼐拟办藏书院的目的并不是宣传西学和新学，而是保存中学和旧学书籍，这是孙家鼐拟办“藏书院”与维新派“开大书藏”和“设大书楼”在性质和目的上的主要不同。但孙家鼐所设想的藏书院，无论是在藏书范围还是在藏书功用方面，与中国传

① 杨家骆：戊戌变法文献汇编二，鼎文书局，1973年版，第423页。

统书院藏书相比，均有很大发展和创新。

（3）注重大学图书馆的建设

光绪二十二年正月十七（1896年2月29日）孙家鼐管理官书局，明确表示赞成李端棻关于成立大学堂的首倡。孙家鼐郑重表示，建立大学堂，“即官书局分内应办之事”。他把学问初步分为天、地、道、政、文、武、农、工、商、医十科。这为他确定京师大学堂图书馆藏书产生了积极影响。作为京师大学堂的创办者，他十分明了图书馆对于开办大学堂的重要性，要求在京师大学堂开办图书馆。光绪二十四年（1898）的《京师大学堂章程》第一章第六节就开门见山地提出：“学者应读之书甚多，一人之力，必不能尽购。乾隆间高宗纯皇帝于江浙等省设三阁，尽藏四库所有之书，俾士子借读，嘉惠士林，法良意美！泰西各国于都城省会，皆设有藏书楼，即是此意。近年张之洞在广东设广雅书院，陈宝箴在湖南设时务学堂，亦皆有藏书。京师大学堂为各省表率，体制尤当崇闳。今拟设一大藏书楼，广集中西要籍，以供士林流览而广天下风气。”①1912年，梁启超在谈到京师大学堂的历史变迁时说：“孙寿州（指孙家鼐——引者注）先生本强学会会员，与人同谋，请之枢府，将所查抄强学会之书籍、仪器发出，改为官书局。嗣后此官书局即改为大学校。故言……大学校之前身为官书局，官书局之前身为强学会。”②

总之，孙家鼐不仅呼吁建图书馆（藏书楼），还亲自督促将图书馆办到大学里，为中国新式大学图书馆事业的发展起了重要的开拓作用。

5. 梁启超的图书馆思想

梁启超（1873—1929）是中国近代史上著名的政治活动家、启蒙思想家、资产阶级宣传家、教育家、史学家和文学家，近代维新派代表人物。自幼在家中接受传统教育，1889年中举。1890年赴京会试，不中。回粤路经上海，看到介绍世界地理的《瀛环志略》和上海机器局所译西书，眼界大开。同年结识康有为，投其门下。1891年就读于万木草堂，接受康有为的思想学说并由此走上改良维新的道路，时人合称“康梁”。1895年春再次赴京会试，协助康有为发动在京应试举人联名请愿的“公车上书”。维新运动期间，梁启超表现活跃，曾主北京《万国公报》（后改名《中外纪闻》）和上海《时务报》笔政，又赴澳门筹办《知新报》。他的许多政论在社会上有很大影响。1897年任长沙时务学堂总教习，在湖南宣传变法思想。1898年回京参加“百日维新”。同年7月受光绪帝召见，奉命进呈所著《变法通议》，赏六品衔，负责办理京师大学堂译书局事务。同年9月政变发生，梁启超逃亡日本，一度与以孙中山为首的革命派有过接触。在日本期间，先后

---

① 北京大学校史研究室：北京大学史料（第1卷），北京大学出版社，1993年版，第81页。
② 夏晓虹：梁启超文选（下集），中国广播电视出版社，1992年版，第385—386页。

创办《清议报》和《新民丛报》，鼓吹改良，反对革命。同时也大量介绍西方社会政治学说，在当时的知识分子中影响很大。武昌起义爆发后，他企图使革命派与清政府妥协。民国初年支持袁世凯，秉承袁意，将民主党与共和党、统一党合并，改建进步党，与孙中山领导的国民党争夺政治权力。1913 年，进步党“人才内阁”成立，梁启超出任司法总长。袁世凯称帝的野心日益暴露，梁启超反对袁氏称帝，与蔡锷策划武力反袁。1915 年年底，护国战争在云南爆发。1916 年，梁启超赴两广地区参加反袁斗争。袁世凯死后，梁启超出任段祺瑞北洋政府财政总长兼盐务总署督办。9 月，孙中山发动护法战争。11 月，段内阁被迫下台，梁启超也随之辞职，从此退出政坛。1918 年年底，梁启超赴欧，了解到西方社会的许多问题和弊端，回国之后即宣扬西方文明已经破产，主张光大传统文化，用东方的“固有文明”来“拯救世界”。1922 年起在清华学校兼课，1925 年应聘任清华国学研究院导师。1927 年离开清华研究院。1929 年病逝。他曾任国立京师图书馆馆长，其图书馆思想概括起来主要有：

（1）重视图书馆的功用

梁启超于光绪二十五年（1899）五月一日发表《论图书馆与开进文化一大机关》一文，引举了图书馆的功用，“图书馆使现在学校教育之青年学子，得补助其知识之利也。图书馆使凡青年志士，有不受学校教育者，得知识之利也。图书馆储藏宏富，学者欲查故事，得备参考也。图书馆有使阅览者，随意研究事物之利也。图书馆有使阅览者，于顷刻间，得查数事物之利也。图书馆有使人皆得用贵重图书之利也”。①

他在《万木草堂书藏征捐图书启》中，论述了图书馆的重要作用，也谈及自己 13 岁“欲购一潮州刻本之《汉书》而力不逮”；15 岁以后，“欲读西学各书，以中国译出者，不过区区二百余种，而数年之力，卒不能尽购”；并列举了国外设立图书馆的情况及其作用：“凡有井水饮处，靡不有学人，有学人处，靡不有藏书（指图书馆）”“伦敦大书楼藏书至五千余万卷，入楼借阅之人，岁以亿万计，其各地城邑都会莫不有书楼……此所以举国皆学，而留强甲于天下也”，“启超以为书之不备，不足以言学”。

（2）呼吁大力发展藏书事业

在戊戌变法期间，民族资产阶级力量逐步成长，知识分子和一些开明官吏办起了许多学会、学堂、译书局等，这些部门大多数都设有藏书楼。这时的藏书楼，已经向人民大众开放了，尤其与知识分子结合得最紧密。梁启超作为运动的发起者，不但在办学会、学堂方面卓有成绩，而且为藏书事业大声呼吁。在他呈送光绪皇帝的《变法通议》的《学

---

①《清议报》，第 17 期，（台北）京华书局影印，1967 年版。

校总论》中有“七曰藏书”[①]，《论学会》的16项任务中有“七曰咨取官局书籍，概提合分，以备储藏；八曰尽购已翻西书，收度会中，以便借读；九曰择购西文各书，分门别类，以资翻译；十曰广翻地球各报，布散行省，以新耳目；十一曰精收中外地图，悬张会堂，以备流览”[②]。此五项任务都是藏书建设的内容。藏书建设是开展读者服务工作的基础，也是图书馆最重要的工作。梁启超的《戊戌政变记》提到强学会应办的五件事中，便有“开大图书馆”一事[③]。他对别人建图书馆也给予了热情的支持。强学会被迫中断后，美籍会员李佳白想建“尚贤堂”，梁启超欣然写了《记尚贤堂》一文，称赞李佳白“思集金二十万，次第举藏书楼、博物院等事，与京师官书局、大学堂相应，其爱我华人亦至矣”，期望建成，“吾将拭目以候李君”。

（3）倡导向国外学习，注重图书馆事业的发展

戊戌变法失败后，梁启超流亡海外，亲眼目睹了自己鼓吹多年的近代图书馆的真面目。1903年12月他满怀激情地撰写了《新大陆游记》，全书多次记录了美国近代的图书馆事业。在参观了波士顿市立图书馆后，他写道：“设图书馆以保存古籍者，自十六世纪时日尔曼人已行之。至以此为公共教育之机关，实自兹馆始”，“千八百四十七年波士顿市长乾士氏义征市税，以设市立图书馆，议会许之”，以上道出了美国近代图书馆的规模。

对美国近代图书馆的阅览服务，梁启超赞赏不已。他写道：“华盛顿之图书馆，世界中第一美丽之图书馆也。藏书之富，今不具论”，“数千年来世界上最著名之学者，莫不有造像，入之如对严师”，“其观书堂中，常千数百人，而悄然无声，若在空谷”，“观书堂壁间以精石编刻古今万国文字，凡百余种。吾中国文亦有焉，所书者为‘子夏曰日知其所亡月无忘其所能可谓好学也已矣’二十一字，写颜体，笔法遒劲，尚不沾祖国名誉”。[④]对美国各大学图书馆在20世纪初即已实行的开架阅览，梁启超更是惊讶，他写道：“余所见各学校之图书馆，皆不设管理取书人，唯一任学生之自取而已。余颇讶之，至芝加哥大学，询馆主：如此，书籍亦有失者否？答云：每年约可失二百册左右。但以此区区损失之数，而设数人以监督之，其所费更大，且使学生不便，故不为也。”[⑤]

（4）强调对图书进行编目，以便读者查阅

对于图书编目工作，梁启超历来非常重视。早在清光绪二十二年（1896），梁启超就进行过图书分类的实践活动，撰写成《西学书目表》四卷。该书目分三大类、二十八

① 何光宇：变法通议·学校总论，华夏出版社，2002年版，第40页。
② 何光宇：变法通议·学校总论，华夏出版社，2002年版，第76页。
③ 梁启超：戊戌变法（第1册），第297页。
④ 梁启超：新大陆游记，湖南人民出版社，1981年版，第66页。
⑤ 梁启超：新大陆游记，社会科学出版社，2007年版，第117页。

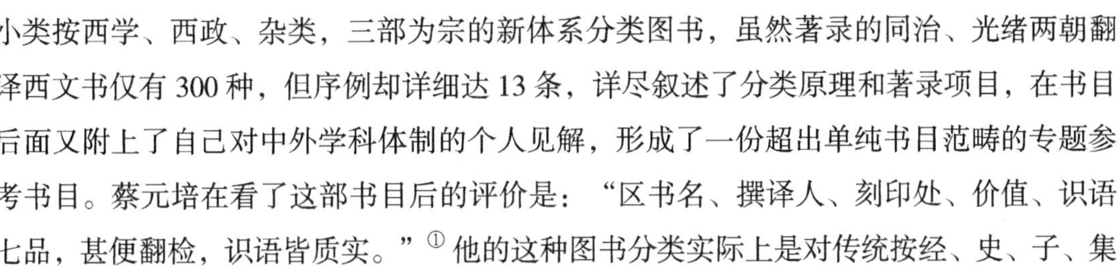

小类按西学、西政、杂类，三部为宗的新体系分类图书，虽然著录的同治、光绪两朝翻译西文书仅有 300 种，但序例却详细达 13 条，详尽叙述了分类原理和著录项目，在书目后面又附上了自己对中外学科体制的个人见解，形成了一份超出单纯书目范畴的专题参考书目。蔡元培在看了这部书目后的评价是："区书名、撰译人、刻印处、价值、识语七品，甚便翻检，识语皆质实。"[①] 他的这种图书分类实际上是对传统按经、史、子、集四部类图书的挑战。尽管方法并不成熟，但是反映了梁启超对新事物的敏感和勇于实践的天赋。为 20 世纪西方分类法的传入和新分类法的形成开辟了道路。

（5）利用学会创办图书馆俱乐部，以启民智

1920 年，梁启超自欧洲返国后，立即成立"讲学社"，举办一些学术文化活动，以从欧洲带来 10000 多册图书为基础，成立"图书馆俱乐部"供人阅览。[②]

梁启超的图书馆思想，对于清末民智的开启、图书馆事业的发展产生了积极的作用。京师大学堂的前身及京师大学堂图书馆的建立就凝结着梁启超的智慧。

（二）东西方图书馆观念的引入

庚子战役前后，日本及西洋新式图书馆的观念陆续被介绍到中国来，如光绪二十四年（1898）五月，《时务日报》有一记载称："东京上野公园，设有图书馆，庋藏各种图书典籍，供人入内观览。自去秋 7 月以来，复于晚间亦开馆纵观。刻查每日阅书之客，不下 500 人，而晚间亦 5 ～ 60 人。"[③] 同年 10 月，《知新报》译纽约《格致报》载："美国创设书藏学堂，教人管理书藏之法。将来管理书藏之人又将一变矣。昔时当此职者无异僮仆，取以供奔走，存放书籍。今此新法则不然。当此职者，属之极有学问之人，书籍之来历，无不详悉在心。凡观书人不知门径，掌书者能引导之，观书者有疑难，掌书者能剖示之。得此等人管理之，贮书 1 万卷，已胜于别贮书 3 万卷也。单路委路钩义君，昔日曾充哥伦比亚大书院之总掌书藏人，乃于 1887 年 1 月 5 日创一书藏学堂（Library School）……此是天下书藏学堂之鼻祖，其所收学徒教以掌管书藏之法。凡受业于此门，即能知古今书籍之源流，并时务要书之旨趣，并知检点书之善法。学成之后即可往充各公家书藏管理人，而各家延请管理人，亦知从此等人择取。"[④]

① 梁启超：新大陆游记，商务印书馆，1916 年版，第 147 页。
② 卢调文：梁启超与图书馆，山东图书馆季刊，1989 年第 1 期。
③ 倚剑生：光绪二十四年中外大事汇集（第 1 册），第 548 页。
④ 倚剑生：光绪二十四年中外大事汇集（第 1 册），第 687 页。

（三）晚清国人自办新式藏书楼的实践

光绪二十一年（1895），康有为、梁启超创立强学会以后，就着手办“书藏”，陈列图书，供人阅览。之后各地成立的许多学会，如南学会、苏学会、湘学会等都纷纷仿效，设立“书藏”，收藏书报，供会友们阅读。有的也同时向公众开放。这些学会的“书藏”不同于传统的藏书楼，它更着重于藏书的流通和传播。这一变化，对后来中国近代图书馆的建立和发展有很大的影响。下面对强学会书藏和官书局藏书院略加介绍。

1. 强学会书藏

强学会创立于1895年，是当时维新运动的总机关，发起人便是维新派的主要领袖康有为、梁启超等人。

当时创立强学会的目的是“群中外之图书器艺，群南北之通人志士”。因此，强学会成立后，“最初着手之事业，则欲办图书馆与报馆”。[①]为此，康有为等四处奔走，从一些维新志士中得到数千两银的“义捐”，又从刘坤一、张之洞等有维新思想的官员当中获得1万多两的捐助，并得到英、美大使捐赠的“西书及图器”。[②]于是便在北京琉璃厂建立了“书藏”，广集图书，供人阅览。藏书以西学、新学为主。

强学会“书藏”一建立便采取了对广大民众开放的姿态，以普及新学、启迪民智为己任。由于当时的国民还不知道利用图书馆，强学会成员便四处邀人，甚至求人来看书。这种传播知识、开发民智的热忱，令人感动。因此，可以说强学会书藏是我国近代图书馆的萌芽。

强学会成立后不久被查封，前后仅存4个月。强学会被查封后，改为官书局，其书藏也归并到官书局藏书院。在1898年京师大学堂成立之时，官书局又并入了大学堂。这样，原强学会书藏和官书局藏书院的图书都归到了京师大学堂名下，成为京师大学堂的第一批藏书。

2. 官书局藏书院

官书局成立于1896年，强学会被查封后，引起朝野广泛不满，许多有识之士纷纷上书要求解禁。结果清廷决定将强学会改为官书局，并派吏部尚书孙家鼐任官书局督办。孙家鼐虽然不属维新派，但却接受了一些新思想，主张办教育和建图书馆。他赞同解禁强学会，认为强学会书藏“意在流通秘要图书，考验格致精蕴”，并指出“此日多一读书之士，

---

① 梁启超：饮冰室全集（四）文集之二十九，中华书局，1989年版，第1页。
② 中国史学会：中国近代史资料丛刊·戊戌变法四，第134页。

即他日多一报国之人”[①]。因此，孙家鼐到官书局上任后的第一件事便是收藏书籍，创立藏书院。

总理衙门每月拨官书局1000两白银，是官书局藏书院购置图书的主要经费来源。为了保证藏书的质量，官书局聘请“通晓中西学问”的洋人教习帮助选购图书，并派专职的司事和译官“收掌书籍”。藏书院成立后，曾“各处咨取书籍”“搜求有用之图书”。[②]当时藏书院的图书主要有“列朝圣训、钦定诸书及各衙门现行则例，各省通志、河漕盐厘各项政书”，以及“古今经史子集有关政学术业者”。由此可见，官书局藏书院图书是新旧学参半，并注意收藏经世致用的图书。官书局藏书院也提倡对外开放，因此，官书局藏书院也具备了一些新型图书馆的性质。

光绪二十二年（1896），李端棻《请推广学校折》奏请清廷广设学校后，建立近代图书馆的趋势更强。中国开始筹建和建立了一批新式图书馆。有的开始用“图书馆”之名，有的仍沿用“藏书楼”，但其性质已发生变化。

自光绪二十六年（1900）起，浙江、湖南、湖北等省分别建立了浙江省图书馆、湖南省图书馆兼教育博物馆、湖北省图书馆等公共图书馆。

因而书已在某种程度上脱离了旧式“儒学官书”的窠臼。因此，同文馆书阁可以说是我国近代最早的大学图书馆的雏形。同文馆于1902年合并到京师大学堂。同文馆书阁的藏书也于同年归并于京师大学堂藏书楼，成为京师大学堂藏书楼最早的一部分藏书。

1873—1876年，张之洞担任四川学政，为了发展四川的文化教育，于光绪元年（1875）在成都创办了四川尊经书院。为了促使尊经书院的学生读书，弥补川中学校缺少图书典籍的缺陷，他慷慨捐资，用自己的全部薪俸从外地购买了经史子集各类图书1000多卷运入尊经书院。尊经书院在张之洞的倡议下建立了尊经阁，收藏图书典籍及中西时务书报、挂图、仪器、标本。尊经书院还开设了尊经书局，用以出版图书，陆续刻印了百余种书籍，除了传统的经、史、小学、舆地和学生的作业外，还刻印了部分西方资产阶级学者的著作，丰富了尊经书院学生和蜀士的知识，使他们的知识结构开始发生了变化，知道了在“八股”之外，还有更多的学问，从而眼界大开，学风为之大变。[③]

1890年，康有为在广州开始设万木草堂讲学，为了讲学和著述的需要，康有为在万木草堂建立了专门的“图书馆”——书藏。万木草堂书藏的藏书主要来自其曾祖父康云衢在广州的云衢书屋的藏书，另外一部分则是康有为自己购买的古籍和西书，例如，

① 张静庐：中国近代史出版史料（初编），中华书局，1957年版，第45—46页。
② 中国史学会：中国近代史资料丛刊·戊戌变法二，上海人民出版社，1957年版，第426—427页。
③ 隗瀛涛：四川近代史稿，四川人民出版社，1990年版，第266页。

1882年康有为赴京应试归来途经上海时曾购西学新书几大箱，据有关资料记载，上海制造局译印的西学新书，30年间售出量为12000本，而康有为一人就购买了3000多本。从后来万木草堂被查封时共有藏书300余箱来看，其藏书总量可能在4万册以上。[①]万木草堂书藏不仅具有“共享性”，即它向所有的学生开放，还具有“共建性”，即师生共建书藏。当时，像康有为将个人藏书无私地公诸学生一样，万木草堂的学生也以将个人的书籍“捐入书藏”为乐，其中以徐勤所捐书籍甚多。

1897年，由张元济、夏偕复、陈懋鼎等一批有志于新学的年轻京官创办的通艺学堂对图书馆的建设尤有创见。在该学堂的机构设置中包括图书馆、阅报房等，其章程中还附有《读书规约》和《图书馆章程》。其中《图书馆章程》共有如下12条：“第一条，本馆专藏中外各种有用图书，凡在堂同学及在外同志均可随时入馆观览。第二条，中国书籍专择其有关政教者藏之，其琐碎芜杂者概不收录。第三条，中国翻译西书，凡同文馆、制造局及各教会所印行者，现已购备全份，其最要各种并多备数部，以供众览。第四条，西文图籍现择其浅近切要购备参考，余俟同人学业所造，乃尽添购。第五条，本馆设馆正一人，即由同学兼理，专司搜采，检查等事仍由司事襄办。另用书佣一名，每日将看书人数暨借出缴还书数登簿，呈交司事查验。馆正暨总理随时抽查，如有遗失，责成书佣赔偿。第六条，书籍概存柜中，另设书目，分类登载。来阅者即可取馆中所备提单，开明卷数，签名其上，交书佣提取。阅毕交还，始准将原单收回。第七条，同人取阅书籍如有遗书，应偿原价二倍。若仅污损，则偿原价，仍将原书交还。候补购到日，即将此书给予本人。第八条，凡同学之不驻堂者，准将书籍借归阅看。此外，不得援例办理。第九条，西文图籍，现议概不得借归阅看。第十条，借书归阅，卷帙不得过两册，时限不得过四日。第十一条，在外同志愿来馆读书者，应请同学作保，再由本馆赠一凭单。凡得有凭单者，本馆一律优待。唯此凭单不得转借转送。第十二条，应备图书甚多，现因经费支绌，未能广为收罗。尚望四方宏达之士随时投赠，庶臻美备，并扩见闻。”[②]通艺学堂的图书馆章程虽极简洁，却将整个图书馆的活动情况、采购重点、制度等概括无遗。通艺馆供外人借阅的制度，是中国较早的对外开放的图书馆的标志。[③]

此外，1895年北洋大学藏书楼随学校同时成立，辛亥革命后，改称“国立北洋大学图书馆”。1896年，山海关北洋铁路官学堂图书馆建立，辛亥革命后改称“唐山交通大学图书馆”，是为今西南交通大学图书馆的前身。1896年，南洋公学藏书楼建立。1897年，

① 李耀彬、蔡公天：康有为藏书考，图书馆学研究，1987年第5期。
② 汪家熔：两件图书馆史史料，图书馆学通讯，1983年第2期。
③ 谢灼华：中国图书和图书馆史，武汉大学出版社，2005年版，第298页。

求实书院藏书楼在浙江杭州蒲场巷普宁寺建立，它是浙江大学图书馆的前身。1898年建立的京师大学堂和南洋公学均设有大藏书楼和图书院。

戊戌变法前后，维新派还兴办了一些新型的藏书楼，其中较著名的有1898年由梁启超等创办的湘省时务学堂藏书楼等。但因成立时间短，影响不大。

（四）“预备新政”时期的高校图书馆

1. 国立大学堂藏书楼——京师大学堂藏书楼

在清末，我国国立大学仅一所，即京师大学堂。该校十分注重藏书楼，即图书馆的建设。

（1）京师大学堂藏书楼的创立

在开始酝酿和筹建京师大学堂的初期，首倡者和创办人就已经有了在京师大学堂设立藏书楼的设想。1896年，刑部尚书李端棻在著名的《请推广学校折》中，首次提出建立“京师大学”，并同时提出了“设藏书楼”的主张。同年，奉旨筹办京师大学堂的孙家鼐也上书光绪皇帝，指出“仪器图书，亦必庋藏合度”，因此京师大学堂应当“建藏书楼、博物馆”。光绪皇帝同意了孙家鼐的请求，发出为京师大学堂拨款“购图书、备仪器”的上谕。①

1898年7月4日，光绪皇帝正式下令批准设立京师大学堂，任命孙家鼐为管理大学堂事务大臣，并通过了《京师大学堂章程》（简称《章程》）。《章程》是梁启超代总理衙门起草的，其中把藏书楼的建设放在十分重要的地位。《章程》指出：“学者应读之书甚多，一人之力必不能尽购。……京师大学堂为各省表率，体制尤当崇闳。今拟设一大藏书楼，广集中西要籍，以供士林流览而广天下风气。”同时，《章程》还对藏书楼的体制作了种种具体规定：藏书楼设主管官员“提调”一人，月薪五十两；提调下辖具体工作人员“供事”十员，月薪十两；规定藏书楼提调的任务是拟出“应购各书目录及藏书楼收藏借阅详细章程”。《章程》是中国近代高等教育史上最早、影响也最大的正式文献，同时也是中国近代图书馆史上，尤其是大学图书馆史上最早、最完备的建馆章程。

1902年，管学大臣张百熙以京师大学堂为基础，奏办京师学堂，以端正趋向、造就通才为宗旨。由他主持拟定的《钦定京师大学堂章程》，也继承了原《章程》重视藏书楼建设的精神。该章程中把学堂中应有设备的第一项列为图书，还正式规定“设藏书楼、博物馆提调各一员，以经理书籍、仪器、标本、模型等件”。同时还把重建藏书楼房舍列入了章程，准备“于空旷处择地建造”。这些主张，后来大部分都付诸了实施。藏书

① 中国史学会：中国近代史资料丛刊·戊戌变法二，上海人民出版社，1957年版，第3页。

楼创办之前，曾分别提取各省的官局书籍或购买民间旧本、时务新书、已译未译西书作为藏书楼的藏书。他还多次派人专程到南方各省访求、购置民间刻印的图书和流散于民间的旧籍。经过八九个月的筹办。这样，京师大学堂藏书楼在集中了调取、购买、国内外学者馈赠以及从原同文馆书阁、强学会书藏和官书局藏书院中移来的全部藏书 78000 册左右的基础上就正式创立了[①]。可惜的是，这些珍贵的图书大都在庚子事变中被毁了。

（2）从《京师大学堂章程》到《钦定京师大学堂章程》的藏书楼规定

由张百熙主持拟定的《钦定京师大学堂章程》，继承了原《京师大学堂章程》重视藏书楼建设的精神。

光绪二十八年（1902）十一月，公布的张氏草拟的《钦定京师大学堂章程》中把学堂中应有设备的第一项列为图书，还正式规定“设藏书楼、博物馆提调各一员，以经理书籍、仪器、标本、模型等件”。同时还把重建藏书楼房舍列入了章程，准备“于空旷处择地建造”[②]。与 1898 年不同，该章程中关于设立藏书楼的主张，大部分都付诸实施。

（3）京师大学堂藏书楼的建设

京师大学堂创立之初的校址在地安门内马神庙（今景山东街）前的和嘉公主旧第，亦称四公主府。京师大学堂藏书楼的主管人当时叫提调官。1902 年正式上任的京师大学堂藏书楼提调官是梅光羲。他于 1902 年旧历八月就任藏书楼提调，同时兼“司博物院事”，赴日留学约一年。梅光羲在任期间，奠定了藏书楼的藏书基础，并制定了一部藏书楼的管理章程。1903 年，清政府颁布全国高等教育条例《奏定大学堂章程》，其中规定全国大学堂的藏书机构称图书馆，其主管人为图书馆经理官。这是我国的官方文件中首次使用“图书馆”这一名称。但是在京师大学堂，人们仍习惯沿用“藏书楼”的旧称。当时的做法是“于楼额仍沿用藏书楼之名，而于章程则标为图书馆”[③]，而后世之人一般都把京师大学堂时期的藏书机构统称为京师大学堂藏书楼。

1902 年年初，同文馆归并于京师大学堂，后改为京师大学堂译学馆，同文馆书阁的图书也成为京师大学堂复校后的第一批图书。不过，这部分图书没有全部归到马神庙藏书楼，而是在北河沿译学馆（后来的北大三院）之中专置了译学馆藏书室来收藏，成了供学习外语和翻译用的专藏。这是北京大学图书馆设立最早的一个分馆。

京师大学堂由于复校急需图书，又一时难以征集购置齐备，于是四处借书。现在北京大学档案室尚存有当时从国子监借调图书的文件，其中提到“需用各项书籍一时未能购置，

① 孟昭强等：北大不败，南海出版公司，1998 年版，第 318 页。
② 舒新城：中国近代教育史资料（中册），人民教育出版社，1961 年版。
③ 北京大学校史研究室：北京大学史料第 1 卷（1898—1911），北京大学出版社，1993 年版，第 462 页。

现在行文各省调取书籍亦尚需时日。拟暂由大学堂备文咨请国子监，借用辰厅书籍”。调用国子监的藏书，也反映了京师大学堂藏书楼与旧官学藏书的相互承继关系。

为了充实藏书楼，按照管学大臣张百熙的意见，京师大学堂从1902年年初就开始征调各省官书局的图书。经清政府批准后，由管学大臣行文“迅饬官书局将已列各种经史子集以及时务新书，每种提取十部或数部，刻日赍送来京，以备归入藏书楼存储。……统归本省书局项下报销”[①]。一般情况下，只有国家图书馆才有权向各省无偿征调图书。在当时中国没有国家图书馆的情况下，京师大学堂藏书楼实际上居于与国家图书馆相当的地位，因而才有可能向各省无偿征调图书，在以后的7年中京师大学堂藏书楼实际担负起了收集和保存官方出版物这一国家图书馆的职能。这种方法收效很大，1902年京师大学堂藏书楼就收到了江苏、广东、湖北、浙江等省官书局的大批图书，由此奠定了藏书楼的始基。当时从各地征调的图书，大部分是四部旧籍，以及各省的地方文献等。但也有一些新学图书，即所谓“时务新书”，如当时驻日使馆和留日学生编译的《西伯利亚大地志》，驻俄大使编译的《东三省铁路图》《悉毕利（西伯利亚）铁路图》等，都是由各省官书局刻印，并送到京师大学堂的[②]。

此后，各地官书局一直是京师大学堂藏书楼的一个重要图书来源。大约从1909年京师图书馆（今北京图书馆）筹建之时起，京师大学堂不再无偿征调各省图书，而改为有偿购买，并由各省的提学使负责购书进京。从当时的往来函件中，可以见到各省书局“请将书价汇寄”和京师大学堂“遵照来文汇解归款”等不少记载，以及要求各地提学使“照单饬购”图书的指示。从这些可以看出，京师大学堂藏书楼已从征调图书的非常时期转变到购买图书的正常时期。

作为最高学府的藏书机构和享誉一时的图书馆，京师大学堂藏书楼还接受了许多官方和个人的捐赠。例如，1903年和1904年，外务部拨来《海关贸易通商总册》和《古今图书集成》各一部；1904年，巴陵方氏捐赠了碧琳琅馆藏书；1910年，清廷赏赐了《大清会典》三部等。这些捐赠的图书也是京师大学堂藏书楼重要的藏书来源之一，其中不乏其他途径采访不到的珍品，如方氏碧琳琅馆藏书，即出自清代著名藏书家方功惠（1829–1897）。方功惠，巴陵（今湖南岳阳县新开镇）人，曾任广东道员，在广东任职30余年。他平生嗜好图籍，在广州建立了“碧琳琅馆”用以藏书，全盛时曾达20余万卷，其中秘本极多，以明人诗文集为其特色，还有从日本佐伯文库收回的珍本，人称“粤城

①《京师大学堂档案》第24卷，北京大学综合档案室藏。
②《京师大学堂档案》第36卷，北京大学综合档案室藏。

之冠”。方功惠去世后，碧琳琅馆的藏书运至北京，适逢庚子之变，受到不少损失。其子方大芝是一位开明士绅，决定将所余藏书全部捐赠给京师大学堂藏书楼。据统计，方大芝捐赠的图书共计 1886 种，22170 册，当时约值银 12000 两。这部分图书后来成为北大图书馆善本藏书的最初基础。

除了从各省官书局进书和接受捐赠外，京师大学堂藏书楼还很注重采访民间书籍。1903 年曾派人到南方各省专程采购图书。此后还通过各种方法访求民间的图书，经过多年努力，收效很大，购置了大量民间刻本和流散到民间的图书，包括许多宋元刻本、明清抄本等珍贵文献。据统计，从光绪三十一年（1905）至宣统三年（1911），藏书楼购置图书的经费就用银二万五千余两[①]。

京师大学堂藏书楼还重视新学和西学图书的入藏，为了收集各种新学、西学图书，尤其是国外出版物，京师大学堂藏书楼开辟了许多采访渠道。其中有不少颇有见地的做法，很值得称道，包括请各驻外公使帮助购买图书。如 1905 年曾致函“伦敦清国公使张大人”，其中述及：“书目想已收到。敝堂需教科书甚急，乞速购寄。寄价钱若干，得即汇大学堂齐”。类似这种与各驻外公使往来购书的函件还存有很多；派人出洋购书。如 1910 年京师大学堂派人出洋考察，任务之一便是“收集图书、矿物资料”；请在大学堂任教的洋教习帮助选购图书。如 1905 年日本教习服部卯之吉从日本买回了数学、物理、动物、教育、历史五科的书籍，归入藏书楼收藏；通过国外书商购买。如 1903 年曾与德国佛克书局联系，书商送来“各专用书目十本”，供藏书楼购书参考[②]。

经过多年的积累和建设，京师大学堂藏书楼具备了丰富的藏书，无论是古籍善本，还是西学图书，当时都处于全国领先地位。除搞好藏书建设之外，京师大学堂还制定了一整套的图书馆规章制度。这套规章制度的建立，不仅使京师大学堂藏书楼成为一所初具规模的大学图书馆，也对全国的大学图书馆起到了示范作用。这些规章制度的主要内容包括：

第一，藏书楼主管人和工作人员的权限和责任。藏书楼的工作人员有两种，从事图书管理工作的称供事；从事杂务的称听差。提调官或图书馆经理官由总监督任命和节制，其职责是“掌理馆中书籍事务及节制所属供事听差各人”。供事则受命于图书馆经理官，主要职责是“掌书籍出入，登记簿录，整理各书籍图报，检查收发书籍及各项笔墨等事”。当时对藏书楼主管人和工作人员的要求非常严格，规定“经理官应常年住馆，除星期、

①《国立北京大学廿周年纪念册》，1918 年。
②《京师大学堂档案》第 38 卷，北京大学综合档案室藏。

年暑假及有要事请假外，不得擅离职守”①。供事虽不要求日夜住在藏书楼，但也不能随便请假，即使在星期日、年节和暑假，也要轮流值班。供事平日如果擅离职守，或取书时遗失读者的取书单，就要被辞退；倘若遗失图书，还要交由图书馆经理官和总监督从严惩处。

第二，图书收藏和整理的方法。藏书楼收到的中外书籍，要当日由供事登录造簿，并由图书馆经理官阅看。然后加盖馆藏印章，上有“大学堂图书馆收藏记”印记，一般图书类盖在第一册第一页的左角，图画类盖在右角。报刊也是每日查收，每十日装订一次。书刊加工后，再进行分编。中、日文图书按经、史、子、集、丛书分类；西文图书则“按照各国洋文书类”分编。著录项目有书名、卷数、册数、著者、译者、门类等几项。无论是图书还是报刊，整理后都要编成书本式目录，作为馆内书刊清册和供读者查检之用。

第三，藏书借阅的方式。藏书楼采取严格的闭架借阅方式，“凡借取书籍图画，须将印单交由供事检查，取出呈阅，不得由取书人自行入室信手翻检”。借书情况由经理官亲自掌握，每日晚饭后，供事要将当日借书的清簿呈经理官过目。教员借书可以优先，也可以不受时间限制，但至多不能超过一个学期。学生借书期限较严，不过到期后可以续借一次。此外，还有预借服务，如果读者需用的书刊已经借出，可以由图书馆经理官询明情况，或由图书馆经理官写条向原借者索来翻检查阅，“或俟其还日，知照来取”。每年暑假前，所借书刊一律要归还，以便藏书楼清点核查。

第四，教学用书的借阅办法。藏书楼十分重视教科书和教学参考书的服务工作，体现了大学图书馆的工作特点。教员授课需用的图书，先由教员开出书单和学生名单并报教务提调校准，然后由藏书楼照单发书，优先保证；课程结束后，仍由教员负责交回藏书楼。学生借用的如属教学用书，可以不受时间限制，待课程结束后再归还；如果课程结束后仍需再续，还可以再宽限一个学期。此外，教员还有参与图书事务的义务，“掌一切图书仪器等项”②，图书馆经理官也要由教员兼任，以保证藏书楼与教学协调一致。

第五，禁规和违禁处理办法。藏书楼的禁规有两种：一种是针对工作人员的，如供事借书时“不得少报多付”、不得遗失图书等；另一种是针对读者的。藏书楼内严格禁止吸烟。学生借书不得逾期，一旦逾期不还，即由图书馆经理官下令停止该读者借书。如有损坏、遗失，要照原价赔偿，情节严重的，还要报总监督处理，但教学用书损坏只赔半价即可。同时规定藏书楼的图书不得转借他人，违禁者不得再借书，不论教员还是

① 北京大学校史研究室：北京大学史料第 1 卷（1898—1911），北京大学出版社，1993 年版，第 462 页。
② 舒新城：中国教育史资料（第 2 卷），人民教育出版社，1981 年版，第 571 页。

学生，如有因故离开京师大学堂的情况，要由教务提调负责，先缴还所欠图书方准离开。

由以上可以看出，京师大学堂藏书楼的各项规章制度已经初步完善，近代大学图书馆所应具有的各种主要功能京师大学堂藏书楼均已基本具备。

（4）设立京师大学堂藏书楼的影响

京师大学堂藏书楼的出现，是我国图书馆史、教育史和北京大学校史上的重大事件，有着十分重要的意义和影响。

第一，京师大学堂藏书楼的建立，是我国近代图书馆史上的大事，对我国近代图书馆的产生和发展有着重要和深远的影响。当时它虽然名为藏书楼，也有着不少旧式官学藏书的遗风，但其基本性质已经是新型的大学图书馆。如果从其前身同文馆书阁算起，可以说它是我国近代自行创办的最早的新式图书馆；即使从京师大学堂藏书楼正式建立之日算起，它也是当时规模最齐备、影响最大的图书馆。由于京师大学堂有全国最高学府的地位，使得京师大学堂藏书楼在我国图书馆发展史上的作用远远超过了当时一些教会、学堂或开明缙绅所办的图书馆。在 1909 年京师图书馆（今北京图书馆）筹建之前，京师大学堂藏书楼实际上是我国新型图书馆的一面旗帜。从各地官书局缴送图书的情形来看，京师大学堂藏书楼实际也在履行着国家图书馆的职能。从某种意义上说，正是因为京师大学堂藏书楼的创立和发展，才会有辛亥革命前后国内各种类型的新型图书馆蓬勃兴起的局面。

第二，京师大学堂藏书楼的建立，是我国近代高等教育史上的大事，对我国高等教育，尤其对高等学校图书馆的产生和发展，起到了十分关键的作用。京师大学堂藏书楼是我国最早的大学图书馆之一，同时由于京师大学堂兼有全国最高学府和教育管理机关的双重地位，所以它一出现便成为全国高等学校建校、建馆的一个范例。在 1903 年清政府颁发的高等教育纲领《奏定高等学堂章程》和《奏定大学堂章程》中，明文规定："大学堂当置附属图书馆一所，广罗中外古今各种图书，以资考证。"实际上就是把京师大学堂及其藏书楼的模式在全国进行推广。在这之后，我国的新型高等院校在建立之初就有了兴建图书馆、重视图书馆的好传统，办学堂必建图书馆，建图书馆则必取法于京师大学堂藏书楼，在当时兴办新式教育的潮流中蔚然成风。"在北京大学图书馆的推动下，各地各类学校图书馆迅速发展起来，据统计，1927 年全国大学图书馆 70 所。"[①]

第三，京师大学堂藏书楼的建立，对北京大学的建设和发展作出了多方面的重要贡献。北京大学之所以能够成为举世闻名的高等学府，有着一所完善的图书馆是重要的因素之

① 谢灼华：中国图书和图书馆史，武汉大学出版社，1987 年版，第 252 页。

一，这一点在京师大学堂建立之初就奠定了良好的基础。从北京大学的创始人康有为、梁启超、孙家鼐、张百熙等人开始，直到以后的蔡元培、蒋梦麟、胡适等人，都把图书馆的建设放在十分重要的地位，形成了建设图书馆、重视图书馆的优良传统，使图书馆成为北京大学学校建设的一个重要内容。在北京大学的发展史上，京师大学堂藏书楼以及后来的北京大学图书馆，在宣扬民主与科学等新思想、传播马列主义革命真理，以及为全校教学与科研服务、培养一代代革命和建设的人才等方面，都发挥了重要的作用。

第四，京师大学堂图书馆给大学生们的影响是深远的。一批学生在受到图书馆的影响后，深知图书馆的文化教育作用，把发展图书馆事业作为自己终生的事业，如京师大学堂优级师范科光绪三十二年（1906）第一期毕业生珂横，后来创建了山西省图书馆，并长期在山西大学任教。

第五，《京师大学堂章程》是中国近代高等教育史上最早、影响最大的正式文献，同时也是中国近代图书馆史上，尤其是大学图书馆史上最早、最完备的建馆章程。它对民国时期大学图书馆的建设以及后来的高校图书馆建设都起到了十分重要的作用。

2. 公立大学藏书楼

在清末，我国仅两所公立大学，即公立山西大学堂和公立北洋大学堂。两校都十分重视藏书楼建设。

（1）北洋大学堂藏书楼

光绪二十一年（1895）盛宣怀在天津设立的中西学堂的头等学堂，相当于大学本科，修业年限为4年，内设法律学门、土木工程学门、采矿冶金学门及机械工学门。头等学堂总办为王修植。1902年，中西学堂更名为北洋大学堂。随着北洋大学堂的成立，北洋大学藏书楼亦开始建立，成为近代全国大学图书馆中之最先创建者。创立之初，设备、组织均甚简陋，由校中文案兼任管理员，职名为通判衔兼图书馆经理官。后聘美籍人爱温斯和东伊那任图书馆名誉管理员和图书馆主任，管理制度及目录组织等均采用美国图书馆管理方法，直至新中国成立后仍沿用了较长一段时期。

（2）山西大学堂藏书楼

在光绪二十七年六月十八日（1901年8月2日）清帝诏谕的推动下，中国官立大学开始发展。光绪二十八年（1902）年初，山西巡抚岑春煌奏设山西大学堂，地址在文瀛湖南乡试贡院（今太原市儿童公园）内，办学基础为晋阳书院和令德堂两大书院。同期，英国传教士李提摩太提出以山西赔款在晋设立中西大学堂。后经协定将两校合并为山西大学堂，但分为中学专斋和西学专斋（西斋临时设在皇华学台衙门西院的皇华别墅），分别实行中国传统式教育和西方现代式教育。教学用书主要来自晋阳书院和令德堂，大部分是四部古籍和地方文献，也有不少时务新书，是后来藏书楼藏书的雏形。1904年，中、西斋同时迁入新校址太原市侯家巷内，藏书处就设在西斋当时全省最新式、最广大的无梁大礼堂后的一排房屋内，称为“西斋藏书楼”，成为近50年之久的图书馆馆址。内藏贡院大学堂原有四部古籍及当时中国出版不久的最好的教学参考书，还有刚购回的西方文学精品丛书。李提摩太还将自己的一部分图书赠给图书馆。随着中、西两斋各自课程的增改，尤其是为了满足西斋的教学需求，藏书楼陆续增加了很多已译和原版的西文、日文图书及一些科技图书。大学堂译书院成立后，曾翻译和出版了不少有关高等、中等和师范学校的教学用书和名著数十种，主要有《藤泽算术教科书》《代数》《植物学教科书》《动物学教科书》《生理学教科书》《矿物学教科书》《物理学教科书》《地文学教科书》《十九周新学史》《应用教授学》《迈尔通史》《欧洲商业史》《克洛特天演学》《最新天文图志》《最新地文图志》《中国编年史表》《世界故事》《世界名人传略》《插图惊奇世界》等。其中，《最新天文图志》为英国希特原著，《最新地文图志》为英国世爵崎冀原著，两书均为上海叶青所译。图志对参、注释明晰、五彩制图、十分精美，为我国前所未有之佳本。特别是《迈尔通史》一书，曾在我国广泛流行，影响甚大。这些图书进一步充实了大学堂藏书楼藏书的基础。

3. 优级师范学堂图书馆的出现

光绪三十四年（1908），京师大学堂优级师范科从京师大学堂里分离出来，发展成为一所独立设置的优级师范学堂，即京师优级师范学堂。在优级师范科从京师大学堂中分离时，京师大学堂图书馆拨出了部分书籍来支持京师优级师范学堂的图书室。当时，一方面由于师生感受到书籍对教学的重要性；另一方面由于《奏定学堂章程》中有“不准（学生）私自购阅稗官小说谬报逆书”的禁令，故京师优级师范学堂从独立建校伊始就对学堂图书室的工作抓得很紧。那时的京师优级师范学堂虽属草创，但由教务长、斋务长（训导长）、庶务长（总务长）分别领导学校各部门并向监督（校长）负责的“三长负责制”业已形成。当时学堂图书室的工作，是由教务长直接领导的。

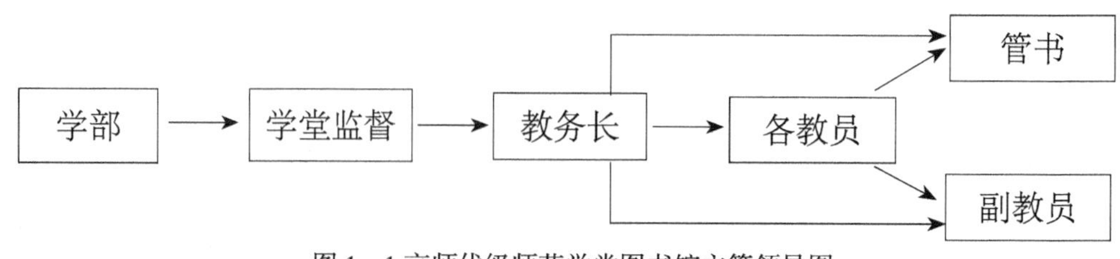

图1—1 京师优级师范学堂图书馆主管领导图

如图 1—1 所示，当时教务长所领导的，实际上只有组织教员、副教员教学和管书这两大教学业务部门。由此可知图书室工作在教务长全部工作中所占的比例相当大。而在教务长领导图书室工作的方式上，也有直接实施领导和通过各教员间接实施领导这两种，这比使用单一的方式来实施领导要付出更多的精力。“比例大、精力多”是这一时期校方领导图书室工作系统的特点。这并不是因为学堂初创，业务不多，教务长才把如此多的时间和精力投入图书室工作，而是因为兴办图书馆、倡导用图书馆普及教育、造就人才是那个历史时期的社会风尚。

另外，其他各省优级师范学堂里也建有藏书室或图书室。例如，南京的两江优级师范学堂规模较大，有相当数量的藏书。又如，广州的两广优级师范学堂，学堂内兴建了一座藏书楼，楼上为藏书室，收藏图书以古籍居多，楼下为阅览室及学生休息处。因藏书楼仅设管理员一人，可见其规模并不是很大。再如，成都的四川通省师范学堂，也设有图书室，图书室内藏书不多，仅百册左右。

清末各地优级师范学堂图书室的建立，为后来的高等师范图书馆群体的建设奠定了物质基础。京师优级师范学堂图书室和各省优级师范学堂图书室与我国的师范教育从一开始就打上了日式教育的烙印一样，其建设也深受日本的影响。除了《总理衙门奏拟京师大学堂章程》《钦定学堂章程》和《奏定学堂章程》中所拟图书馆建制基本上抄自日本外，我国最早引入的图书馆学论著之一也是来自日本的，这就是光绪三十四年（1908）出版的由谢荫昌翻译的日本户野周二郎所著的《图书馆教育》。

4. 其他高校图书馆

清政府预备新政后，高校图书馆获得了一定发展。原有高校建立的藏书楼（图书馆）获得了一定充实，如上海南洋公学藏书楼在辛亥革命后改称南洋大学堂藏书室，1911 年有藏书 3000 余册[①]。一批新建高校也纷纷建起藏书楼（图书馆），如光绪二十六年（1890）的私立东吴大学藏书楼，从创办之日起至 1911 年，藏书已达 4 万余册。

光绪二十八年（1902）六月，四川开始筹办省城高等学堂。其前身是创建于 1896 年的四川中西学堂藏书楼，藏书历史最早可溯源到 1704 年建立的锦江书院和 1874 年建立的尊经书院。1902 年年初，四川总督奎俊仿照京师大学堂的成例上书清廷，经特旨朱批将尊经书院、锦江书院和中西学堂合并扩展，改为四川通省大学堂，除了锦江书院的校舍拨给成都府中学堂外，教职员、学生、经费、图书、档案设备等全部归入四川通省大学堂[②]。同年 12 月 30 日，继任四川总督的岑春煊按清廷各省大学堂改高等学堂令，改四

① 吴晞：文献资源建设与图书馆藏书工作手册，书目文献出版社，1993 年版，第 273 页。
②《四川省城高等学堂档案》，第 13 卷。

川通省大学堂为四川省城高等学堂，由胡峻（1867–1909）任首任总理（即校长）。1903年11月，高等学堂开学。由于是以书院改学堂，实属创举，无成规可循，为了吸取国内外办学的先进经验和方法，胡峻通过岑春煊奏请于朝，被特派为考察日本学制游历官，偕王章祜等人东渡日本考察学务。在历时4个多月中，对日本教育行政、学制规则、学科程级等，皆一一细心考研；对其国力、民情、局势也处处留心。同时，还为学堂聘请东洋（日本）教席，购置仪器图书。该学堂除了接受书院及四川中西学堂的图书外，又购买了许多新版图书，如《大英百科全书》。1902年“癸卯学制”颁布后，仅四川省各类属于高等教育层次的学堂还有四川武备学堂（1902）、四川机械学堂（1905）、华西协和大学（1905）、四川政法学堂（1906）、四川农政学堂（1906）、四川藏文学堂（1906）、四川铁路学堂（1906）、唐山路矿学堂（1907）等。“各学堂皆附设藏书楼或图书馆。各学堂藏书数量不一，但以古籍线装书为多，其次则为日文或日译自然科学书籍及讲义等。”①

1907年，唐山路矿学堂图书馆正式成立。藏中文图书数千册，西文图书2000册。光绪三十三年十二月十八日（1908年1月21日），邮传部根据唐文治、学堂监督罗惇融“先后呈请援案等图”，上书光绪《请颁给学堂〈图书集成〉折》，要求向唐山路矿学堂“颁给《图书集成》二部，俾资参考”。外务部便奉光绪“依议”之旨，将一部光绪二十年（1894）第三次印刷的《钦定古今图书集成》赠给唐山路矿学堂。全书5044册，1.6亿字，共印刷100部，为唐山路矿学堂图书馆入藏最早的一部御赐类书。②

此外，清末书院制度虽已腐朽而不尽可取，但书院培养生徒自学能力和聚集大量图书典籍的特点依然延续了下来。为了培养生徒的自学能力，承担高等教育的书院普遍注重收藏图书典籍，以供生徒研读。这些图书来自朝廷的颁赐、地方官府的拨款购置、官绅学者的私人捐赠、书院筹款自行购买及书院的自行刊刻等，来源相当广泛。当时不少书院拥有万卷以上的藏书，最多者可达七八万卷，如保定莲池书院藏书3.3万余卷、开封大梁书院藏书3.6万余卷（册）、广州广雅书院藏书5.3万余卷（册）、惠州丰湖书院藏书5.3万余卷、太平仙源书院藏书7万余卷、苏州学古堂藏书8万余卷等。随着近代西学的传入，西方的图书典籍也被一些书院收藏，如广州广雅书院就藏有《西政丛书》《万国史略》《地学备考》《水师操练》等西方图书的译本多种；而在开封大梁书院收藏的3.6万余卷（册）图书中，《海国大政记》《泰西新史览要》《重学》《天文启蒙》《开煤要法》

① 李秉严：四川高校图书馆100年，四川科学技术出版社，1999年版，第7页。
② 李秉严：四川高校图书馆100年，四川科学技术出版社，1999年版，第7—8页。

等新译的西方书籍已占到了1000卷以上。[①]

书院在长期收集和保存图书的过程中，还逐渐形成了严密的图书采购制度和管理制度。比如，开封大梁书院的《购书略例》规定：因“近刻种类日繁”，故必须先“择其最有用者购之”；并应选“纸质坚韧，可以经久”的官书局新印书购买；在购买时，因“限于款项”，故每种书只允许购买其中的一个版本；购书后应将“原购各书价值清单，皆汇存一总簿，存书院内”以备查验等。其图书采购原则和做法已与今日的高等学校图书馆类似。在图书的借阅和管理方面，如开封大梁书院的《藏书阅书规则》规定：书院设司书吏一名，掌图书室钥匙的司图役一名；欲借阅书院图书的生徒，须由斋长陪同到司书吏处办理借阅手续，并在阅书簿内登记，生徒与斋长要分别签字画押；每人每次只许借书一种，不得超过五册，限十日内归还，还清上次所借书籍后方可再借；还书时司书吏须详细检查还回各书有无损坏，如有，则报监院官核办；书院所藏图书，每年伏天必须抖晾一次；遇年代久远书籍自然损坏，应即更换或重装；监院官每年抽查藏书一次，发现损失，则令司书吏赔偿等。可见其图书室的管理制度已趋于完备[②]。

总之，这一时期的高校藏书楼或图书馆按照学校本身的性质，大致有四种类型：一是一部分自办的新式学堂藏书楼或高等学堂图书馆。这些藏书楼或学堂图书馆注重藏、用并举的办馆思想和管理办法，属现代新式的藏书楼；二是由外国教会创办的大学图书馆。这类图书馆几乎为西方大学图书馆的翻版，照搬西方大学图书馆的管理和技术方法，形成清末近代大学图书馆的雏形之一；三是既重收藏又重服务，且兼具国家图书馆性质的京师大学堂藏书楼；四是承担传统高等教育的书院藏书楼或图书馆。这些藏书楼和学堂图书馆主要沿袭了古书院藏书楼以藏为主的办馆思想和管理办法，仍属传统的藏书楼。这四种类型的藏书楼或图书馆构成了清末我国高校图书馆的独特风格，推动了清末高等教育的发展。

---

① 樊克政：书院史话，中国大百科出版社，2000年版。
② 陈谷嘉、邓洪波：中国书院史资料（下册），浙江教育出版社，1998年版，第2320页。

第二节 民国前期的高等教育及高校图书馆

民国前期是指民国成立至“七七事变”抗日战争全面爆发之间的25年时间。我国高校图书馆随着高等教育的发展而获得了较大的发展。

一、民国前期的高等教育

民国前期，我国高等教育经历了1917年之前的创始时期、1917–1927年的初步发展时期和1927–1937年的定型时期。

（一）民国高等教育的创始

从民国成立到1916年是民国高等教育的创始时期。在这一时期里，有关高等教育的法定性成果集中体现于1912年制定的“壬子学制”，此外，教育部还先后颁布《大学令》《专门学校令》《大学规程令》等，明确提出大学以“教授高深学问，养成硕学闳才，应国家需要”为宗旨，为高等教育的发展初步指明了方向。当时的大学数量很少，据民国教育部第五次教育统计，在1915年，大学一共只有10所，其中公立大学3所，分别是京师大学堂、山西大学和北洋大学堂，而私立大学和教会大学相对较多。另据《第一次中国教育年鉴》载，至1916年，全国共有大学10所，专门学校76所，其中私立大学、私立专门学校分别为7所和21所[①]。

（二）民国高等教育的初步发展

从新文化运动兴起到南京国民政府成立期间，由于文化启蒙运动的波澜壮阔、西方教育理论系统地输入，以及北洋军阀统治下的北京政府或因袁世凯死后的群龙无首而忙于权力之争，或因各地大革命的汹涌怒涛而无暇顾及，致使教育界基本采取放任自流的态度，这种内外因素催化了学制更新和相应课程体系、教学方法的系统改革，促进了高等教育的初步发展。1922年顺应历史发展而颁布了新学制，又称“壬戌学制”。它的诞生以及此后一系列教育改革是集思广益、共同智慧的结晶，尽管其中有些是不合国情、不切实际的

① 教育部教育年鉴编撰委员会：第一次中国教育年鉴，（上海）开明书店，1934年版，第44页。

规定，但总体而言，这是一次比较成功的改革。它在近代中国教育史上有着划时代的意义。

在“壬戌学制”颁布以前，我国高等教育以专门学校和高等师范学堂居多，近代大学较少，如表1–2所示。

表1–2 1917年全国高等教育统计表

	学校数	学生数	毕业生数
高等师范和专门学校	72	15506	5327
分科大学	8	3511（其中预科生2163人）	898

资料来源《第五次教育统计》，转引自陈翊林：《最近三十年中国教育史》，第270—272页。

但新学制明令要求，“高等师范学堂应于相当时期内提高程度，尽快改办师范大学”。此外，还放宽了对大学的限制，规定大学校设数科或一科均可，其单设一科者称为某科大学。从而促进各专科学校和师范学堂纷纷升格为大学，如表1–3所示。

表1–3 1921与1926年高等专科以上院校统计表

	1921年	1926年
大学总数（含公立和私立）	13	51
公立大学数	5	37
专科院校数	76	58

资料来源：李华兴等主编：《民国教育史》，上海教育出版社1997年版，第601页。

从表1–3中可看出，从1921年至1926年，这种师范学堂和专科学校的升格运动使得大学在数量发展上空前繁荣。因此，有人戏称这一时期为“大学热时期”。但是在这种数量繁荣的背后，教学质量并无多大提高，内部组织相当混乱。20世纪30年代初来华的国际联盟教育考察团所著《大学教育之改进》中：“大学发达之速度超过其组织，无稳定基础之大学，遂相继以起，因而高等教育所必要之经费及合格教育之供给，均感不足。”①

所以概括地说，此阶段的高等教育，呈现的是一种粗放型的发展，表现为数量上的繁荣和质量上的不尽如人意。此外，政府注重优先发展高等师范教育也是本阶段的一大特点。师范教育之所以在此时受到重视，主要是由于近代中国教育改革中高等教育起步最早，普通教育相对滞后。由于普通教育的滞后，直接影响高等教育的生源质量。而要提高普通教育的教学水平则首先需要培养大批合格的中等师资队伍。

① 国联教育考察团：中国教育之改造，国立编译馆译，1932年版。

（三）民国高等教育的定型

从 1927 年南京政府成立到 1937 年抗日战争爆发的这 10 年，是民国教育稳步发展、趋于完善定型的时期。在此期间，由于社会政局相对稳定，教育投入逐年增加，教育管理渐趋完善，加上广大教育工作者的勤勉敬业，高等教育取得了较大发展。据统计，1931 年，全国有高等学校 105 所，其中大学 41 所（国立 13 所、省立 9 所、私立 19 所），独立学院 34 所（国立 5 所、省立 11 所、私立 18 所），专科学校 30 所（国立 2 所、省立 18 所、私立 10 所），在校生 44130 人。1931—1936 年，学校数徘徊在 105~110 所之间，在校生波动在 41000~44000 余人之间，数量增幅很小，但是在稳步发展中提高了教育质量。再加上教育部注重实科，压缩文科，使文实科比例趋于合理，并加快工科发展步伐，因而在一定程度适应了社会经济文化发展的需要，成为民国高等教育发展的“黄金时期”。

高等教育的稳定和健康发展与国民政府在此时期采取的相应措施是分不开的。例如，为了提高大学质量，克服“壬戌学制”颁布所带来的滥设大学的状况，国民政府教育部在 1929 年颁布的《大学组织法》取消了单科大学的设置，将整顿重点定为“用全力使现在的高等教育内容充实，程度提高，但作质量的改进，不再作数量上的扩充”，以期提高高等教育水平。

在制度建设上，国民政府教育部积极制定各项教育法规、法令，到 1931 年，大体上已经比较完备。这使得教育工作能有法可依、有章可循，起到了规范教育、严格管理的作用，从而有利于教育事业的有序发展和教育质量的提高，到抗日战争前的 1936 年，无论是学校数、学生数、教育经费的投入数、教育质量、学科程度等都达到了民国以来的最高水平。

在这一时期，南京国民政府还整理了院系结构，加强了实用科学的建设。在民国高等教育发展过程中，以前始终存在着各院系发展不均衡的问题，学生求学多以当官为目的，故法政专业一枝独秀，而理工科发展相对不足。但在 1929 年《大学组织法》颁布以后，实科的理、工、农、医招生人数均有大幅提高，而法科招生相对呈锐减趋势，在 1930—1937 年，法科学生比例由 42% 下降到 22.8%，几乎减少了一半。文、商、教三科变化不大。实科学生人数的增加，除政府对此问题的重视之外，最根本的原因还是当时社会经济发展的需要。

总之，抗日战争前的这 10 年，在民国高等教育事业的发展进程中占有十分引人注目的地位。期间执政的国民党采取了一系列措施发展教育，特别是高等教育，通过调整院系结构及专业设置、健全各种制度、增加教育经费等，努力提高教育效能。尽管在这 10 年中有一些起伏。但总的来说，高等教育事业取得了较大的发展，初步形成了一种新的格局。

二、民国前期的高校图书馆

（一）民国高等教育创始时期的高校图书馆

1911 年 10 月 10 日，辛亥革命爆发，中华民国宣告成立，从此结束了中国延续 2000 多年的封建专制统治。但由于袁世凯窃取大总统职位，引发各地军阀相互混战。社会政治的混乱，必然会影响教育的发展。1912 年 1 月 9 日，民主革命教育家蔡元培担任临时政府教育总长。1913 年，教育部将各项法令综合为“壬子癸丑学制”，史称“壬子学制”，它与清末的“癸卯学制”相比，在教育宗旨和教育系统方面作了如下改革：一是将“忠君、尊孔、尚公、尚武、尚实”的教育宗旨改为“注重道德教育，以实利教育、军国民教育辅之，更以美感教育完成其道德”；二是确立高等教育为 4 年制中学毕业后的教育，取消高等学堂，改办大学预科，并规定其只能附设于大学；三是分别制定各类学校办学目标，如大学以“教授高深学术，养成硕学闳才，应国家需要”为目标，专门学校以“教授高深学术，养成专门人才”为宗旨，高等师范学校以“造就中学、师范学校教员”为目的；四是除了高等师范学校外，允许私人办高等教育；五是规定大学预科 3 年，专门学校预科 1 年；六是取消经学科，大学分设文、理、法、商、医、农、工七科，并以文、理科为主，专门学校分设政法、医学、农业、工业、商业、美术、音乐、商船、外国语等类；七是学堂一律改称学校，监督改称校长，并设教授会。这些规定对于民国高等教育的创始起了重要的保障作用，也推动了本期高校图书馆的发展。

1. 高校图书馆发展的政策与法规依据

辛亥革命之后，我国的高等教育和学校图书馆也进入了一个新的发展时期。1912 年，著名教育家蔡元培甫任教育总长，积极推行教育改革和高校图书馆的建设，他所拟定的教育方针大计中，曾把大学图书馆列为“革新之起点”的重要地位[①]。当时许多教育家也提倡培养学生自主学习和研究能力，强调图书馆“第二课堂”的作用，把学校图书馆称为“学校教育成全的要素”“无名的教师”“大学的命脉”。教育部在 1915 年颁布的《图书馆规程》和《通俗图书馆规程》，为高校图书馆的发展提供了法规依据。

（1）《通俗图书馆规程》

1915 年 12 月由教育部公布。第一条明确规定：“公私学校……得设立通俗图书馆”，第四条规定“通俗图书馆设主任一人，馆员若干人”，第六条规定“公立学校、工场附设通俗图书馆之经费，列入主管学校工场预算之内”[②]。

---

① 高平叔：蔡元培全集（第 2 卷），中华书局，1984 年版，第 165 页。
②《教育公报》，1915 年第 8 期。

（2）《图书馆规程》

1915年12月由教育部颁布，共11条。明确规定："公立、私立各学校、公共团体或私人，依本规程所规定，得设立图书馆。"（第二条）"公众团体及公私学校所设者，称某团体、某学校附设图书馆。"（第三条）"公立图书馆应于设置时，开具左（下）列事项，由主管长官咨报教育部：名称；位置；经费；书籍券数；建筑图式；章程规则；开馆时日。私立图书馆应照前项所列各款禀请地方长官核明立案。附设之图书馆，由主管之团体、学校，照前项具报于主管长官。关于图书馆之废撤及第一项各款之变更时，应照本条之规定分别具报。"（第四条）"图书馆得设馆长一人，馆员若干人。图书馆馆长及馆员均于任用时，开具履历及任职日期，具报于主管公署，并转报教育部。"（第五条）"公立图书馆馆长及其他馆员关于任职、服务、俸给等事项，准各公署所属教育职员之规定。"（第六条）"图书馆馆员每届年终，应将办理情形报告于主管公署。"（第七条）"公立图书馆之经费，应于会计年度开始之前，由主管公署列入预算，具报于教育部。公立学校附设图书馆之经费，列入主管学校预算之内。"（第八条）"图书馆得酌收阅览费。"（第九条）"私人以赀财设立或捐助图书馆者，由地方长官依照捐赀兴学褒奖条例，咨陈教育部核明发奖。"（第十条）[①]

2. 高校图书馆的发展

（1）公立大学图书馆的发展

这一时期，公立大学甚少，仅3所，即北京大学、山西大学和北洋大学。其图书馆在清末的基础上获得了初步发展，在此作一介绍。

①北京大学图书馆

这一时期，北京大学经历了曲折的发展历程。1912年，京师大学堂改称北京大学，严复就任为第一任校长。北京大学虽然由此走上了近代大学的道路，但其发展历程十分艰难。1912年和1913年，教育部曾两次提出要停办北京大学，经北京大学师生和社会各界强烈反对才作罢。同时，学校的经费窘迫，房舍拥挤，设备陈旧，师生中封建思想和官僚习气也十分浓厚，致使包括图书馆在内的学校各项工作进展十分缓慢，处于极不正规的状态。但与清末相比，毕竟北京大学图书馆已正式定名，开始了一个新的发展时期。

"京师大学堂藏书楼"随京师大学堂的改名，更名为"北京大学图书馆"，该名称一直沿用至今。民国初期，北京大学图书馆的建筑设备在原有的基础上进行了扩充。在藏书楼旧址旁，新建了一座西文阅览室，原址做中文阅览室，人们俗称旧址为中文藏书楼，

①《教育公报》，1915年第8期。

新址为西文藏书楼。法科（即后来的北大第三院）也建立了一座小型分馆。

图书馆的藏书量也有了一定的增长。自 1914 年起，在徐鸿宝的主持下，曾对馆藏图书进行了一次全面的清查整理，编出了供读者查阅的中文书出借目录和西文书分类目录。同时，图书馆按照校方“各国出版新书仍酌量情形随时购买，以期各科应用书籍日增完备”的要求[①]，购买了一些中外图书。据统计，1913—1917 年，购书经费共用了 22244 元，平均每年 4500 元左右。除了购买图书外，北京大学图书馆还接受了许多团体和私人馈赠的图书，如校友周慕西博士赠西文宗教哲学书籍 1227 册，日本阪谷男爵赠日文法政和应用科技图书 407 册，英国教授亚当士赠西文地质学书 1045 册，黄树因讲师赠佛学书 165 册等。这些捐赠的图书都有着较高的质量和价值，有的被图书馆辟为永久性的专藏。至 1917 年年底，图书馆已有藏书 147170 册（其中中文 137260 册，日文 1580 册，西文 8350 册）[②]，是当时国内藏书较多的图书馆之一。

这一时期，北京大学图书馆的读者工作也有了一定程度的开展。从 1917 年的情形来看，当时早八点至晚五点为规定的开馆时间，平时每日借书约 50 人次，阅览约 80 人次。图书馆制定了《图书馆阅览室规则》和《图书馆借书规则》，主要内容为：阅览图书以中文 10 册、外文 4 册为限，外借图书以中文 30 册、外文 4 册为限，两周内归还；教学用书可以破例优惠，中文书可借百册，外文书可借 10 册，期限为 2 个月；图书遗失损坏要照章赔偿，逾期停止借书权，逾期一日停借一星期；贵重图书非经校长和各科学长批准，不得出借；酌情允许校外机关借阅馆内图书等。与京师大学堂时期相比，北京大学图书馆的读者工作在民国之后有所改进和完善。

在民国初年，北京大学图书馆虽然有所发展和完善，但从总体上看，仍处在一种落后的状态。当时的北京大学图书馆，发展迟缓，无远大规划，管理混乱，人才匮乏，设备陈陋，业务建设落后，与清华学校图书馆等先进的图书馆相比差距十分明显。当时的学生称图书馆“藏置无多，而办理无方，难厌自修者之望”[③]，是切合实际情况的。这种落后状况主要表现为：

第一，经费长期没有着落，而且很不平衡，无法有计划地购置藏书。从统计上看，购书经费民国元年只有白银 3.5 两，民国三年只有 68.8 元，而民国二年却有 13018.5 元。由此可见，图书馆的购书费只凭学校根据经费情况酌情拨发，极不稳定，所以大起大落的情况十分突出。在这种情况下，很难进行有计划、有目标的藏书建设。

---

① 胡仁元：北京大学计划书。见北京大学档案（校史资料）。
② 《国立北京大学廿十周年纪念册》，1918 年。
③ 周君南：本校图书馆改良刍议，北京大学日刊：1918 年 3 月 23 日至 4 月 9 日。

第二，读者服务虽比以前有所改善，但服务水平仍然很低，图书馆仍以收藏为工作重点。图书馆当时开馆的时间很短，即使在开馆时间内，管理人员也难以按时保证开门接待读者，可以随意拒读者于门外。馆内只有少量油印目录，只发给教授和参观的宾客，学生很难利用。而这样的读者目录也是残缺不全的，根本无法反映馆藏，读者借书只能自己到锁闭的书架前查找，然后叫管理人员开锁取书[①]。难怪读者称到图书馆借书为"受苦"。

第三，图书馆工作人员业务水平很低，业务建设十分落后。当时北京大学图书馆的工作人员"大多是一些逊清时代留用下来的旧人员"[②]，无法胜任基础的业务工作。由于他们不懂外文，致使外文图书大量积压，文编目方法也十分简陋，"仅书名目、本册，不列撰人、版本诸项，于稽检上甚属困难"。丛书分编也仅以原书的顺序为依据，每部书并不再作加工和分编。架上图书只夹书签，列出名目，极易脱落，取还书很不方便。总的看来，当时图书馆的业务工作并未超出京师大学堂藏书楼的水平。

第四，管理工作混乱，规章制度很不健全。校长胡仁源在 1914 年就指出："大学图书馆中所藏中西书籍不下数十万卷。向因管理不得其人，颇多散失。"图书馆没有工作条例，各项工作经常杂乱无章。读者借阅虽有成文的规则，但往往是一纸空文，并未认真贯彻执行，"有借一书而迟至一岁始缴还者，又有竟侵不缴者"。教职员借书实际上既无数量限制，也无日期限制，致使"书籍多为私有，馆同虚设"[③]。

第五，馆内设施简陋陈旧，无法满足读者的基本需要。由于馆舍是由旧公主梳妆楼改建而成的，所以很不符合图书馆的实际需要。馆中仅有一门，出入拥挤喧闹，使读者无法读书。门窗开在上部，而且没有活窗，"空气混浊，闻者头晕"。阅览室中夏日酷热难当，而冬季又仅有一室设火炉，且"煤量不足，寒气难除"。室内的桌椅也是老式的，桌矮椅高，读书、写字很不舒服，且移动起来砰响连声。

北京大学图书馆在民国初期的状况，实际上是由当时国内教育事业和图书馆事业的总局面所决定的。辛亥革命结束了几千年的封建帝制，实行了民主共和，给中国文化教育事业的发展带来了转机。但软弱的中国资产阶级并没有完成民主革命的任务，而是让北洋军阀头子袁世凯窃取了政权，使国家的文化教育事业备受影响。因此，当时中国的图书馆，除了洋人开办的清华学校图书馆等外，均处于既有所发展又困难重重的状态。北京大学图书馆正是当时中国图书馆事业乃至教育事业的一个缩影。

---

① 顾颉刚：上北京大学图书馆书，北京大学日刊，1918 年 3 月 4 日至 16 日。
② 罗章龙：回忆李大钊·亢斋回忆录，人民出版社，1980 年版，第 30 页。
③ 周君南：本校图书馆改良刍议，北京大学日刊，1918 年 3 月 23 日至 4 月 9 日。

②山西大学图书馆

1912 年，山西大学堂更名为山西大学，藏书楼更名为山西大学图书室。学校根据教育部《大学令》，制定出《图书及图书室通则》，开始规范和加强对图书的管理。但直到 1917 年，图书馆藏书与清末相比并没有太大变化。

③北洋大学图书馆

辛亥革命后北洋大学藏书楼改称国立北洋大学图书馆。根据教育部有关法令，北洋大学于民国初年制定了《国立北洋大学校办事总纲》，共三章二十三条。《总纲》第一章“职任”中规定“本校事务分由左列各主任商承校长处理之”。依据《大学令》规定：“大学设校长一人，总辖大学全部事务”，校长下属协助其管理学校各项事务的主任六名：教务主任、学监主任、庶务主任、斋务主任、图书主任、文牍主任。《总纲》第六条对图书主任所管理的事务，作了具体规定：图书主任负责学校所有图书之整理及保存；商同教务主任购置应添书籍及杂志；编订各种书目；征集本国、外国新出版书籍目录；经理本校职教员生借用书籍事务；管理本校学生用或转购各科教科书及参考书；管理图书阅览室及阅报室之秩序与清洁[①]。

（2）国立高等师范图书馆的出现

中华民国建立后，我国的教育制度虽然一反清末的教育宗旨，但在学制上仍然全盘模仿日本，维持由日本学来的高等师范教育制度。在举国上下高度重视师范教育的背景下，创立了大师范区制，建立起 6 所国立高等师范学校，组成了国立高等师范学校群体。这些高等师范学校中设置的图书馆，都随着各自学校教务的改革而不断地调整，以适应这一时期高等师范学校教育的需要。

①大师范区制与高等师范图书馆的布局

1912 年 1 月 3 日，中华民国临时政府在南京成立，蔡元培被任命为首任教育总长。南北统一后，他又于同年 3 月 25 日被推为中华民国北洋政府的教育总长，赴北京任职。任职期间，他一反清末学部的教育宗旨，采取修改学制、废除读经等一系列革新措施，并改清末学部只以专门教育司统管全国各类型图书馆的做法，在教育部内增设社会教育司与承政厅，令社会教育司掌管全国公共图书馆事务、承政厅掌管全国的学校图书馆事务。这就使民国前期的教育事业，特别是高等师范教育事业和图书馆事业，呈现出了一个崭新的面貌。

---

① 北洋大学—天津大学校史编辑室：北洋大学—天津大学校史资料选编（第 1 辑），天津大学出版社，1991 年版，第 70、72 页。

当时在师范教育上最具特色的创新，是当局关于设置大师范区的构想和高等师范学校的建立。首任教育总长的蔡元培在拟定学制系统时曾对此有过初步的考虑。1912 年 7 月，范源濂继任教育总长后写出《教育总长具呈大总统拟暂设高等师范六校为统一教育办法》。该办法指出："高等师范学校，为师范学校教员所自出，又为教育根本之根本"，"本部拟暂设六校，以为统一教育入手办法"。[①] 提出将全国划分为 6 个高等师范区，在每个高等师范区里各设 1 所高等师范学校，并由这所高等师范学校的校长管理该区各省的师范教育行政，以达到教育部通过对这 6 所高等师范学校的直辖管理而统一全国师范教育行政和业务的目的。这六大师范区是直隶区、东三省区、湖北区、四川区、广东区、江苏区，相应地在北京、沈阳、武昌、成都、广州、南京 6 个大城市内各设 1 所高等师范学校。此外，教育部还拟将新疆单独划为一个师范区，另行组织蒙古、西藏、青海等地区的师范教育，并拟在陕西省西安市设置 1 所高等师范学校。但这些设想后来未能完全实现。

当时建立的 6 所高等师范学校有 4 所是由清末优级师范学堂改办的，即北京高等师范学校系清末京师优级师范学堂于 1912 年 5 月 15 日改办，广东高等师范学校系清末两广优级师范学堂于 1912 年 12 月改办，南京高等师范学校系清末两江优级师范学堂于 1914 年 8 月改办，四川高等师范学校系清末四川优级师范学堂于 1912 年改办。另有两所新设立的高等师范学校，即 1913 年 7 月 10 日创办的武昌高等师范学校，1918 年 12 月 1 日创办的沈阳高等师范学校。

②高等师范学校图书馆的设置

清末优级师范中只有京师优级师范学堂为中央政府拨款开办，各省的优级师范学堂是由各省出资支持的，由于经费难以保障，图书馆建设常受影响。国民政府建立后，为了保证高等师范学校的发展，将高等师范学校定为"国立"性质。1912 年 9 月，范源濂接任教育总长的两个月后，签署并颁布了蔡元培任总长时所拟定的《师范教育令》。《师范教育令》第二条规定："高等师范学校定为国立，由教育总长通计全国，规定地点及校数分别设立"；第九条又规定："师范学校、高等师范学校学生免纳学费，并由本学校酌给校内必要费用。"[②] 高等师范学校的国立化，极大地保证了包括图书馆在内的高等师范各事业的发展。

1917 年夏，国立北京高等师范学校，经史地部主任王桐龄及其助理员张之轩的赞助，着手改组校内各部图书室为校图书馆，并由学校聘请刘宝廉为图书馆主任。他们首先将

---

① 璩鑫圭等：中国近代教育史资料汇编·实业教育师范教育，上海教育出版社，1994 年版，第 798 页。
② 舒新城：中国近代教育史资料（下），人民教育出版社，1961 年版，第 701 页。

全校各部图书室所收存“不相联络，无从统一”的图书和当年新购入的中文参考书 2880 册、外文参考书 8497 册及中、外文杂志 63 种都集中到一处，“借用旧礼堂及史地教员室之楼房”，加以整理，重新组织，统一典藏。陈宝泉在《北京高等师范学校报告》中写道：“先是各部分设阅书室，六年（1917），始就本校居中楼房，合各部旧有及新增书籍设置图书馆（原注：现此馆改为乐育堂）。”其藏书情况，截至 1920 年统计，共有中文图书 665 部 959 册；中文新书籍 2305 部 3424 册，英文书籍 3336 册，日文书籍 2336 部 2836 册，德文书籍 101 册，法文书籍 22 册。[①]

广东师范区在广东省广州市设立了国立广东高等师范学校。该校前身是光绪三十一年（1905）创办的两广速成师范馆，1906 年改名为两广师范学堂，复又经两广总督岑春煊奏请清政府改办为两广优级师范学堂。1912 年 2 月，中华民国成立后改办为国立广东高等师范学校。1913 年，国立广东高等师范学校接收了广东方言学堂和广东高等实业学堂的藏书，重建了校舍，扩大了规模。

四川师范区在四川省成都市设立了国立成都高等师范学校。其前身是由四川总督锡良筹办、光绪三十二年（1906）春季开学的四川通省师范学堂，宣统三年（1911）改称四川优级师范学堂，1912 年秋教育部指令改名为“四川高等师范学校”。1916 年办学经费被列入国家预算后改称“成都高等师范学校”。据教育部 1918 年统计，成都高等师范学校的教师人数和在校学生人数居全国第二，仅次于北京高等师范学校，所拨经费名列全国第四。1919 年，四川省省长公署咨请北洋政府教育部更改校名、增添校舍，经批准后改校名为“国立成都高等师范学校”，并获得了成都市原皇城地方的全部土地作为学校校园土地。此后便大兴土木，学校规模不断扩大，声誉日隆。国立成都高等师范学校建有图书馆，图书馆设主任一名，商承校长办理馆务，另订有若干细则具体实施管理。

江苏师范区在江苏省南京市设立了国立南京高等师范学校，一般认为该校是由清末两江优级师范学堂于 1914 年 8 月改办而成的。实际上两江优级师范学堂占地 300 余亩，有校舍数百间，学生千余人，规模宏伟、藏书丰富，居东南各省学堂之首，宣统三年（1911）辛亥革命时期因战火停办。由于学堂监督李瑞清的竭力保护，校舍没有遭到毁坏，但学堂长期被军队驻扎，所有藏书均不知去向。中华民国南京临时政府成立后，教育总长蔡元培于 1912 年 2 月 4 日亲自到该校视察，所见“仅存空屋，一切物件俱无”[②]。

湖北师范区在湖北省武汉市设立了国立武昌高等师范学校，该校为 1913 年 7 月 10

① 王酉梅：中国图书馆发展史，吉林教育出版社，1991 年版，第 256 页。
② 高平叔：蔡元培年谱长编（第 1 卷），人民教育出版社，1998 年版，第 402 页。

日由教育部令贺孝斋于武昌城内东厂口原张之洞开办的方言学堂地址筹办。1913 年 11 月 2 日，国立武昌高等师范学校正式开学。因学校房舍不够用，便租用学校校舍东邻的一座楼房作为学校图书馆。1917 年，国立武昌高等师范学校图书馆开馆，每季度入馆阅览的师生达 1600 人次之多。比较特别的是，学校并不专设图书馆馆长之职，而由校长视情况随时委派人员经营管理。

③国立高等师范图书馆的信息服务

各国立高等师范学校图书馆建立初期，加大了馆藏图书的力度，并陆续制定了图书借阅和管理规则，以便能较好地发挥图书馆信息服务的职能。这些规则既带有明清书院中借书规约的痕迹，又不乏至今仍很超前的意识。国立北京高等师范学校在其 1912 年制定并开始实施的校规里就包括了“图书室入览规则”和“英语部阅览室规则”，要求全校师生共同遵守[①]。这是目前所见国立北京高等师范学校图书馆最早的图书借阅规则。

《北京师范大学校史（1902—1982）》中记载：“早期的北京高师对学生课业要求比较严格。除了掌握讲义中的内容外，还要阅读一定的参考书，考试才能及格。”[②]北京师范大学图书馆从它的前身国立北京高等师范学校图书室起，就是广大学生最好的第二课堂，充分发挥着积极的教育职能。这里要特别指出的是，图书室、阅览室之所以能够深受重视而发挥其功能，主要在于学校的教学制度和图书馆的服务方式。当时，国立北京高等师范学校的教学采用的是“自学辅导主义”，每逢课时过多、“学生课外自习研究的时间过少，不易激发其主动性”时，学校即主动将课时减少到每周 30 个小时以内，腾出时间让学生到图书室、阅览室进行独立研读。图书馆还经常举办读书会，指导学生读书，也对同学进行学习辅导。比如，外语程度差的同学，图书馆就请外语教师到图书馆辅导。阅读外文书籍有问题时，可以就近在图书馆随时请教外语教师。

国立南京高等师范学校图书室自成立后，每日都对师生开放。阅览时间限定于上午 8 时至 12 时，下午 1 时至 6 时，晚间 7 时至 9 时。学生在上课时间之外随时都可到图书室阅览。1918 年《全国高等师范学校校长会议南京高等师范学校报告》中称“照前一学期统计，平均借书外阅者每日 30 人以上，室内阅书者每日 80 人以上。自本学期起，星期日上午 10 时至 12 时，下午 1 时至 4 时，均可入室阅书，以增长其爱好读书之兴味，并适应其学业参考之需要。教育品参考室陈列国内外出版或制作之图画标本、成绩良好之手工成绩品，以资比较观摩而谋艺术上之进步。此教育参考室本学期方始计划征集品类，

①《北京高等师范一览》，国立北京高等师范学校，1913 年编印。
② 北京师范大学校史编写组：北京师范大学校史（1902—1982），北京师范大学出版社，1982 年版，第 30 页。

现尚未多，拟随时搜求，以期渐次丰富”。[①]可以看出，在校图书馆内设置教育参考室或教育品参考室，是那个时期高等师范图书馆普遍的做法。

（3）私立高校图书馆的发展

在 1917 年之前，我国创办有如下著名教会大学：苏州东吴大学（美，1902 年）、上海圣约翰大学（美，1905 年）、杭州之江大学（美，1910 年）、成都华西大学（美、英，1910 年）、武汉华中大学（美、英，1910 年）、南京金陵大学（美，1911 年）、福州华南女子文理学院（美，1914 年）、长沙湘雅医学院（美，1914 年）、南京金陵女子文理学院（美，1915 年）、上海沪江大学（美，1915 年）、广州岭南大学（美，1916 年）、北京燕京大学（美，1916 年）、私立福建协和大学（英，1916 年）。这些教会大学都比较注意图书馆的建设，如 1914 年上海圣约翰大学建立了罗氏图书馆，金陵女子文理学院于 1915 年建立了图书馆，私立福建协和大学于 1916 年建立了图书馆等。下面略举几所教会大学图书馆加以介绍。

①上海圣约翰大学图书馆

清同治三年（1865），美国圣公会在上海开办培雅学堂，翌年又办度恩学堂。清光绪五年（1879）合并为约翰书院，清光绪三十一年（1905）改为圣约翰大学。该校罗氏图书馆（Low Library，St. John’s University）是美国圣公会传教士在上海创办的一所教会学校图书馆，也是上海最早的学校图书馆。该图书馆原为 1894 年创办的约翰中学藏书室。1903 年有中、西文书籍 3000 余本[②]。光绪三十年（1904）秋，思颜堂新屋落成，约翰学校藏书室迁入思颜堂西南隅，并正式命名为罗氏藏书室（Low Library），以纪念美国纽约罗氏兄弟捐款建造此堂，由黄秉修管理。1909 年秋，戴志骞任馆长之职。1911 年秋，罗氏藏书室又迁至新购的兆丰园内，“占屋凡三间”“其时，英文已达 5000 余本，中文则 394 部，凡 4432 本”。到 1914 年建立独立的馆舍以后，罗氏藏书室遂发展成为真正的圣约翰大学罗氏图书馆。1914 年夏，圣约翰大学罗氏图书新馆落成，约 578 平方米。徐燮元任馆长。该馆 1903 年后接收了江南制造局和商务印书馆及一些私人赠书，至 1914 年有藏书 4900 册。1915 年实行开架阅览，同年收到圣约翰大学同学会及校友会捐赠的图书馆建筑费 15265 元。[③]1917 年，徐燮元主持重编目录，西文依“杜威十进分类法”编号分类，书目采用卡片制。

---

① 琚鑫圭等：中国近代教育史资料汇编·实业教育师范教育，上海教育出版社，1994 年版，第 1007 页。
② 胡道静：上海图书馆史，上海市通志馆，1935 年印本，第 65 页。
③ 熊月之、周武：圣约翰大学史，上海人民出版社，2006 年版，第 59 页。

②文华公书林（Boone Library）

文华公书林为中国20世纪初公共性质的学校图书馆。1899年，美国基督教圣公会传教士韦棣华（Mary Elizaeth Wood）来到中国，1903年在武昌县华林文华学校筹办阅览室，开展图书宣传活动。1910年扩大馆舍，命名为文华公书林，附设于文华大学。以后成为文华中学、文华大学两校的图书馆。该馆公开陈列文华大学的中、西文图书、期刊，并采用开架方式对社会开放，学校师生可借图书，社会人士亦可利用，并设巡回文库，选择良好读物寄存于武汉各学校，供学生借阅、定期更换。还组织名人讲演，发展读者队伍，扩大阅读指导。馆内设编目室、参考室、阅览室、报纸杂志室、书库和商学书籍、研究中国的外文书籍专藏室。据1918年3月调查，该馆藏书有汉文1012种、11771本，西文6704本。每季阅览人数达7238人，年经费达3500元[①]。图书采用“杜威十进分类法”分编。文华公书林建成后，成为武汉一所藏书公开、管理完善的公共性质的图书馆。

③福州协和大学图书馆

福州协和大学图书馆创办于1916年的福州协和大学，到1924—1928年，“当时的图书馆是由一个从澳洲来的英国人马陈夫人（R. Martn）管理的。全馆总共才有几千册的图书，而且大部分是以西文印刷的宗教方面的书籍，中文古籍中像样的只是一部《二十四史》、一部《四部丛刊初编》和《十三经注疏》之类。管理制度也不完善，借书和还书都是登记在簿子上。到图书馆帮助工作，主要是负责抄写图书登记卡片和在阅览室值班，由录用的学生排表轮流”[②]。从上面的引文中可以看出，当时福州协和大学图书馆的书籍少、规模小、管理混乱，特别是分类上无统一的分类法可循。新书和外文书采用“美国杜威十进分类法”，而古籍只分成经、史、子、集四大部分。

由上可见，私立高校图书馆发展较快，且以西籍图书收藏为主，并开始兼顾中文图书的收集，藏书量在当时是较为丰富的。

（二）民国高等教育初步发展时期的高校图书馆

从1917年开始，我国高等教育获得了初步发展，高校图书馆也随之获得发展。

1. 高校图书馆发展的背景

1917年以后，西方近代图书馆学开始较大规模地传入我国。一是译著的出版，如1917年北京通俗教育研究会将日本图书馆协会编印的《图书馆小识》译成中文出版；1918年顾实编著的《图书馆指南》出版，其内容与讲述日本图书馆情况的《图书馆小识》

①《图书馆学百科全书》，中国大百科出版社，1993年版，第518页。
② 陈豹义：难忘的回忆：福建师范大学老同志回忆录，中国大百科出版社，2007年版，第121页。

的内容基本相同，只是在书末以介绍欧美图书馆的情况作为参考。二是留学国外学习图书馆专业的学生，如沈祖荣、胡庆生等学成毕业相继回国，带回了国外特别是美国的图书馆学理论和图书馆工作经验，发起了一场旨在加速我国图书馆事业从古代藏书楼向近代图书馆过渡的“新图书馆运动”。三是不断有高等师范图书馆的工作人员被派往国外学习考察，如1918年国立北京高等师范学校为改进图书馆工作，就选派了在改组校内各部图书室为校图书馆工作中出力甚多的“图书馆事务员张之轩赴日本考察图书馆组织及管理各事”①，带回了日本大学图书馆的管理办法等。这一时期图书馆界的活动，促进了包括高校图书馆在内的国内各级各类图书馆馆务的改进、图书馆之间的联合协作和图书馆教育的开展。

2. 图书馆政策法规的完善

1922年，教育改进社第一次年会中有人提议：中国师范学校及高等师范应增设图书馆管理科系。1924年2月，教育部颁布了《国立大学条例》，其中第九条规定国立大学校要设图书馆。1929年8月教育部颁布的《大学规程》中第十一条规定大学或学院要设立图书馆，规程中关于大学或学院中图书馆的地位的规定，为大学图书馆的发展提供了法律依据。这些政策法规的制定和完善对本期高校图书馆事业的发展起着重要的指导作用。

3. 高校图书馆发展状况

这一时期，原来停滞不前的国立大学图书馆获得了发展，新建的一批省立大学和教会大学也相应地建立了图书馆。这样就使本时期高校图书馆得以增加，并获得了较大的发展。

（1）国立大学图书馆

这一时期，国立大学图书馆较过去获得了较大的发展。在此以北京大学图书馆、山西大学校图书室等为例加以说明。

①北京大学图书馆

1917年年初，蔡元培就任北京大学校长。作为民主主义革命家、思想家和教育家的蔡元培非常重视图书馆建设。他积极筹措图书经费，并于1918年年初，聘请李大钊作为北京大学图书馆主任。他到任后对北京大学图书馆进行了一系列整顿和改革，他主张各类图书“兼容互需”、中外文化并存；并提倡开架阅览，指出这是“图书馆的新趋势”；他还决定西文图书采用当时世界上通行的“杜威十进分类法”分编。他的这一系列改革为北京大学图书馆的工作开创了新局面。从1918年到1922年，李大钊任主任的北京大

① 蔡振生等：陈宝泉教育论著选，人民教育出版社，1996年版，第79页。

学图书馆藏书每年增长10000册左右。

“五四”前后，北京大学图书馆的藏书得到了长足的发展，数量和质量都有了很大的提高。1917年年底，北京大学图书馆藏书为：图书147190册、中外杂志120种。1920年，藏书已达162031册（其中中文书142115册、西文书17485册、日文书2431册），订购杂志近600种（其中中文杂志370余种，西文杂志170多种，日文杂志48种），中外报纸40种左右。到1923年，藏书已达184008册（其中中文书约140000册、西文书26356册、日文书2480册、杂志15170册），订有杂志近600种，中外报纸40种左右。1918—1922年，北京大学图书馆藏书量居全国高校图书馆第一位和全国图书馆第三位①，是国内图书馆中的佼佼者，在国际上也有一定的声望和影响。

1929年之后，国民党政府在中国取得了暂时的统一，局势相对稳定，中国的图书馆事业有一个虽然短暂然而却至关重要的繁荣时期。在这一时期，国内主要图书馆的各项业务工作大多已经专业化和学术化，分类、编目、采访、流通等技术方法与世界先进国家相比已经没有很大的差别。北京大学图书馆各种业务工作的建立和完善，也大多在这一时期完成。此次发展的黄金时期因1937年抗战全面爆发而中断。

②山西大学校图书室

1920年4月，山西大学作出了整理和扩大图书室、设立书报贩卖部等决议，并同意图书室可随时请求学校购买书报，由图书室保存。在师生的强烈要求下，图书室对当时涌现出的各种有关新思潮、新学说的书刊都加以搜集，并随着新专业的开办，不断增加新学科的图书。图书室在当时是学校的主要建筑之一，其管理方式逐步摒弃旧式藏书楼以藏为主的封闭管理，采取开架式，同时借鉴西方先进分类方法——“杜威十进分类法”分类图书，并编制卡片式目录供读者查检。

③北洋大学图书馆

北洋大学图书馆前身是清光绪二十一年（1895）随学校同时成立的天津北洋学堂图书馆，1902年改为北洋大学图书馆。建馆之初，设备、组织均十分简陋，由校中文案兼任管理员，职名为通判衔兼图书馆经理官。后聘美籍人士爱温斯和东伊那任图书馆名誉管理员和图书馆主任，管理制度及图书目录均采用美国图书馆管理方法，直至新中国成立后仍沿用了较长时期。民国以后，受时局动荡之影响，北洋大学图书馆发展缓慢。从抗日战争起，学校沦为日军兵营，仅有部分贵重图书寄存于英租界外商公司，相当数量的图书、期刊流落社会，损失惨重。1937年，北洋工学院西迁入陕，与北平大学等校成

① 金敏甫：中国现代图书馆概况，广州图书馆协会，1929年版。

立西北联大。不久，于1938年7月与北平大学工学院等校合组西北工学院，成立了西北工学院图书馆。抗战胜利后，取回寄存图书及收回散佚书刊，恢复并重建北洋大学图书馆。

④上海交通大学图书馆

上海交通大学图书馆前身是1896年建立的南洋公学图书室。1916年，校庆20周年时，校友发起募捐，兴建图书馆大楼，1918年10月馆舍落成，面积2300平方米。1912年后南洋公学多次改名、合并、分立，1928年定名为交通大学，图书馆亦随之改名，当时计有中外文图书约4.6万册，期刊300余种。1929年由杜定友任图书馆主任，此后图书馆工作发展较快。1935年又由校友捐款，增建了400平方米的书库，能容图书20万册。1937年11月，上海沦陷，大部分图书未及时搬移，损失极大①。

⑤国立湖南大学图书馆

国立湖南大学图书馆始为岳麓书院，1924年湖南省政府就省立之工、商、法三专门学校，改组为省立大学，1926年改今名。当时，该图书馆有线装书3186部、41891册②。

（2）国立高等师范学校图书馆

①国立北京高等师范学校图书馆

这一时期，国立北京高等师范学校图书馆获得了较大的发展，主要表现在：

第一，加强图书馆馆舍建设，使图书馆有独立馆舍。

1919年9月，出任国立北京高等师范学校图书馆馆长的心理学家程时煃教授，曾于任期内多次向校方争取建造图书馆独立馆舍的款项，但无结果。

1920年12月，邓萃英就任北京高等师范学校代理校长。他“以为本校图书馆与学生及教育前途，均有密切关系，思所以扩大之。乃于每月行政费项下竭力撙节，得三万余元，以规定新图书馆之计划”。③有了这笔经费之后，他便敦请留美回国的图书馆学专家戴志骞主持，由德国、美国、丹麦三个国家的四位建筑师、电器设计师进行学校图书馆独立馆舍的图纸设计，并于1921年9月动工兴建。馆舍施工进行了一年，于1922年10月落成。图书馆是面积为1157平方米的正方形的两层楼。楼内除了设有能收藏中西文书籍10万卷的4层书库外（分为东、西两库），还在楼房一层设立办公室、目录室、新闻（报纸）室、杂志室和公共阅览室，楼房二层则是供各部师生使用的研究室和演讲室。全楼上下能够容纳师生500人同时进行借阅和教学科研活动。在以后的许多年里，这座独立的图

① 杜克：当代中国的图书馆事业，当代中国出版社，1995年版，第279页。
② 沈津：书韵悠悠一脉香——沈津书目文献论集，广西师范大学出版社，2006年版，第376页。
③ 冯陈祖怡：北京高师图书馆沿革纪略及新图书馆，教育丛刊，1923年第3卷第6集。

书馆馆舍一直是国立北京高等师范学校及其之后的国立北京师范大学的标志性建筑。

学校图书馆独立馆舍的建造，不仅给全校师生创造了一个良好的阅读环境，也给图书馆服务的改进提供了必要的条件。

第二，增拨购书经费，扩大藏书量。

1919 年 2 月，国立北京高等师范学校图书馆“提请学校呈教育部请款一万元，为购置图书之费，旋奉部令批准允拨一千二百元，并由学校月拨一百元为购置常费；图书自是始渐增加，计有六千六百余种”。① 这次正式申请购书经费的本意，是该馆希望能够改变当时购置图书需随购随申请、而无经常购置费用保证的状况，但这一目的没有达到，申请的购书费用也仅仅被批准了十分之一。

国立北京高等师范学校图书馆的藏书，据该馆 1918 年 3 月在《中国全国图书馆调查表》上的填报数据统计：当时馆藏有中文旧籍 655 部、959 册，中文新籍 2305 部、3424 册；英文书籍 3336 册，日文书籍 2336 部、2863 册，德文书籍 101 册，法文书籍 22 册。② 至 1922 年，国立北京高等师范学校图书馆的馆藏增长情况是：中文旧籍增加 193 部，中文新籍增加 222 部、258 册；英文书籍增加 1059 册，日文书籍增加 24 部、54 册。这样的增长速度在中国出版业不甚发达的 20 世纪初，应该算是比较快的了。

第三，采取开架阅览制，发借书证，扩大校内服务面。

1919 年 9 月，曾任国立北京高等师范学校教务长的心理学教授程时煃被聘为图书馆主任，他一改图书馆习用多年的闭架阅览和除了各部教员研究室参考及教务长指定学生用书外概不出借的办法，“采取书架公开制，发借书证”。由闭架阅览到开架阅览，对读者开放藏书，由教务长指定、教师担保外借到学生自由外借，这虽然是受欧美图书馆开架阅览、自由外借的影响，但当时在国内图书馆界却是一项非同小可的变革。它进一步方便了师生，提高了图书的利用率，受到了全校师生的欢迎。

在扩大服务项目方面，国立北京高等师范学校还利用图书馆馆舍设立了“教育参考室”，专门陈列本校及外校师生的学术成绩。当年英语部三年级毕业生夏宇众撰写的《中学国文教授研究法》、数理部二年级学生汤璪真发明的画椭圆仪器都陈列在这里，以激励到图书馆研读的学子。

第四，创办平民图书、报刊阅览室，推进社会服务。

1919 年 4 月，国立北京高等师范学校校友会通过演戏筹款创办了一所名为“贫民学校”

① 冯陈祖怡：北京高师图书馆沿革纪略及新图书馆，教育丛刊，1923 年第 3 卷第 6 集。
② 董乃强：中国高等师范图书馆史，人民教育出版社，2002 年版，第 51 页。

的文化补习业余学校。这是中国最早的平民学校之一。该校的教师全部由国立北京高等师范学校的在校学生兼任。校方认为此举既是一项普及教育的社会公益事业，又是一项可以培养学生教学能力的教育实习活动，正符合高等师范学校办学的宗旨，因而十分支持。为了配合平民学校的教学，特地“在琉璃厂高师本校大门的北边，设置了一处对外开放的图书、报刊阅览室，并派职员、校工各一人负责日常工作”①。这个阅览室中的图书和报刊大部分来自学校图书馆，这就把校图书馆只为本校师生服务扩大到了为社会服务的更大范围。

②国立武昌高等师范学校图书馆

国立武昌高等师范学校图书馆于1917年在武昌开办，1928年秋定名为武汉大学图书馆。该馆1918年图书收藏情况是：“中文19680册，日文4355册，西文532册。”②当时购书经费虽无定额，但藏书量却很可观。因为该馆设在校园之外，学校担心它会被市民误认为是公共图书馆，可能会对本校师生利用图书馆产生影响，所以该馆的藏书只对本校师生及附属中小学的教职员开放，概不外借。

③国立南京高等师范学校图书馆

1913年9月，两江优级师范学校改名为南京高等师范学校。学校非常重视校内藏书建设，自图书室于1915年开办以来，短期内陆续支出的购书款项就达6300余元，先后购入中文参考书860余部、外文参考书730余部、中西文杂志100余种，作为基本的馆藏。至1918年3月填报《中国全国图书馆调查表》时，已收藏了中文书7800本、日文书100本、西文书1300本。③该馆每年购书经费不定。1919年，该馆并入东南大学图书馆。1922年，齐孟芳捐款建造馆舍，因此又有“孟芳图书馆”之称。1928年改名中央大学图书馆。

④国立成都高等师范学校图书馆

1912年7月，四川通省师范学堂改名为四川优级师范学校。1913年春，四川优级师范学校改名为四川高等师范学校。1916年又改名为国立成都高等师范学校。图书馆随学校更名。该馆由于经费有限，购书不多，自然科学方面的书更少。在1919年度的报告中说：“图书一项科学之类极为缺乏，勉强设法购置一二，仍可等于无，兹合旧有新添之书，计中文书类533部、7422册；西文书类399部、657册；内含科学书仅80部、109册。另有图82张，杂志18种。”④这里所说的科学书，主要是指西方自然科学方面的译著。

从上面几所学校图书馆的情况中我们可以看出：总体来说，在各国立高等师范学校

①《北京师范大学校史（1902—1982）》，北京师范大学出版社，1982年版，第40页。
②董乃强：中国高等师范图书馆史，人民教育出版社，2002年版，第52页。
③董乃强：中国高等师范图书馆史，人民教育出版社，2002年版，第52页。
④董乃强：中国高等师范图书馆史，人民教育出版社，2002年版，第52页。

图书馆的建馆之初，馆藏发展的速度还是较快的。正是因为有了这样规模的馆藏，图书馆的读者服务才有了进一步提高的可能。

（3）教会大学的图书馆

据 1918 年统计，全国当时共有 15 所重要的教会大学，并相应地也建立了图书馆。此后一批教会大学图书馆也随之建立，如 1922 年建的天津津沽大学图书馆、1919 年建的北平清华学校图书馆、1924 年建的南京东南大学孟芳图书馆、1926 年建的北平燕京大学图书馆和成都华西协和大学图书馆等。在此简单介绍几所教会大学图书馆。

①圣约翰大学罗氏图书馆（上海圣约翰大学图书馆）

该馆经过不断建设，1919 年前后成为中国规模最大的大学图书馆之一。1919 年馆藏英文图书 1.13 万册，中文书 5600 余本。1920 年，黄维廉代理馆长，采用杜威十进分类法编制中文书目。1922 年 3 月，聘威斯康星大学图书馆管理员贝海施女士来华任馆长，馆内事务分购置、编目、出纳、参考、装订、典藏六部。馆藏中文书 2252 部，西文书 14607 本[①]。1922 年开设有医学院、科学系、神学院、中学和工程学院五个分馆，并修订借书规则，增加流通量。吴聿怀、黄秉修、何林、程跐祥、戴志骞、徐燮元、周日庠、贝海施女士、罗孟佳女士等相继任馆长。1932 年有中、西文图书 43058 册，系用杜威十进分类法。名贵书有潘明训所赠宋、元、明版书等。1936 年藏书达到 10 万册以上。该图书馆是当时中国规模最大的大学图书馆之一，其资源能够供老师学生所使用。

②文华公书林

该馆自 1903 年建立以来发展迅速。据 1918 年 3 月调查，该馆藏书有中文书 1012 种、11771 本，西文书 6704 本。每季阅览人数达 7238 人次，年经费达 3500 元。该馆还重视对图书馆工作人员的培训，曾派沈祖荣、胡庆生赴美进修图书馆学专业。1920 年 3 月，韦棣华与沈祖荣、胡庆生创办了我国第一所图书馆学教育机构——武昌文华大学图书科，培养图书馆专门人才。[②]

③清华学校图书馆

该馆于 1916 年由清华学校图书室改名而成。1912 年，清华学校只有小规模的图书阅览室，隶属于学校庶务处，每日上午 9 时至 12 时为阅览时间。1914 年夏，学额增加，课程提高，图书室开始从庶务处分离出来，自成为一个学校行政部门，每日阅览时间比以前增加两倍，书籍也可以外借，购书经费只有 5000 元。1916 年后，书籍增加数倍，原有图书室不敷庋藏之用，于同年 4 月开始建筑新馆。1919 年 3 月新馆落成，其分上、下

① 陈源蒸等：中国图书馆百年纪事（1840—2000），北京图书馆出版社，2004 年版，第 3 页。
② 图书馆学百科全书编委会：图书馆学百科全书，中国大百科全书出版社，1993 年版，第 518 页。

两层，下层为馆员办事室、教员会计室等，上层为阅览室；图书室分中、西两部，同时可坐240人；馆后为藏书楼，共分为三层，每层列书架数十，可容书15万册。“购书预算，由每年五千元增至两万元。选购书籍之办法，先由各科教员介绍拟购之书，俟通过图书购置委员会后，由图书馆购办”。到1921年4月，馆藏西文书16066册，中文书41000册，共计57066册。1928年随学校更名为国立清华大学图书馆。1931年图书馆二期工程竣工，馆舍增至7700平方米，阅览室座位可容500余人。[①] 该馆还制定有严密的《图书馆规则》（1917年制定）和《图书馆借书规则》（1919年制定），对开闭馆时间、借还书时间、借阅图书种类和册数等作了详细规定，使图书馆的业务工作得以有章可循。

④河南大学图书馆

该馆建于1912年，时为留学欧美预备学校图书馆，初期藏书不足万册。1923年，学校改为中州大学，藏书有所发展，并采用美国杜威十进分类法进行图书分编。1927年，学校与法专、农专合并改称河南中山大学，当时有中外文图书3.8万余册、报刊数百种，留学美国的李燕亭先生学成归国出任图书馆主任，采用西方办馆方法对图书进行科学管理。1930年，学校易名为河南大学，当时藏书6万余册，馆舍面积2000余平方米，设有文、理、农、医四个分馆并陆续添置专业设备，使图书馆诸项业务工作逐步发展，成为当时全国较为先进的大学图书馆之一。

据统计，1927年全国有大学图书馆70所。国立大学图书馆经费较充足，注重聘任学有专长的图书馆学专家，如杜定友、洪有丰、戴志骞、袁同礼等。因此，图书馆藏书、馆舍建筑及业务工作，均较其他类型图书馆有成绩。国立北京大学图书馆藏书22.2万册，清华学校图书馆藏书9.2万册。[②]

4. 图书馆学的研究与教育

随着图书馆事业的不断发展，一些业务问题不断出现，图书馆学的研究与教育逐渐受到重视，并建立了图书馆学术机构和教育机构。

（1）图书馆团体

①北京图书馆协会

北京图书馆协会是我国最早的图书馆联合群体。1918年3月，由戴志骞等人与中华教育改进社联合创办。资金主要是美国退还的庚款基金，协会的主要活动为：举办一些关于图书分类目录、图书馆组织以及欧美图书馆现状的学术报告会，同时致力于建立全国性图书馆联合组织的活动，向各地图书馆馆员发函建议组织地方性图书馆协会等。这

① 严文郁：中国图书馆发展史（自清末至抗战胜利），台湾枫城出版社，1983年版，第107页。
② 谢灼华：中国图书和图书馆史，武汉大学出版社，1987年版，第252页。

是中国最早的图书馆学术组织和地区协作组织，为我国早期图书馆事业作出了贡献。

②中华教育改进社图书馆教育组

在国立北京高等师范学校举办暑期图书馆讲习会的同时，全国教育界于1920年组织成立了中华教育改进社，次年又在社内增设“图书馆教育组”，专门联络国内各图书馆，讨论改进图书馆教育问题，并负责在全国教育会上提出各地方建立图书馆协会、规定图书馆经费等议案。

（2）高校图书馆学教育机构

我国图书馆教育机构除了私立文华图书馆专科学校外，还没有国立的机构。1922年，教育改进社第一次年会中有人提议“中等师范学校及高等师范应增设图书馆管理科系”，尽管随后的高等师范几乎未设立图书馆管理科系，但上海国民大学设立了图书馆学系并且有部分高等师范举办了短期训练班，从而促进了本期图书馆学教育的发展。

①文华图书馆学专科学校

文华图书馆学专科学校（Boone Library School）是中国最早的图书馆学专业学校。该校设于武昌，全称为私立武昌文华图书馆学专科学校，简称文华图专，其源于1920年3月美国基督教圣公会韦棣华女士在武昌文华大学开设的图书馆学科。该图书科仿美国纽约州立图书馆学校的办学制度，收大学毕业和肄业2年以上学生学习图书馆学专业，学制3年，分自费生与免费生两种。1924年改名华中大学文华图书科。1927年图书科单独办理成校，韦棣华任校长。1929年获准立案，改定校名。设图书馆学和档案两科，招收修满2年大学课程的学生，学制2年，培养图书、档案管理人员。修习课程主要有中国目录学、中国图书馆史略、西洋图书馆史略、中文参考书举要、西文参考书举要、图书馆行政学、图书馆经济学、中文书籍编目法、西文书籍编目法、西文书籍分类学等。任教者有中国教员和外籍教员，教学内容汇集中、西图书馆学，教学侧重方法训练与实际操作技能，附设实习图书馆。

该校经费来源有：基金23000元，息金每年1380元，美国圣公会补助每年8000元，美国妇女问题研究会补助每年2000元。[①] 此外，自1926年起，管理美庚款的中华文化教育基金董事会不时补助经费，并设助学金若干。

②上海国民大学图书馆学系

上海国民大学于1925年设图书馆学系，杜定友为系主任，学生凡修满160学分者，授予学士学位。凡修毕图书馆必修课程者，发给该系修业证书。其必修课程有图书馆学

① 严文郁：中国图书馆发展史（自清末至抗战胜利），台湾枫城出版社，1983年版，第193页。

概论、图书馆原理、图书馆行政、图书选择、图书编目法、图书参考法、研究法、目录学、古书校读法、国学概论等。次年该校停办，图书馆学系亦随之结束。

③北京高等师范学校暑期图书馆讲习会

该讲习会是在国立北京大学图书馆主任李大钊的提议下成立的。1919 年 12 月 13 日，国立北京高等师范学校图书馆举行成立两周年纪念会，国立北京大学图书馆主任李大钊应邀出席纪念会并发表了演说。李大钊在演说中强调指出“图书馆和教育有密切的关系，和社会教育更有关系。贵校是研究教育的，所以我希望贵校添设图书馆专科，或是简易的传习所，使管理图书的都有图书馆教育的知识。从前清华学校拟设图书馆专科，后来因经济不够，所以不办……所以我仍是希望贵校举行。这是关系中国图书馆前途的事情，也是关系中国教育前途的事情，请诸位注意”。[①] 国立北京高等师范学校图书馆接受了李大钊的建议，并向全国各地图书馆发出《北京高等师范学校图书馆讲习会简章》，筹备开办讲习会事宜。1920 年 8 月 3 日，图书馆讲习会正式开学。该会以“利用假期讲习图书馆学，谋图书馆事业之发展”为宗旨。从 8 月 2 日起至 23 日止，每日上午 8 时至 11 时为讲习时间。讲习会聘请五位图书馆学专家授课，首邀李大钊，还邀请了清华学校图书馆主任戴志骞、武昌文华大学图书馆主任沈祖荣、国立北京高等师范学校图书馆原主任李贻燕和时任主任程时煃。报名参加讲习会的有来自福建、辽宁、湖北等各地选派的公共图书馆及学校图书馆的工作人员或有志于研究图书馆学的人士共 78 名。在有百余人（内有女性 10 余人）参加的开学仪式上，李大钊作了关于图书馆教育问题的讲演。1920 年 8 月 8 日，北京《晨报》以《吾国图书馆教育发展之新纪元》为题进行了报道。学员们使用的是戴志骞编译的讲义，除了听取有关图书馆教育、图书馆组织及管理法、图书馆编目及分类法等课程外，还进行了参观考察等教学活动。该讲习会开创了大规模的中国图书馆教育的先河，在当时影响很大。每位参加图书馆讲习会的学员，其图书馆学学术水平都明显地有所提高。如天津人严侗，是参加“北京高师第一次图书馆讲习会学员”，后来主持了河北省立第一图书馆的工作。

三、民国高等教育定型时期的高校图书馆

随着高等教育的定型，高校的规模不断增加，高校对图书馆的建设更加重视和规范，而高校图书馆建设的经验也较过去更加丰富，推动了本期高校图书馆的发展。

---

① 李大钊：李大钊文集（下），人民出版社，1984 年版，第 168 页。

（一）《大学规程》对高校图书馆的规定

1929年8月14日，教育部公布了《大学规程》，其中在第三章“经费及设备”中规定：“大学或独立学院须有相当校地、校舍、运动场、图书馆、实验室、实习室，及图书、仪器、标本、模型等设备。”[①]这一规程中关于大学或学院中图书馆的地位的规定，为大学图书馆的发展提供了法规依据。

（二）高校图书馆的发展状况

这个时期，我国教育当局对图书馆的作用十分重视，教育部在各大学立案条件中，规定大学须有完备的图书馆才能合格，这就为高校图书馆的发展提供了支持。而大学图书馆以其经费比较充足、馆员较多，在图书馆文化事业上确有重大的贡献。

1927—1937年，10年之间大学新建图书馆如雨后春笋，其中较为完备的有：

1927年建立的上海国立暨南大学图书馆，占地约552平方米，建筑费1.38余万元，设备费0.5万元。

1928年落成的有：上海沪江大学图书馆，阅览室设座位230余个，书库能容中西文书10万册，建筑费5万元；天津南开大学木斋图书馆，由卢木斋（靖）捐资建成，阅览室可容300余人，书库4层可藏书20万册，建筑费10万元；北京高等师范学校图书馆于12月建立，1931年改称北京师范大学图书馆。

1929年落成的有：上海复旦大学仙舟图书馆，阅览室座位可容400余人，建筑费5万余元；北平中法大学图书馆，面积约2167平方米，内设会议厅、大礼堂，书库可容线装书40万册，西文书20万册，阅览室能容176人；上海中国科学社明复图书馆，面积约61平方米，书库可藏1寸厚的书22万册，建筑设备费共11.47万元。

1932年新建或扩建的有：杭州之江文理学院图书馆，占地约583平方米，阅览室可容300余人；南京国立中央大学图书馆，就1924年原建之孟芳图书馆加建左、右两翼及书库4层，阅览室及研究室约可容纳900人，大于原有者约一倍半，扩充建筑费12.5万元；长沙国立湖南大学图书馆，建筑费为8.84万元。

1935年建成的有北平国立北京大学图书馆，该馆各阅览室同时可容480人阅览，两边有研究室24间，专供各学系教授研究之用，书库4层，约可容中文书籍80万册或西文书籍20万册，建筑费22.34余万元。

---

① 中央教育科学研究所教育史研究室：中华民国教育法规选编（1912—1949），江苏教育出版社，1990年版，第407页。

1936 年建成的有天津国立北洋大学图书馆，阅览室可容 300 人，书库可藏书 15 万册，建筑设备费共 12.5 万元。

由上可见，到抗日战争全面爆发之前，我国高校图书馆获得了较大的发展。

据教育部《二十二年度全国高等教育概况》所载，当时教育部调查全国国立、公立、私立大学院校共 109 所，合计图书设备为 449.3616 万册，平均每校有书 4.1226 万册。现摘录该项统计如表 1–4 所示。

表 1–4 1933 年度全国高等学校状况表

	大学（所）	学院（所）	专科（所）	共计校数（所）	图书册数
国立	13	6	4	23	1564454
公立	0	0	6	6	29314
省立	7	12	10	29	523706
私立	20	22	9	51	2376142
合计	40	40	29	109	4493616

教育部编:《二十二年度全国高等教育概况》，见《中国文化建设协会山西分会月刊》1936 年第 1 期。

这一时期由于时局多艰，我国图书馆事业的发展十分曲折，我国高等教育和高校图书馆发展的高峰时期是在 20 世纪 30 年代初期。根据 1933 年教育部的统计，当时各类高校图书馆已有 108 所，藏书总数达 450 万册；在 1932—1936 年，有 16 所大学建造了新馆舍①，北京大学图书馆新馆也是在本期落成的。

（三）高校图书馆的藏书与服务

1. 高校图书馆的藏书

本期高校图书馆藏书有较为明显的增加，略举数例如下。

国立武汉大学于 1928 年 10 月在原来的武昌中山大学的基础上改建，图书馆藏中文线装书约 10 万册，善本书 5467 册。

国立中山大学图书馆 1930 年时藏书 16.7 万余册，1935 年为 18 万余册。

燕京大学图书馆所藏线装书达 30 万册。该馆对于古籍中凡有价值的版本皆广事罗致，如遇孤本则借抄以藏之。至于古刻珍本，亦量力而求。在所藏善本中，明、清刻本及抄本居多，宋、元版本也不少。1937 年，章钰的四当斋藏书 2 万余卷分别赠予和寄存该馆，以供读者借阅。

① 王值：中国近代高等图书馆事业发展述略，河南图书馆学刊，1986 年第 3 期。

山西大学校于1931年改称山西大学，图书室改称图书馆。图书馆直接对校长负责，设主任及理事，分总务、编纂和阅览三课，各课设馆员、办事馆员。当时的图书馆有房屋11间，藏书量为115701册。并下设各学院书报室。1934年，山西立法学院和省立教育学院并入，其所藏图书1000种也随之并入山西大学图书馆。

福建协和大学图书馆设有陈氏书库，为螺江陈搜庵先生及其哲嗣几士先生之贻赠，全库计21800余册、3000余部、80000卷，其中不乏佳本秘籍，缥缃琳琅，而又尤以福建乡贤遗著为多。

2. 高校图书馆的服务

除了藏书外，本期高校图书馆也十分注重图书情报服务。首先制定了一些规则，加强了管理，如北洋大学图书馆于1933年2月27日制定《国立北洋工学院院务会议规程》，共14条。其中，第一条，规定院务会议的组成人员为院长、秘书、总务长、教务长、各系部主任、图书馆馆长、军事教官及由全体教授副教授互推之五人。第四条，规定了院务会议的职权："议定本院进行计划；议定重要章制；审议预算；审查各处、馆、系、部、课报告事项；讨论出席会员之提议事项"①。这些规程加强了图书馆的管理机制，为提高服务效能作准备。山西大学校务委员会从1931年至1937年4月，先后制定、修正了《图书馆办法》《图书馆暂行办事总则》《阅览室规则》《教职员借书规则》《大学生借阅图书规则》等多项规章制度，为图书馆服务职能的发挥提供了制度上的保证。

（四）高校图书馆学教育

这一时期高校图书馆学教育继续得到发展，如私立武昌文华图书馆学专科学校成立，金陵大学文学院也添办图书馆专科，江苏省社会教育学院也投入到图书馆学普及教育之中。

1. 私立武昌文华图书馆学专科学校

华中大学图书科因1927年学校停办而独立运行。1928年夏，曾在上海、南京、北京、武昌、广州招考。

1929年8月，经湖北省政府教育厅及国民政府教育部批准立案，成立私立武昌文华图书馆学专科学校。1934年，中华图书馆协会与该校合办招考免费生，除了招收专科正班学生外，并招考民众班，其入学文化程度为中学毕业。

文华图专图书馆学毕业生大多数任职于国内公共图书馆和大学图书馆，少数在美国和海外从事图书馆工作。该校图书馆学研究工作也十分突出，办有学术刊物《文华图书

① 北洋大学—天津大学校史编辑室：北洋大学—天津大学校史资料选编（第1辑），天津大学出版社，1991年版，第134页。

馆学专科学校季刊》，出版的学术著作有沈祖荣译《简明编目法》（1929）、毛坤译《西洋图书馆史略》（1933）、章新民译《民众图书馆的行政》（1933）、皮高品编《中国十进分类法及索引》（1934）等。[①]

2. 金陵大学文学院图书馆专科

金陵大学于1928年在文学院教育系下设图书科，由刘国钧、李小缘、万国鼎等担任教授。当时图书馆学与心理学一样仅为辅修专业，主要目标是培养图书馆方面的管理人才，因此课程设置除了系统介绍图书馆学及目录学理论外，更偏重于教授如何管理图书馆的实用性课程。主要课程有“图书馆学大纲”“参考书使用方法”“目录学”“分类法”“编目法”“图书流通法”“特种图书馆”等。该图书馆专业具有相当实力，拥有著名的图书馆学和目录学专家刘国钧、李小缘以及陈长伟、曹祖彬等。因此，尽管图书馆学专业仅为辅修专业，但在全国具有相当的影响力。金陵大学图书馆学专业不仅注重理论学习的系统性，而且十分重视培养学生的实际能力，带领学生到校内外图书馆参观实习。成立于1908年的南京龙蟠里国学图书馆，藏书量丰富，当时仅善本书就达18000余册，续提善本达3万多册，陈长伟教授遂率领学生前往实地考察版本，了解中国图书分类方法及其沿革。[②]这样科学而且严谨的教学使金陵大学图书馆学专业毕业生供不应求，受到社会广泛欢迎，但后因故停办。

3. 江苏省社会教育学院暑期民众图书馆课程班

1930年，江苏省社会教育学院举办暑期民众图书馆课程班，由杜定友、马宗荣、徐旭等担任主讲教师，选修听讲者达百余人。

这一时期，图书馆教育观念逐渐深入人心。1929年，中华图书馆协会第一次年会提案中便有“由中华图书馆协会拟定图书馆学课程，请教育部核定实行”一案，1933年中华图书馆协会第二次年会也有“建议行政院及教育部指拨的款于北平设立图书馆专科学校”，但国民政府并未采纳施行。

① 周文骏：图书馆学百科全书，中国大百科全书出版社，1993年版，第518—519页。

② 私立金陵大学文学院院长室：私立金陵大学文学院概况·第4号（1936—1937年），私立金陵大学文学院院长室1936年印本，第88—100页。

第三节 民国后期的高等教育与高校图书馆

一、民国后期的高等教育

民国后期的高等教育经历了八年抗战、战后复原及内战再兴的历程，曲折而艰辛。

（一）抗日战争时期的高等教育

1937 年 7 月 7 日，抗日战争爆发，日本帝国主义开始了疯狂侵华。这场战争极大地破坏了发展中的中国高等教育。一些著名高等学府遭到空前浩劫，部分大学或停办或合并，战区学生或失学或参军。高校数、教师数、学生数、教育经费等均大幅下降。据统计，1937 年大学的数量，较 1936 年减少了 17 所；学生人数也由 1936 年的 41922 人大幅下降到 31188 人。

在这战火弥漫的非常时期，中国高等教育经历了巨大的磨难，饱受了侵略者的摧残。但是，在强烈爱国心和民族感情的驱使下，各高等院校的广大师生并没有屈从于日寇的铁蹄，他们为了保存实力、使中华文明的火炬延续不熄，采取了紧急措施，将集中于沿海都市的高校内迁至大后方，加以改造、调整和充实。更可贵的是，广大师生在颠沛流离的过程中，深明大义，坚忍不拔，以至弦歌不辍，谱写了壮丽的篇章。这场高校"内迁"运动前后持续了 8 年，几乎与整个抗日战争伴随始终。在北平的 23 所专科及其以上高校中，被迫内迁的高校有 10 所。其中，以内迁后组成的西南联大和西北联大最为著名，它们共同成为民族危难时期支撑和延续我国高等教育的两大擎天柱石，为举步维艰的中国高等教育保存了珍贵的火种。同时，国民政府也从"抗战建国"的需要出发，把"战时当作平时看"，对高等教育的实施目标、系科调整、课程整理、教材编辑等都做了新的部署。此后，随着抗战进入相持阶段，教育经费在财政困难的情况下仍有增加，大学教育开始得到了恢复和发展。自 1939 年开始，在校生人数便超过了战前。1940 年以后，高校数、教员人数、学生人数、毕业生人数均超过战前水平，并逐年提高。1944 年，全国高校增至 145 所，学生人数由 1936 年的 41922 人发展到 1944 年的 78909 人。此外，还开始实施全国统一招生和发放助学金制度①。

在抗战期间，高等教育取得的另一个成就是科研的累累硕果。国民政府在加强对高

① 李振民、赵保真：中国抗日战争史纲，西北大学出版社，1992 年版，第 221 页。

校的管理、注重人才培养的同时，也非常重视发挥高等院校的科研力量，为抗战服务。广大教师受爱国心的驱使，科研教学都超常发挥，如苏步青、华罗庚、茅以升、竺可桢、周培源、卢嘉锡等，他们不仅培养了一大批优秀的学生，同时自己的研究成果也得到了当时学术界的认同，有的甚至达到了国际领先水平。

应该说，抗战时期的高等教育在艰苦的条件下无论在数量还是素质上都取得了极大的进步。在国民政府和各方面的共同努力下，造就了大批硕彦英才，许多人后来活跃在国内外科技文化教育领域的前沿；高校的内迁，也带动了西南、西北地区文化教育事业的发展。

（二）抗日战争胜利后高等教育的复原与恢复

抗日战争胜利后，国民政府教育部即颁布《战区各省市教育复员紧急办理事项》《教育复原及接收敌伪教育文化机关等紧急处理办法要项》，并成立了“教育复原辅导委员会”，管理区内敌伪学校事宜。

1945 年 9 月，国民政府在重庆召开“全国教育善后复原会议”，讨论内迁教育机关的复原与收复区教育复原整理。内迁的高等院校及研究机构陆续迁回原址，一些在抗战中停办的学校开始复办。1946 年 2 月，教育部在重庆召开中等以上学校迁校会议，具体规定了各校迁移次序、员生名额、交通工具分配等。1946 年秋以后，各校迁校工作陆续完成，迁移各级高等学校 103 所，战时停办、战后恢复 8 所，接收改设 5 所，留设原地 17 所。在华北，1946 年八、九、十月间，“内迁到后方的华北各校，包括北大、燕京、清华、中法、师院、朝阳、铁院、南开、北洋、唐山工院……陆续复原”①。对于收复区内敌伪所设学校，教育部也着手接收整顿。

1945 年 9 月的教育善后复员会议曾提出积极建设西安、成都、昆明、兰州四地教育机构，使其在 5 年内成为西南、西北文化中心。因此，战后一些高校留在内地，使高等院校的布局分布比战前合理。以前没有高等学校的陕西省，也有了若干高等学校。在全国人民“和平建国”的共同呼吁下，国民政府比较顺利有序地完成了教育的善后和复员工作。这个时候，中国的高等教育本应在和平的环境下加速发展和振兴，但由于内战爆发，中国高等教育的发展受到了阻碍。

（三）民国末期的高等教育

国民党为了实行政治上的独裁统治，发动内战，致使国家经济彻底崩溃，民族工商业破产。加之国民党滥发纸币，造成恶性通货膨胀，并且将财政收入的绝大部分用于打

① 华北运动小史编辑委员会：华北运动小史（第 1 分册），1948 年版。

内战，对高等教育的投入势必严重不足。更有甚者，国民党将全部精力放在维护其专制独裁统治上，根本不顾及高等教育的重要性，使教育尤其是国民政府辖内的高等教育恢复受到严重冲击。

虽《中华民国宪法》规定教育科学文化经费在中央不得少于预算总额的15%，在省不得少于预算总额的25%，在市县不得少于预算总额的35%，但各学校经费都不足，导致教学设备不敷。实验所需要的原材料不足，使科研项目研究质量下降。图书资料的匮乏使学生的学习仅仅局限于课堂笔记及基本教材，有的学校连买粉笔的钱都没有。更为严重的是，有的教师、学生连吃饭都成了问题。不少学生因经济拮据而休学，公费生每日的菜金不值两根油条。广大教师生活困难，食不果腹，有的不得不抛弃本行，另谋生路。各地校长纷纷呈请当局，要求调高教职员薪金，以维持其基本生计。高等学府成为特务、军警横行霸道之地，学生们无法潜心学业，起来反对国民党对于教育的控制、摧残，20世纪40年代后期汹涌的学潮反映出国民党政治的腐败已达极点。

与国民党统治区相比，解放区的教育事业进展顺利，教育在群众中广泛开展，教育对象是村屯干部、农会会员、民兵自卫队队员、妇女会会员、失学儿童等，教学内容既有时事政治教育，也有文化教育。时事政治教育内容包括支援战争、土改、财经建设、村政建设等，文化教育注重实用，多以识字班、读报组的形式进行。对于在校学生，鼓励他们参加课外活动、社会活动，利用学生会、儿童团组织，广泛开展壁报、黑板报、歌咏、秧歌、戏剧、讲演、动员参军等活动。

随着各解放区的稳定和解放战争的顺利推进，各解放区的正规教育也得到了发展。高等教育方面，除了陕甘宁边区的延安大学外，1945年冬，华北联合大学在张家口复校。1946年5月，北方大学在邢台正式开课，校长范文澜，有学生1400人，设行政、财经、教育、工业、医学5个学院及附设班。1946年3月，拥有近2000名学生的东北大学在安东开课。1948年8月，华北联合大学与北方大学合并成立华北大学，吴玉章任校长。这些大学为中华人民共和国成立后高等教育的建设准备了人才，提供了经验。在高校中，群众性的教育也十分普及，常举办抗大式的学习班培养知识青年，帮助他们提高政治思想觉悟后派往各种工作岗位①。

二、民国后期的高校图书馆

民国后期的高校图书馆历经战火的磨难，随高校的西迁、复原艰难地支撑和发展着，

① 魏宏运：中国现代史，高等教育出版社，2002年版，第537页。

经过血与火的考验，损失十分惨重，其服务功能因战火而受到影响。但图书馆同人以事业为重，不畏艰险，尽力保护图书馆馆舍或馆藏图书，创造条件使其充分发挥文化教育职能，较好地保证了本时期高等教育的发展。

（一）抗日战争时期的高校图书馆

抗日战争期间，日本帝国主义对我国的文化事业进行了疯狂的破坏和掠夺。图书馆设施毁于日军炮火中，被劫掠者不计其数，大量珍藏图籍散佚，遭受兵火之灾。“七七事变”后，许多著名大学，如南开大学、暨南大学、湖南大学等全毁于日军炮火。湖南大学图书馆 1935 年藏书已达 8 万册，1938 年日军在该校上空投下约 50 枚炸弹，20 分钟内学校被炸成废墟，全部藏书亦化为灰烬。清华大学图书馆一整套中国近代史料，在战火中全部焚毁。南开大学图书馆于 1937 年 7 月被日军炮火全部夷为平地。浙江、上海、南京、广西、汕头等地省市立图书馆的馆舍与藏书或全毁于战火，或遭严重损失。

内迁或疏散的图书馆，在辗转迁徙途中，大批图书散佚。山东大学、上海医学院、唐山工学院等大学的图书馆以及安徽省立图书馆均遭此厄运。中央大学图书馆内迁前藏书 40 余万册，1937 年迁四川，途中沉没 10 余箱，并遭日机轰炸，该馆到 1948 年藏书只有 18 万册①。抗战时期高校图书馆的具体情况如下：

1. 大学图书馆的西迁与创立

（1）高校图书馆的西迁

抗战开始，华北、华东及华中各大学随政府西迁，各大学图书馆也随之西迁，迁出的图书馆有：

① 国立中央大学图书馆

该馆于 1937 年秋随校西迁至四川重庆沙坪坝新址，另以部分图书安置柏溪分校。

② 国立武汉大学图书馆

该馆于 1938 年 2 月迁至四川乐山。图书从武汉沦陷区全部搬出，共 10 万册。

③ 国立浙江大学图书馆

该馆于 1940 年 1 月运出 90% 的图书，辗转迁至贵州遵义，同年 5 月部分图书迁至湄潭县。

④ 国立西南联合大学图书馆

“七七事变”后，北京大学、清华大学、南开大学联合于长沙开学，1938 年 4 月 2

① 谢灼华：中国图书和图书馆史，武汉大学出版社，2005 年版，第 368 页。

日迁至云南昆明，改名国立西南联合大学。在长沙时国立西南联合大学与国立北平图书馆合作，合组联合大学图书馆。迁至昆明后北平图书馆自设办事处。联合大学自建图书馆舍，1939 年 10 月落成，该图书馆有可容千人的阅览室及藏书 10 万册的书库各一所，规模颇大。

⑤ 国立西北大学图书馆

国立西北大学系由北平大学、北平师范大学和天津北洋工学院三校于 1938 年 9 月联合组成，校址在陕西城固，其图书馆因地处西北，交通不便，则较简陋。

⑥ 蓝田国立师范学院图书馆

该馆于 1940 年 1 月正式开馆，藏书 19000 余册，期刊报纸 110 种。

⑦ 复旦大学相伯图书馆

复旦大学为纪念马相伯先生，在四川北碚校址特建一图书馆，1944 年 5 月 5 日开馆，名曰“相伯图书馆”。

⑧ 江西中正大学图书馆

江西中正大学于 1940 年 10 月 31 日设立于吉安，图书馆于同年 11 月 4 日正式开馆，又另以国币 20 万元充实图书设备。

⑨ 国立社会教育学院图书馆

国立社会教育学院于 1941 年 8 月成立于四川璧山，同年 9 月图书馆开馆。该学院设有图书馆博物馆学系，故以该图书馆为实验图书馆。

⑩ 国立中山大学图书馆

国立中山大学于广州沦陷前随校迁往云南澄江，1940 年秋又迁至湘粤省境之坪石。

⑪ 山西大学图书馆

1937 年，抗日战争爆发，山西大学图书馆在疏散中随校部及部分学院迁往晋南。不幸 1938 年晋南各县相继失守，山西大学校产全部遗失，图书也被日军和当地居民用于生火取暖。1941 年暑期，山西大学按省府指示迁至陕西秋林镇虎啸沟。搬迁过程中，除了工学院和不久前并入的医学专修科的部分图书、仪器免受损失外，其余 10000 多册图书及刚购回的三四千种图书、仪器全部丢失。1943 年 4 月，抗日战争接近尾声，山西大学改为国立，经费增加，图书馆迁入新建简易平房，馆舍条件有所改善，添置了 2000 多册图书。至 1945 年，图书馆购书达 3600 多册，还利用校刊与国内外大学交换刊物 140 余种。从沦陷区某藏书家购回图书 120 册，大部分为文学法律与抗战时的绝版书籍。因设备和人员不足，那时的图书编目非常简单，但也制定了一些规章制度。1945 年日本投降后，山西大

学奉教育部和省政府令，准备东渡黄河返回太原，图书馆开始着手各项搬迁工作。①

（2）高校图书馆的新建

抗战时期，国民政府迁入重庆后，各级政府和一些社会名流纷纷创办高校。1938~1944年，仅在四川（含今重庆）就新建高校16所，其中国立7所，即国立女子师范学院、国立社会教育学院、国立体育师范专科学校、国立西康技艺专科（1939）、国立中央技艺专科（1939）、国立自贡工业专科学校及1940年重建的国立音乐院（专科）。省立3所，即有四川省立高级工艺职业学校（1939）、省立体育专科学院（1942）、省立会计专科学校（1942）。另建私立学校6所，它们是私立中国乡村建设育才院（1940）、私立立信会计专门学校（1942）、私立求精商业专科学校（1940）、私立东方文教学院（1942）、私立中华工商专科学校（1943）、私立储才农业专科学校。这些新建学校大都设有图书馆或图书室，但由于经费紧张，加之战乱期间，供应渠道不畅通，图书收集困难。因此，图书匮乏是当时各高校普遍存在的办学困难之一。

在新建的高校图书馆中，国立女子师范学院图书馆发展较快。女师院从建校起就重视图书馆建设工作，1941年建成图书馆一幢。1940年购置图书1552册，1941年购置图书1994册，其中中文书1472册，西文书52册，旧版书919册。同时，女师院向中央图书馆和国立编译馆借《万有文库》2945册。迁校九龙坡后，1947年新建图书馆二幢。图书馆藏书来源有四方面：第一，教育部拨给，如《图书集成》《清实录》等；第二，接受大学生进修班所移交，如《万有文库》等；第三，接受赠送，如美国新闻处所赠之西文书籍、杂志等；第四，自行添购的图书。藏书数量：1946年7月，有中文书籍9386册（其中丛书即《四部丛刊》2555册），杂志814种，史地挂图71幅，西文书籍1313册，杂志254种。②

其他成立于抗战期间的大学及独立学院有贵州大学、林森大学、新疆大学、云南师范大学、贵州师范大学、西北工学院、西北农学院等，这些学院都设立了图书馆。另外，浙江英士大学和四川三台国立东北大学也均于抗战期间新建图书馆馆舍。东北大学图书馆建于1940年年底，阅览室可容400人。1943年，贵阳文通书局创办人华太夫人捐助国立贵州大学国币200万元修建图书馆，国府主席及教育部部长均颁匾额一方，以示奖励。

2. 战时的高校图书馆工作

抗日战争时期，各地高校的图书资料不同程度地受到毁损，有的高校图书馆图书资料受毁损还相当严重，再因经费紧张，供应渠道不畅而补给不够，加上战时急需人才因

① 山西大学图书馆史编写组：山西大学图书馆百年史概览（1902—2002），晋学图刊，2002年第3期。
② 李秉严：四川高校图书馆100年，四川科学技术出版社，1999年版，第21页。

而招生人数不断增加，因此，图书资料的匮乏是当时各高校普遍存在的办学难题之一。尽管如此，这一时期各高校还是采取各种措施，尽力增加图书资料。当时，除了在办学经费中尽可能挤出更多的钱来购置图书资料外，一些高校还采取应急办法。比如，当时内迁成都华西坝的金陵大学，在整个抗战时期都是向华西大学借用或共用图书资料；国立女子师范学院则借用学院附近迁川的中央图书馆和国立编译馆的图书约 3000 册，并向附近的私人图书馆“精业书轩”借用各种辞典、年鉴等工具书，并请其将所藏图书 4000 余册向师生开放，以缓解图书的匮乏。同时，教育部在抗战期间历次将中美贷款的一部分资金，从美国采购的一部分图书分发到各国立高校，另订购国外图书资料约 800 箱分配给中央大学、四川大学、武汉大学、重庆大学等。一些高校还进行募捐与接受捐赠，如交通大学 1942 年在重庆九龙坡建校后，向校外募得中外文书籍数百册。这一时期，国民政府教育部还曾将美国图书馆协会捐赠的图书分配给金陵大学等校使用。这样，使高校图书馆在战时极为困难的情况下能保证馆藏有所增加，以满足师生的借阅之需。

华西协和大学的做法尤值得一提。抗战时期，华西协和大学于 1938 年承文化基金委员会补助美金 3000 元，1941 年又得补助国币 18600 元，作为牙医学院购置图书之用。从此，该馆购书经费较前更为充裕。1938 年，该馆鉴于总馆与该校各学院系距离过远，对于教员学生借阅图书甚感不便，于是在该校化学室设立学院图书分馆一所，新医院设医牙图书分馆一所，又于成都市城内四圣祠街联合医院及陕西街存仁医院各设分馆一所，以便各院教员学生就地借阅。抗战开始，战区学校源源迁入内地，借用华西协和大学校舍及校址者，有金陵大学、金陵女子文理学院、齐鲁大学、协和医学院等。1942 年，秋承国际学术文化资料供应委员会赠送影片放映机五部，并长期寄赠各种学术杂志、影片，其资料均系国际上著名杂志中最新论点及最新发表者。所以该馆当时虽因西文杂志来源不畅，但有这些赠送弥补其缺，该校师生对于世界各国崭新学说与思想仍能时时接触。该校图书馆还鉴于社会各方的需要，扩大服务工作范围，“对于本市各文化学术机关团体，与其私人之撰述而欲搜集材料参证事实者，本校无不尽量给予种种便利，且借阅图书以应其需求。如本市之各图书馆，与各大学之教职员，以及最近来华之盟国空军将士，可领证在本馆内借阅书籍。是以本馆在名义上虽属于学校范围，其任务则非仅限于华西坝上之五大学，而其事工实达于整个成都市文化事业之全面”。在读者服务方面，该馆不仅为本校师生服务，还为社会读者服务，这对今天的高校图书馆来说还具重要的借鉴意义。

3. 高校图书馆的损失

抗战 8 年，究竟损失图书多少，尚无综合报告。各高校在迁徙过程中，因交通不便，运输工具少，长途跋涉，人员和物资设备、图书资料散佚严重。迁川的高校在四川复校后，都遇到了校舍简陋、图书设备匮乏、师生生活清苦等困难。在迁川的高校中，如唐山土木工程学院为避战祸，从 1938 年开始辗转南迁湖南、贵州，最后到达四川。由于绝大部分图书、仪器无法携带，只得派图书馆主任江秀炳先生留守保管。同时，在南迁过程中，由于教学急需图书资料，后经多方努力，才于 1938 年 8 月在茅以升院长的倡导与主持下成立了图书馆，委派许元启教授任图书馆主任。图书资料多为沿途临时添置，到达重庆复校时，图书、仪器已丧失殆尽。至 1946 年，学校由四川回迁唐山时，带回的书刊只有 3700 余册。

根据《中华图书馆协会会报》《图书馆学季刊》《教育年鉴》《中华民国大学志》及各种教育杂志等，记载的大学图书馆的图书损失情形，兹分述如下：

① 中山大学图书馆，战前藏书原有 253000 册，图书馆随校西迁时，仅运出善本书 199 箱，后又运出 211 箱，共 53847 册，来不及运出者 10 余万册，沦于敌手，完全失散，战后仅收回 147 箱。

② 广州大学图书馆，图书全佚，存省者与存港者为人盗卖，另有万余册图书，在曲江沦陷时散佚。

③ 岭南大学图书馆，图书散佚较少，唯存于香港中国文化研究室的书刊 11000 册全部散佚，内有《大清实录》1220 册。寄存香港岭南分校的善本书 12 箱，亦失去 6 箱，内有通报（Toung Pao）全份，《中国丛报》（Chinese Repository）两整套全份，影印明本《金瓶梅词话》及 4 种罕传《广东县志》。

④ 北京大学图书馆，原有图书 20 余万册沦入日本人之手，其中有党义书 126 部，被伪新民会取去，另有俄文小册子 3700 余册及杂志多种，被敌宪兵队运去变卖。1937 年 9 月，伪教育部夺去《教育公报》《法令周刊》《教育部公报》与《行政公报》合订本一共 248 册。其后又索去西文社会科学资本论等多种书。1938 年春，伪新民会用载重汽车运去中文期刊 2 万余册。1941 年伪教署检查违禁书约 3000 册，予以没收。

⑤ 清华大学图书馆，北平沦陷时，馆舍被改为外科医院，阅览室被改为病房，书库被改为手术室及药库。1941 年 8 月，敌军将所有图书发交伪北大图书馆、日本近代科学图书馆、新民会、教育总署等敌伪机关分存，因此图书散佚不少。期刊、日报则荡然无存。损失中最珍贵者为有关中国现代史的档案稿本资料。内迁以后，又在北碚被敌机轰炸损失一部分图书。

⑥ 北平大学工学院图书馆损失图书 1996 册。

⑦ 北平师范大学图书馆损失图书 32794 册。

⑧ 中法大学图书馆损失图书 17549 册。

⑨ 中国大学图书馆损失图书 19535 册。

⑩ 朝阳学院图书馆损失图书 25110 册。

⑪ 南开大学图书馆木斋图书馆全部建筑被炸毁，遗失图书约 224000 册。

⑫ 河北省立女子师范学院图书馆损失中文书 57000 册，外文书 9000 册，中文期刊 210 种，外文期刊 140 余种。

⑬ 中央大学图书馆随校西迁时，舟行川江，不慎沉没图书 10 余箱，抵渝以后又遭轰炸。抗战胜利后原有图书仅存 18 万册。

⑭ 金陵女子文理学院图书馆原有藏书 10 万册，被日军出售甚多，后仅收回 50000 册。

⑮ 湖南大学图书馆，1938 年 4 月 10 日日军借口该校为其军事基地，遭受敌机投下炸弹，馆舍全毁，损失图书 48000 册。

⑯ 河南大学图书馆，图书、仪器于开战后由开封迁至山西嵩县，运出图书 350 余箱，70000 余册。日军于 1944 年 5 月 12 日攻陷嵩县，该校未及迁移，图书、仪器被敌炮火焚烧，损失甚大。《第二次中国教育年鉴》称该校抗战期间图书损失 15000 册。

⑰ 重庆大学图书馆，1940 年 7 月 4 日馆舍被炸，图书损失亦多。

⑱ 昆明西南联合大学图书馆，1941 年 8 月 14 日馆舍被炸，损失中西文书刊多种。

⑲ 文华图书馆学专科学校图书馆，在重庆上清寺求精中学之临时校址，于 1941 年 7 月被敌机炸毁，所幸重要图书已疏散。

“七七事变”后，我国所遭受的生命、财产和文物的损失之巨，是历史上从来没有的，在中外藏书史上，恐是史无前例的。根据教育部 1938 年年底的报告及中央图书馆估计，抗战以来图书损失至少在 1000 万册。

（二）抗日战争胜利后高校图书馆的复原

1. 抗日战争胜利后高校图书馆的回迁及布局

抗日战争胜利后，国民政府教育部于 1945 年 9 月召开“全国教育善后复原会议”，讨论了内迁教育机关的复原和恢复区教育的恢复与整理等问题。根据国民政府教育部的命令，一批批高校图书馆纷纷加入到复原大军之中。仅就四川（含今重庆）而言，1946 年 4 月，国民政府教育部决定，将国立女子师范学院、国立中央技艺专科学院、国立中央工校、国立自贡技术专科学校4所国立院校留川办理。少数私立院校因经费困难等原因也留在四川。其余院校自1946年5月起开始复原回迁。复原回迁工作至1946年10月结束，共35所院校回迁。其中，国立院校20所：同济大学、中央大学、交通大学、武汉大学、东北大学、复旦大学、中央政治学校、交通大学贵州分校、上海医学院、江苏医学院、湘雅医学院、社会语文专科学校、税务专门学校、音乐学院、上海音乐专科学校、艺术专科学校、国立体育师范专科学院、湖北师范学院、戏剧专科学校、体育师范专科学校；省立院校2所：江苏省立蚕丝专科学校、山东省立医学专科学校；私立院校12所：金陵大学、金陵女子文理学院、燕京大学、齐鲁大学、武昌艺术专科学校、江苏正则艺术专科学校、立信会计专科学校、朝阳学院、东吴大学、沪江大学、武昌中华大学、武昌文华图书馆专科学校。这些学校图书馆亦同时迁回，运回的图书总量达1.5万吨。[①]福州协和大学图书馆为了尽快迁回福州，林景润校长亲回协和大学原址，组织人力修缮房屋。师生员工也组织起来，积极准备搬迁物品。图书馆主任金云铭让人钉了几百只大木箱，把所有的图书装了进去。学校还拆掉几座简易房舍，钉成木排，以运家具和书架。1945年11月协和大学迁回福州，学校图书馆也随之迁回。迁回的图书都暂时寄藏在理学院，重修文学院图书馆的屋顶和书库，定制了百多个新书架。经过整整两年的努力，才将全部书籍上完架。山西大学图书馆于1946年4月迁返阔别8年的太原侯家巷，运回图书总计不过5000余册。接着开始接收、整理旧存与在太原新购图书的工作。1947年7月开始采用刘国钧《中国图书分类法》分类编目。同年，《国立山西大学组织大纲》规定了图书馆人员设置及管理事项。校务会议还通过了若干图书馆出纳、借阅规则。当时，图书馆藏书达4万册，并订有十几份报纸、上百份杂志。阅览室开放时间为上午、下午和晚间，晚间总是灯光常明。为便利师生，图书馆还代售英文辞典、字典、百科全书、化学及文学等书籍；定期在校刊上刊登每月添购的中外文各科参考书种类、册数及购价。1948年，解放战争期间，为避免战争损失，学校一度迁至北京，图书馆部分图书及人员也随之搬迁至北京东交民巷，其余大部分留守太原。留守图书于新中国成立前夕遗失900多册。其他高校图书馆也经历了艰辛的复原工作，终于重整旗鼓，继续发挥着文化教育的作用。

2. 抗日战争胜利后高校图书馆的建设

抗战的胜利，给中国人民带来了新的希望，因此社会各界纷纷要求发展高等教育。内迁学校复原回迁后，不仅留下大批无法随迁的当地籍学生，也使迁出地的高校招生人

---

① 李秉严：四川高校图书馆100年，四川科学技术出版社，1999年版，第24—25页。

数锐减，众多高中生无法升学，迁出地各界竭力呼吁发展高等教育。同时，回迁学校留下了校舍及部分带不走的设备，也为迁出地高校的发展提供了一定物质基础。这些原因客观上使得迁出地的高等教育一度有所发展，如四川是抗战时期高校内迁的重要地区，抗战胜利后，大批高校复原离川，促使四川加强高等学校建设。当时新建了2所国立院校，即国立成都理学院、国立康定师范专科学校。另建立一批私立学校，建在重庆的有私立西南农学院、私立中国公学、私立南林学院、私立白屋文学院、私立勉仁文学院、私立重庆法商学院、私立正阳法学院、私立求精商学院、私立群治学院、私立长江文理学院、私立重庆相辉法商学院、私立中华戏剧专科学校、私立新中国艺术专科学校、私立蜀中艺术专科学校、私立立信会计专科学校等。设在成都的有私立成华大学、私立大川学院、私立西南学院、私立东方文教学院。办在三台的有私立川北大学。办在万县的有私立辅成法学院。办在南充的有私立川北文学院。这些学校都附设图书馆，但各校图书馆差异很大，有的图书馆藏书上万册，而有的只有几百册。

完成复原之后的高校图书馆加强了图书馆的建设和图书的收藏工作，以便更好地服务于高校的教学、科研及校外的广大社会。例如，四川大学于1947年礼聘国内著名的图书馆学家、目录学家毛坤先生为历史系教授兼四川大学图书馆副馆长，加强了该校图书馆的建设。又如，国立中山大学图书馆和私立燕京大学图书馆加强了图书的收藏，尤其是善本书的收藏工作。到1949年时，国立中山大学图书馆有善本书13600册，其中明刊本约500种、6600册；地方志1150种、13700册。到1952年时，私立燕京大学图书馆有善本书3578种、37484册。其他高校图书馆的藏书也逐渐丰富，在此仅以四川（含今重庆）高校为例加以说明，见表1–5。

表1–5 1947年四川部分高校图书馆资料概况表

学校	藏书概况
国立四川大学（国立四川大学藏书概况，见《四川大学校刊》第十七卷，第二、三期合刊本，第14页，1944年11月）	共28万余册，其中，西文图书2万余册，中文杂志2527种，另有木刻书板4.01万块
国立重庆大学	共6.87万册，其中，中、西文图书分别有3.26万册、7382册，中、西文杂志分别有1.69万册、5880册，碑帖87本
私立华西协和大学	共24万余册，其中，中、西文图书分别有13.71万册、7.7万册，寄存藏书3.5万册，四川新旧方志260种
国立女子师范学院	中文图书1.49万册，西文书籍2135册，中、西文杂志分别有864种、266种，各种挂图273幅
国立成都理学院	图书5321册，其中，西文图书407册，中文图书3520册，杂志1394册

私立乡村建设学院	中文图书共2.67万册，英文图书2535册，中文杂志62种，英文杂志4种，报纸13种
私立铭贤学院	图书2.5万余册，杂志100余种，报纸20余种
私立相辉文法学院	图书3345册
私立辅成法学院	图书1.23万册
私立川北大学	图书1.5万册
国立中央工业专科学校	图书4587册，中文杂志120份，西文工程杂志60份，中文报纸20种，西文报纸7种
国立自贡工业专科学校	图书300余册
国立西康技艺专科学校	图书5898册，其中，中文图书3104册，英文图书1667册，杂志1127册
国立康定师范专科学校	图书8030册
四川省立体育专科学校	图书1200册
四川省立会计专科学校	图书1000余册，以商科图书为多
私立求精商业专科学校	图书3514册

（摘自四川省地方志编纂委员会编纂：《四川省志·教育志》（下册），方志出版社2000年版，第416页）

总之，抗日战争胜利后，全国高校图书馆藏书是有所增加的。

（三）民国末期的高校图书馆教育

本期高校图书馆教育尽管由于抗日战争受到极大影响，但也取得了一些成绩。下面分别加以说明。

1. 私立武昌文华图书馆学专科学校

抗日战争爆发后，由于南京及华北很快失守，武汉亦处于战火危险境地，1938年私立武昌文华图书馆学专科学校由武昌迁至四川璧山，后借曾家岩求精中学为临时校址，继续招生。1940年开始招收高中毕业生，开办2年制的档案管理科。1941年夏，校舍被炸，所幸重要图书与实习用具早已疏散而未遭殃。10月迁至江北唐家街廖家花园，重建校舍，继续行课，仍设图书科，“初因重新建房未及竣工，尝进餐于露天之下，讲授于卧棚之间”[①]。抗战胜利后，于1946年3月返回武昌复校。1947年改为3年制，设图书馆学专科及档案管理科，并曾办理为期1年的图书馆学讲习班、档案管理短期职业训练

① 丁道凡：中国图书馆界先驱沈祖荣先生文集（1918—1944），杭州大学出版社，1991年版，第233页。

班各若干届，注重培养学生的实际操作能力。设有参考图书馆、学生实习图书馆、档案室，供学生实习之用。1951 年 8 月，由人民政府接办。1953 年 8 月并入武汉大学，成为武汉大学图书馆学专修科。该校自改专科学校起，学制改为 2 年。

2. 国立社会教育学院图书博物馆学系

1938 年 7 月，国民参政会第一次集会时，国民政府教育部在教育实施方案中有“设立培植社会教育人员专科学校”案，经大会通过建议政府采纳施行。1939 年 9 月，行政院在拟订第二期战时行政计划时，准备筹设国立社会教育学院。教育部依此在 1941 年 1 月正式成立国立社会教育学院筹备委员会，并聘陈礼江为主任委员。学院院址确定暂设在重庆附近，后经四川省政府教育厅及璧山县政府的赞助，乃暂借原璧山县立中学、县立女子中学及县立职业学校三校为临时院址。1941 年 8 月，国立社会教育学院成立，陈礼江为院长。

该院成立时即设有图书博物馆学系，旨在造就图书馆博物馆高级人员。课程分为学系共同必修、主系共同必修、分组必修、辅系课程及选修课程五项。而必修课又分列四种：① 一般性的有：图书馆通论、图书馆学通论、图书馆行政与设计、博物馆行政与设计、图书馆史、博物馆史、特种图书馆学、特种博物馆学、教育博物馆学。② 技术性的有：图书编目法、分类法、资料整理法、图书馆经营法、图书选择与订购、图书馆推广、古物古迹鉴别法、博物馆物品整理法、博物馆经营法、标本采集与制作、博物馆使用法、档案经营法。③ 学术性的有：目录学、各科名著介绍、版本学、参考书及参考工作、考古学、古物概论、金石学、美术史、史料研究、自然科学、工艺科学、阅览调查与报告。④ 辅导性的有：检字索引法，问题研究方法，英、德、法、日外国语，选修科目十余种。[①] 选修课程有：版本学、特种图书馆、资料整理法、图书馆推广与辅导、阅览调查与研究、史料研究、公共图书馆学、方志学、图书馆学研究法、特种博物馆、物品鉴别法、文化人类学、国学专著选读等课程。

图书博物馆学系设有专业资料室，负责搜集国内外有关图书馆学、博物馆学的重要图书、杂志，以供师生参考之用。其中有美国图书馆协会、哥伦比亚大学图书馆学院、美国国会图书馆等机构赠送的外文书刊、杂志达百余种，这在当时是十分宝贵的参考资料。系里还设有实习室，供学生平时实习分类编目之用；设有打字室，配有 8 架打字机，供二至四年级学生轮流练习。图书博物馆学系重视外语教学与英文打字，以提高学生外语水平，并为将来从事实际工作打下基础。同时，由汪长炳兼任国立社会教育学院图书

①《中华图书馆协会会报》，第 18 卷第 1 期（1933 年 10 月）。

馆主任（即馆长），馆内设有采访、编目、阅览、推广四组。

该系除了搞好图书馆学、博物学教育教学外，还积极从事图书馆学研究工作。国立社会教育学院办有学术刊物《教育与社会》季刊，于1942年创刊。在创刊号上，汪长炳等发表了《图书馆与社会》等重要论文。1944年，该刊还出版了一期《图书博物馆学专号》，发表了蒋复聪、沈祖荣、汪长炳、熊毓文、徐家麟、岳良木等当时图书馆界一流专家的论文。1942—1945年，该系和图书馆组织了"博文"壁报社，定期出版壁报，使师生了解动态；除了由各教授担任专题研究外，还指导学生组织研究团体，促进研究工作。

该系学生规模较大。1941年，招收首届学生19名，到1944年，已经有1～4年级学生100人，其中男生40人，女生60名。1945年，图书博物馆学系首届学生19人毕业。1945年9月，抗战胜利后，图书博物馆学系又招收了一届学生。1946年10月1日，该系随学校由璧山迁至苏州，暂借拙政园为临时校址，并在南京栖霞山设新生部，继续办学。据统计，该图书博物馆学系至少毕业了五届114名学生。

1950年1月，社会教育学院迁往无锡，与原江苏省立教育学院及中国文学院（即无锡国专）合并，改建为苏南文化教育学院，院址在无锡社桥。图书博物馆学系奉命停办，结束了10年办学的历史使命。

3. 金陵大学文学院图书馆专科

抗战军兴，金陵大学文学院由南京迁至成都复校。随着城市化进程的加快，社会教育的发展，各地图书馆事业发展迅速，对图书馆学专门技术人才需求迅增。金陵大学文学院院长刘国钧鉴于当时急需图书馆人员，遂于1940年春拟定计划，经教育部批准，于当年8月核准设置图书馆专科，招收图书馆学专修科学生。入学资格限于高中毕业生及大学肄业生。该专修科学制为2年，由曹祖彬主持专修科事务，课程设备日臻完善，有图书馆学大纲、参考书使用法、目录学、分类法、编目法、流通法、期刊报纸政府档案之整理、特种图书馆、书史学及图书选择之原理。历届报名者非常踊跃，但录取标准较高。图书馆学专修科让学生系统学习图书馆学理论知识，并加强其专门技术训练。图书馆专修科鉴于社会教育事业的需要，同时为本专业学生提供图书馆管理的实习场所及社会教育工作的机会，与本校图书馆及有关各科系联合举办巡回文库及各种文化展览，并设立民众书报阅览室，既提高了学生的能力，同时也促进了社会教育的发展。

4. 国立北京图书馆专修科

国立北京大学于1947年度呈请教育部核准创办图书馆及博物馆两专科，以王重民为科主任。学制2年，凡本校及其他学校毕业生，均可申请入学，经审查合格，便录取试读，学生选修专科课程满 32 学分，成绩总平均在 75 分以上者，就发给任何一科证书。

这一时期，除了上述 4 个正规科或系外，其他各地大学，如厦门大学、大夏大学、劳动大学、济南大学、江苏省立教育学院、湖北省立教育学院、河南大学、河北女子师范学院，都有图书馆学课程开设，但时办时辍，培养学生不多，影响不大。[①]

① 田培林、陈东原、王万钟等：第二次中国教育年鉴，商务印书馆，1948 年版，第 1114 页。

第二章 中华人民共和国成立后的高等教育及高校图书馆

第一节 中华人民共和国高等教育稳健发展时期的高校图书馆

从1949年到1957年是我国高等教育的稳健发展时期，高等教育的发展给高校图书馆提出了更高要求，而高校图书馆的发展也有力地保障和推动着这个时期高等教育的发展。

一、高等教育的稳健发展

中华人民共和国成立初期，我国高等教育事业百废待兴，亟待建设。1949年12月，第一次全国教育工作会议确定了“以老解放区新经验为基础，吸收旧教育有用的经验，借助苏联经验，建设新民主主义教育”的方针，但由于新中国成立初期国际、国内特殊的政治背景，当时的高等教育从一开始就全面倒向“苏联模式”，高等教育领域的一系列改革基本上都以苏联的经验为基础。为了适应这一新形势的要求，高等教育界围绕学习苏联经验开展了一系列翻译和研究工作。早在1949年9月，东北英文研究会的徐和、周纯、姚周杰、周砚4位学者就编译了《苏联的大学》一书，并由苏南新华书店出版。除了翻译出版苏联的著作和论文集外，在新中国成立初期的《人民日报》《光明日报》《新华月报》《人民教育》等主要的报纸杂志上，也有不少介绍苏联高等教育经验的文章。

1950年6月，中央人民政府教育部在北京召开了第一次全国高等教育会议，到会的正式和列席代表300多人。会议代表根据1949年《中国人民政治协商会议共同纲领》的精神，主要讨论了高等教育的方针、任务问题，一致认为今后的高等教育“应该以理论与实际一致的教育方法，培养具有高度文化水平的、掌握现代科学和技术成就的、全心全意为人民服务的、高级的国家建设人才而努力，应该准备和开始吸收工农干部和工农青年进我们的高等学校，以培养工农出身的新型知识分子”[①]。

1952年，中共中央制定了过渡时期的总路线，对高等教育提出了新的要求，要求高等学校通过改革和调整，培养大批高级人才以满足国家急需。1952—1953年，全国高等学校进行了史无前例的大规模院系调整，同时开始学习苏联经验，进行教学改革。1953—1955年，高等教育部和教育部召开了全国综合大学及高等工业、财经、政法、农林、医药、师范等各类院校工作会议，明确了各类院校教学改革的目标和要求，这些会议都对各类高等学校教学改革的各方面问题进行了研讨。在大学设置专业，按专业培养人才；引进苏联高校的教学计划和教材，搞统一的教学计划；引进苏联高校的教学方法和教学制度等。但在学习苏联经验时，存在不加区分、盲目照搬照抄的情况；在院系调整中也出现了不符合教育发展规律的情况，砍掉了不少在经济建设中具有重要作用的文科专业，导致财经、管理和政法等专业严重萎缩，并且出现了文科与理科、理科与工科相互割裂的现象，不少高校专业设置过细、专业面过窄、“口径”太小。这些偏差对后来的高等教育也有着不可忽视的不良影响。

二、高等教育稳健发展时期的高校图书馆

1949年，中国高校图书馆只有132所，且规模很小，藏书总量仅有794万册[②]。新中国成立初期，新中国政府接管了高校图书馆，并进行整顿、改造、调整，充实了藏书。1956年12月，高等教育部召开了第一次全国高校图书馆工作会议，会议总结了新中国成立以来图书馆的工作，明确了高校图书馆的性质、任务，制定了工作条例。此后，各高校图书馆积极响应号召，学习与借鉴苏联图书馆建设的经验，大力采购书刊；做好藏书整理、补充与调配工作；积极开展书刊借阅、参考咨询和联合目录、参考书目与索引的编制以及馆际协调、协作等工作，基本上满足了广大师生的教学、科研需求。

（一）对旧中国高校图书馆的接管与改造

1949年中华人民共和国的成立，标志着中国图书馆事业进入了一个新的发展时期。中国共产党一向重视图书馆在文化教育方面所起的巨大作用，因此在取得政权之后，便以列宁所确立的“图书馆必须迅速、广泛地把图书向群众流通，使图书财富接近人民”的基本方针为中国图书馆工作的方针，要求中国图书馆界学习苏联“在图书馆彻底扫除

① 马叙伦：第一次全国高等教育会议闭幕词，新华月报，1950年第3期页。
② 李广生、沈国强：中国高校图书馆事业50年，津图学刊，1999年第3期，第1页。

帝国主义，排除封建的资产阶级的毒素，一定要宣传马克思、列宁主义思想，使图书馆成为劳动人民获得各种文化、科学知识的阵地”[①]。从1949年到1953年，中国共产党领导各族人民有步骤地实现了从新民主主义到社会主义革命的转变；对旧中国的教育科学文化事业进行了卓有成效的改造，取得了显著的成就；图书馆事业的接管和改造也取得了很大的成绩。

中华人民共和国成立初期，图书馆事业面临很大的困难。旧中国图书馆事业的基础弱，再加上日本帝国主义的侵略、国民党政府的反动统治和长期战争的影响，到1949年10月，据不完全统计，全国各类型图书馆只有392所，其中高等学校图书馆132所[②]，藏书总量为794万册。图书馆藏书少，馆舍简陋，经费紧缺。为了保障人民群众读书学习的需求，接管、整顿旧有图书馆，并使其迅速恢复工作，是新中国文化教育事业中最紧迫的任务之一。当时主要从以下几个方面开展工作。

1. 有计划有步骤地接管旧高校图书馆并对图书加以清点

中华人民共和国成立以后，各地军事管制委员会执行《中国人民解放军公告》规定的“保护一切公私学校的政策”，派出军管小组或军代表，对全国公、私立高校进行了接收、接管、扶持和整顿。具体而言，一是派一批干部到高校图书馆担任领导工作，把高校图书馆事业置于中国共产党和人民政府领导之下，教育高校图书馆干部树立为人民服务的思想；二是对高校图书馆的资产（主要是藏书）进行清点和登记；三是集中精力恢复高校图书馆各项业务工作。例如，四川省（含今重庆市）接收和改造情况为：

四川大学：中文图书采用杜质柏分类法和桂氏著者表，西文图书采用美国国会图书馆分类法，日文图书采用“皮高品图书分类法”。馆藏里，中文图书入藏210678册，实有189735册，中文线装书28095册。馆舍3300平方米。重庆大学：图书馆收藏中外文图书58981册，中文线装书28095册。华西协和大学：藏书23余万册，采用“杜威十进分类法”进行分类。其中中文书14.22万余册，所藏四川方志齐全，包括全省142县280余种。收藏的成、渝两市日报从1922年到中华人民共和国成立初期完整无缺，还收藏许多珍本、善本及名人手稿，有元刻本两种、明刻本30余种，以伯希和拍摄的敦煌艺术照片及瑞典人所著《西藏游记》最为珍贵。收藏科技期刊570余种，口腔医学书刊收藏为全国之最。

① 松见弘道：中国图书与图书馆，书目文献出版社，1995年版，第178页。
② 中国图书馆年鉴编委会：中国图书馆年鉴1996，北京图书馆出版社，1997年版，第20页。

2. 新建一批高校图书馆并尽力增加馆藏数量

（1）新建高校图书馆情况

根据国家建设的需要，各地建立了一批新高校，与此同时也相应地建立了一批高校图书馆。根据陈源蒸等编《中国图书馆百年纪事（1840—2000）》统计，其情况如下：

1949 年 4 月 16 日，哈尔滨医科大学图书馆建成，位于南岗区学府路，其前身为 1931 年创建的江西瑞金中国工农红军卫生学校资料室，1948 年迁至哈尔滨，次年随学校成立改名。同年 4 月，大连工学院图书馆创建。9 月，北京农业大学图书馆创建，该图书馆是由原北京大学农学院、清华大学农学院、辅仁大学农艺系和老解放区的华北大学农学院藏书合并而成的。11 月，上海外国语大学图书馆在上海俄文专科学校图书馆的基础上发展起来。同年，东北药学院图书室建立，其前身为 1931 年中国工农红军在江西瑞金成立的红军卫生学校，1934 年随红军到达陕北，1940 年进驻延安，1941 年建立中国医科大学药科，1948 年迁至沈阳，合并了原国立沈阳医学院药学系，1949 年定名为东北药学院；中原大学图书室由河南宝丰县迁至武昌，正式成立中原大学图书馆；沈阳工学院图书馆建立；西安通信学院图书馆创建；华北电力学院图书馆在河北省保定市成立。

1950 年 4 月 2 日，中央戏剧学院图书馆随校正式建立，该校是在原华北大学文艺学院和原南京国立戏剧专科学校的基础上建立的，继承了上述两个学校的许多图书资料。同年 8 月，西北民族学院成立，图书馆随之建立。1953 年新建一座具有民族特色的绿色琉璃瓦大屋顶图书楼，建筑面积 1975 平方米。1950 年 12 月 21 日，国际关系学院图书馆草创，1963 年建成。同年，中国人民解放军铁道兵工程学院图书馆、中央美术学院图书馆、中央音乐学院图书馆、安徽技术师范学院图书馆、上海俄文专科学校图书室成立。山东师范学院图书馆在华东大学教育学院藏书的基础上建立。西南农学院图书馆在重庆北碚成立。浙江万里学院图书馆创建。西南师范学院图书馆在重庆成立，是在原国立女子师范学院和四川教育学院图书馆合并的基础上建立的。

1951 年 5 月 8 日，哈尔滨师范专科学校图书馆创建。6 月，在毛泽东主席、周恩来总理的关怀下，中央民族学院图书馆成立，该馆成立时，馆舍设在北京东城区国子监街 54 号，当时聘请北京图书馆著名文献学专家万斯年为顾问，戚志芬、王树伟为业务指导。同年 10 月，华东师范大学图书馆在原大夏大学藏书的基础上建立，1951 年冬至 1955 年年年底陆续接收光华大学、暨南大学、圣约翰大学、震旦大学、复旦大学、同济大学、交通大学、浙江大学、沪江大学、东亚体育专科学校并入华东师范大学部分系科的图书。同年 10 月，南阳师范学院图书馆创建。华南师范学院图书馆成立，以原广东文理学院图书馆为基础，并接收原中山大学师范学院、华南联合大学教育系的图书。中南同济医学院图书馆成立。江苏大学北固校区图书馆创建。中国矿业学院图书馆在天津由河南焦作工学院图书馆和山西矿专图书馆合并建成，1953年迁至北京，改名为北京矿业学院图书馆。华东纺织工学院图书室在上海创建，1953年改名为华东纺织工学院图书馆。辽宁工学院图书馆在锦州成立。锦州医学院图书馆成立。

1952年8月，吉林工学院图书馆、新疆八一农学院图书馆创建。10月，沈阳农学院图书馆建立。同月，华东化工学院图书馆以原大同大学图书馆藏书为基础建成。11月，中南矿冶学院图书馆在长沙建立。上海体育学院图书馆成立，由南京大学、华东师范大学、南京金陵女子文理学院体育系的图书资料室、阅览室合并而成。同年，西南工学院图书馆在四川绵阳创建。内蒙古师范学院图书馆在乌兰浩特原内蒙古行政干部学校图书室的基础上建立，1954年与绥远省师范专科学校图书馆、察哈尔师范专科学校图书馆合并，迁至呼和浩特。同年，北京政法学院图书馆、南京农学院图书馆、长春工业高等专科学校图书馆成立；东北地质学院图书馆创建，该馆是由山东大学地质系图书馆、东北工学院地质图书馆和长春地质专科学校图书馆合并建立起来的，1954年迁入地质宫。由原北洋大学、唐山交通大学、山西大学、西北工学院、华北大学医学院的矿冶系的专业书刊合并成立北京钢铁学院图书馆。北京地质学院图书馆建立。重庆土木建筑学院图书馆成立，1954年改名为重庆建筑工程学院图书馆。中央财经学院图书馆成立。四川师范学院图书馆在南充成立。南京航空工业专科学校图书馆建立。山东农业大学图书馆创建。华南大学图书馆、沈阳机电学院图书馆、北京航空学院图书馆、北京农业机械化学院图书馆、北京林学院图书馆、华南工学院图书馆和浙江师范学院图书馆成立。全国院系调整时，在原金陵女子文理学院图书馆的基础上组建成南京师范学院图书馆。

1953年9月，北京石油学院图书馆、长春水利电力高等专科学校图书馆、华中工学院图书馆、福建建筑高等专科学校图书馆、大连海运学院图书馆、西南政法学院图书馆、陕西师范大学图书馆、太原工学院图书馆建立。全国院系调整时，在中原大学图书馆的基础上，集中了当时中山大学、广西大学、湖南大学、河南大学、南昌大学等校的财经、政法类图书，分别成立了中南财经学院图书馆和中南政法学院图书馆。由原中山大学医学院、岭南大学医学院和光华医学院三所院校图书馆合并而成的中山医学院图书馆在广州成立。

（2）增加藏书的状况

在新建图书馆的同时，各高校也十分重视藏书问题，尽力增加藏书数量。例如，四川（含今重庆市）所建的新高校藏书情况为：1951年6月1日，在成都建立西南民族学院，设图书馆，由教务处直接领导，藏书 2000 册，报刊 10 余种，阅览座位不足 30 个。[①]1950 年 7 月，私立川北大学和私立川北文学院两校合并为公立川北大学，并由三台迁往南充。设有图书馆，藏书 3176 册，其中中文 2671 册（含线装书 934 册），西文 48 册，俄文 26 册，图表 14 种，杂志 16 种，报纸 7 种。1950 年 10 月 12 日，教育部批准同意国立女子师范学院与四川省立教育学院的教育科系和重庆大学教育系、体育专修科合并，成立西南师范学院。学校成立后，在教务处下设图书馆，藏书 46887 册。1950 年 11 月 27 日，教育部批复同意以四川省立教育学院的农艺、园艺和农机三个系为基础，与私立华西协和大学农艺系和私立相辉学院农艺系及其专修科合并，成立西南农学院，图书馆在重庆北碚同时建立，藏书 3400 册，刊物 12672 册。1950 年，人民政府决定，将华西大学音乐系和南虹艺校的师生、设备、图书、唱片等并入省立技艺专科学校，后改名为省艺专，最后改名为成都艺专，图书室设在校外新园宿舍，藏书 1213 册，其中中华人民共和国成立前文艺期刊 234 种，音乐期刊 13 种。[②]

这个时期，高校图书馆在增加藏书方面，大力补充了马列主义经典著作和革命书刊，并有计划地搜集苏区、解放区的出版物。在高校整顿接管及新建完成、恢复正常教学秩序后，各高校图书馆组织工作人员学习时事政治、革命理论和中国的文化教育、政策，树立了为工农服务的思想，建立了图书馆工作的新秩序。

3. 通过初步的院系调整对高校图书馆进行组合、新建

为了使高等教育适应大规模的有计划的社会主义建设需要，根本改变旧中国学校设置和分布的不合理，以及在系科分工方面的无序状态，消除教育脱离实际的弊端，从 1952 年 10 月开始，在全国范围内进行了院系调整。党中央、国务院规定，这次院系调整总的方针是“以培养工业建设人才和师资为重点，发展专门学院，整顿和加强综合性大学”。各高校图书馆的藏书相应作了较大流动。例如，四川省（含今重庆市）从 1951 年 11 月起，开始着手高校院校调整。1952 年 9 月中央教育部批准《1952 年西南区高等学校调整方案》，四川省高校进行了如下重大调整：

①1952 年，以三台县的川北大学为基础，将原水利系、化工系、土木系、农气系、农经系、企业系等分别并入成都工学院、四川化工学院、重庆建筑工科学院、贵州大学、西南农学院、四川财经学院等院校。将川东教育学院数理系、数学专科，四川大学师范学院的理化专修科、数学专修科和重庆师范学院的中文、数学专修科合并，成立四川师范学院；四川师范学院的藏书由原川北大学、川北文学院的全部藏书和川东教育学院、

① 李秉严：四川高校图书馆 100 年，四川科学技术出版社，1999 年版，第 29 页。
② 李秉严：四川高校图书馆 100 年，四川科学技术出版社，1999 年版，第 29 页。

重庆师范学院的部分藏书组成，约有藏书 6 万册。1952 年 10 月，由 6 所院校的 9 个土木建筑系科合并，在重庆沙坪坝建立重庆土木建筑学院，图书馆藏书 1.23 万册。将重庆大学图书馆（随学校性质）部分文理图书调拨进四川大学、四川财经学院，将重庆大学图书馆由综合性图书馆改为收藏以机械、采矿、冶金等专业图书为主的多科性工业大学图书馆。将华西大学图书馆由综合性图书馆改建为多科医学图书馆。四川大学图书馆从华西大学调入线装书 7.5 万册，从华西大学、川康大学、重庆大学调入中外文图书 2.5 万册，共计 10 万册，同时，向西南师范学院、西南农学院、西南政法学院调去大批图书。在乐山技艺专科学校所有藏书的基础上，并入成都高级染织职业学校的图书，建立四川纺织工业专科学校图书馆。以原川南工业专科学校藏书为主，将有关院校的部分图书并入，在泸州新建四川化工学院图书馆。

②1953 年，西南人民艺术学院、成都艺术专科学校分别改建为西南美术专科学校和西南音乐专科学校，两校图书馆也分别易名。在西南人民大学政治系和政治教育系图书馆的基础上，调入有关院校法律类图书，新建西南政法学院图书馆；在西南人民大学俄文系的基础上，独立建立西南俄文专科学校，将原图书室扩建为教务处图书馆。

③1954 年 7 月，中央高教部决定将四川大学工学院独立建院，并将四川化工学院并入，成立成都工学院，图书馆接收原四川大学工学院、云南大学等院校图书。1954 年 3 月 1 日，重庆师范专科学校图书馆成立，工作人员 2 名，藏书 12018 册，采用“东北图书馆图书分类法”。

这个时期，部分高校图书馆随学校更名而易名。华西大学图书馆更名为四川医学院图书馆，成都体育专科学校图书馆更名为西南体育学院图书馆，重庆土木建筑学院图书馆更名为重庆建筑工程学院图书馆；停办西南技术专科学校图书馆，图书分别并入重庆大学、四川大学、西南农学院图书馆；西南财经学院图书随学校一起并入四川财经学院图书馆；撤销重庆师范学院图书馆，图书、教工、学生全部并入四川师范学院。

经过第一次院系调整，四川省共有 17 所高校图书馆。其中，综合性大学 1 所，工科院校 4 所，高等师范 4 所，农学、财经、医药、体育、美术、音乐、纺织及民族院校各 1 所。[①]

其他地区高校图书馆在院系调整中也大多经历了撤并或重组。例如，1952 年 10 月 23 日，根据中央人民政府的决定，东北人民政府颁布《东北地区高等学校院系调整的决定》，其中决定：“东北计划统计学院、东北财政专门学校、东北银行专门学校合并，成立东北财经学院。”1953 年 8 月，东北人民政府又颁布决定，将东北商业专科学校和东北合

① 李秉严：四川高校图书馆 100 年，四川科学技术出版社，1999 年版，第 30—32 页。

作专科学校合并到东北财经学院。因此，东北财经学院最初的校图书馆是由先后合并的这5所财经专科学校的图书馆（室）所组成。当时的馆址位于沈阳市南昌街，分馆在沈阳南湖等处，分散在各个学校，馆舍面积小。1955年全部随学校迁往沈阳市皇姑区崇山路，并于1956年建成东北财经学院图书馆，面积为7000平方米。①

4. 确立高校图书馆事业的管理体制

1949年10月，中华人民共和国中央人民政府文化部成立，沈雁冰为部长。在文化部下设文物局，负责管理全国文物、博物馆、图书馆事业，郑振铎为局长，王冶秋为副局长。1950年2月25日，文化部制定《中央人民政府文化部组织条例（草案）》。第四条第3款规定：文物局主管全国文物之管理事宜。具体掌管下列事项：①关于全国图书馆、博物馆之管理与指导事项……②关于具有重大历史、文物、革命史迹价值之图书馆、博物馆之筹建与设置事项；③关于古物、图书出口之审定、管理与交换事项。图书馆事业的管理由该局图书馆处负责。

与此同时，各大行政区设文化部（文教部），各省、市地方人民政府也设文化部门，负责领导各级公共图书馆事业。中央各部委分别领导该系统图书馆事业，高校图书馆则主要由教育部及其相关部委加以领导。高校图书馆事业管理体制的建立，对于高校图书馆的规范发展起到了积极的作用。

1950年5月19日，中央教育部颁发了《北京师范大学暂行规程》。这个规程分为六章，对学校的名称、任务、教学原则、学生、教学组织、行政组织等都作出了详尽的规定。从形式上看，《北京师范大学暂行规程》是专门为北京师范大学制定的，是北京师范大学进行改革和开展工作的依据；但在实质上，因为这个规程是中华人民共和国教育部发布的第一个关于高等师范教育方面的文件，所以它也就成了具有普遍意义的指导性文件。该规程第五章第二十七条规定：图书馆馆长是校长领导下的校务委员会委员；第二十八条规定："本校图书馆设馆长一人，在教务长、副教务长领导下工作，由校长就教授中提请中央人民政府教育部批准任命之。"用文件的形式确定了高等学校图书馆馆长的地位，也在实际上确定了高等学校图书馆在高等学校中的地位。

5. 积极探索中国图书分类法

1950年6月，针对国内中文图书分类法不统一、各图书馆中文图书分类紊乱的情况，中央文化部文物局图书馆处发布了《图书分类法未决定期间图书整理的临时措施》。同年7月25日，文化部文物局召开"图书分类法委员会第一次会议"，由向达主持。会议

---

① 张本义等：大连地区图书馆事业50年，大连出版社，1999年版，第133页。

讨论分类法学科的思想性及分类号码表的排列等问题，以便研制中国图书分类法。8 月，将《文物参考资料》过去连载的有关“图书分类法部分”内容的文章，辑为《图书分类法问题研究资料》出版发行。郑振铎为该书撰写前言。与此同时，杜定友在《图书分类法问题研究资料》上发表《新图书分类法刍议》一文，提出以毛泽东在《整顿党的作风》中所阐释的关于知识的分类为编制新中国图书分类法的理论根据。1951 年 4 月，文化部文物局图书馆处制定“未决定图书分类法以前整理图书的一个临时办法”。6 月 9 日，中国科学院召开科学图书分类委员会第一次会议，会上对编制图书分类法的指导思想和体系结构进行了讨论。

随后，高校图书馆也纷纷加入探索中国图书分类法的行列。1951 年 7 月，西北人民大学图书馆顾问刘国钧调往北京大学图书馆专修科任教授，不久兼任北京图书馆顾问，主持当时北京图书馆使用的、原为他本人编制的《中国图书分类法》修订。次年 10 月，《中国人民大学图书馆图书分类法》（简称《人大法》）由中国人民大学图书馆编成。《人大法》的特点是：① 将“马列主义、毛泽东著作”列为基本大类，并冠于首。② 以马列主义关于科学分类的理论作为划分大类的理论基础。③ 类目的设置和类名体现了无产阶级的政治思想性。④ 冲破了十进制的束缚，制定了十七大类的序列。1954 年 5 月，《中国人民大学图书馆图书分类法初稿》由文物局发到全国各大图书馆及图书馆界专家研究讨论后，《文物参考资料》第 5 期发表对该分类法的一些意见。当年出第一版，后多次增订和修订，应用很广。

6. 加强学术研究与业务培训，建设高校图书馆队伍

中华人民共和国成立初期，在新制度新体系逐步建设的过程中，高等院校经历着第一次院系调整。

因一切都在变动之中，故各高等院校图书馆主要的精力大都用于对行政事务的处理和对读者的服务，学术研究并未能真正开展起来。

中华人民共和国成立初期，东北师范大学图书馆在学术研究方面作了一些初步探究，研制了《东北师范大学图书馆图书分类法》。其动因是东北师范大学图书馆的馆藏集中了来自一些不同单位的图书资料，这些图书资料因各自单位所用分类法不同，分编粗细各异，已编书、未编书并存，故而无法统一管理，也不能正常流通，读者更难于利用。如要按统一标准分编这些图书资料，又没有一种符合马列主义思想体系和科学观点的新图书分类法。在 1949 年秋季，他组织本馆工作人员自编《东北师范大学图书馆图书分类法》。这部图书分类法草稿完成后曾印发给校内各系教师征求意见，修改后于 1950 年 4

月正式投入使用，直到1977年停止使用。当时人们一致认为这部图书分类法既吸收了十进制分类法便于记忆、便于检索的长处，又弥补了刘国钧等分类法思想体系陈旧的不足，“体系是创新的”。现在看来，“这部图书分类法尽管是增加了一些新的类目，反映了一些新的观点，但基本上并没有摆脱旧的分类体系。”[①] 当时，除了《东北师范大学图书馆图书分类法》外，李石涵还参考刘国钧的《中国图书分类法》编出了一部中国古籍分类法，用于分编该馆的线装古籍。

在这一时期，国家在注重高校图书馆一般工作人员业务水平提高的同时，也十分注意图书馆干部队伍建设，举办了各级各类干部短期训练班，培养一批领导人才，以适应工作发展的需要。图书馆学正规教育机构，除了私立武昌文华图书馆学专科学校由中央文化部接办并继续招生外，先后在北京大学和西南师范学院开办了专修科，培养图书馆专门人才。1949年7月，北京大学图书馆学系根据华北高等教育委员会的指令，从北京大学中文系中独立出来，设立图书馆学专修科，从高中毕业生中招生；与此同时，对课程也进行了充实。1950年，北京大学图书馆学专修科在学年开始时，为了帮助各机关在职干部的业务学习，招收一些旁听生，到学期末，计有15个单位31人经常听课。1951年8月，西南师范学院图博科成立，并招收了第一届图书馆专业的学生。1952年9月，西南师范学院图博科编印了《图书馆学通论》《版本通论》《检字法大纲》等。

（二）新中国图书馆事业的创建

1953年，国家开始实行发展国民经济的第一个五年计划，进入大规模经济建设时期。根据过渡时期总路线、总任务的精神，文教事业执行了“整顿巩固、重点发展、提高质量、稳步前进”的方针。在这一方针的指导下，国家一方面对原有的图书馆进行完善；另一方面又根据需要和可能，有步骤、有重点地建设新的图书馆。随着高等教育和科学研究的恢复和发展，国家对高等学校图书馆加强了规章制度建设，并在此基础上使高校图书馆获得了一定的发展。

1. 有关高校图书馆的规章制度建设

这一时期在总结高校图书馆经验教训的基础上，国家十分重视高校图书馆的规章制度建设。主要表现在以下几方面。

（1）高校图书馆地位与作用的确定

1956年12月5日至14日，高等教育部在北京召开了第一次全国高等学校图书馆工作会议。参加会议的有各院校图书馆馆长300多人。这次会议总结了新中国成立后高校

① 董乃强：中国高等师范图书馆史，人民教育出版社，2002年版，第133页。

图书馆的工作，明确了高校图书馆的地位与作用。

《人民日报》“社论”指出：“高等学校图书馆应该在提高教学质量，开展学术研究工作，实现向科学进军的计划中，起重要的作用。”“学校图书馆的任务，应该服从学校工作的任务。因此，高等学校图书馆的任务应该是：为教学和科学研究服务；服务对象主要是教师和学生。另一方面，图书馆还必须根据学校的科学研究工作计划，采购和搜集各种参考书刊和资料，补充专门性的图书文献，以适应从事科学研究工作的教师和学生的需要，进一步达到提高教学质量的要求。片面地强调为教学服务，或是片面地强调为科学研究服务都是不对的。此外，图书馆的工作人员也必须进行科学研究工作，不断地加强理论和业务研究，使图书馆学、目录学和图书馆技术的水平都能逐步提高。根据高等教育发展上的需要，高等学校图书馆还应该进一步向专业方向发展。高等学校图书馆为教学和科学研究服务的工作质量，在很大程度上还决定于图书的补充和供应。为了做好这一工作，学校图书馆应该根据学校教学工作和科学研究工作的实际需要，以及图书馆藏书的基础和特点，有步骤有计划地进行合理安排，根据轻重缓急，补充和供应教学用书、科学研究用书、政治学习以及课外阅读等书籍。学校图书馆在补充和供应书刊中应该正确地执行‘百花开放、百家争鸣’的政策，对有学术价值的各种著作，都可以开放，供教师和学生研究和参考。”①

（2）对高校图书馆领导体制的规范

1956 年 12 月，高等教育部科学研究司正式将高等学校图书馆的工作纳入日常管理活动中。高等学校图书馆从此确立了本系统的最高行政主管部门。1957 年 1 月，编辑了《高等学校图书馆规章制度选辑》一书。该书分采访、登录、分类编目、阅览、典藏、参考、咨询、期刊管理、总结、规划等部分，是各大学图书馆规章制度的选编。

在 1956 年 12 月的全国高等学校图书馆工作会议上，确定了高等学校图书馆的领导关系，规定“由负责教学或科学研究的正、副校（院）长直接领导”。“各高等学校的校（院）长切实负起领导责任，使图书馆的工作人员在工作上有领导、有遵循，而又有职有权。在全面规划学校工作的时候，必须把图书馆放在适当的地位上，无论在干部的调配、经费的使用和基本建设的扩充上，都必须适当地考虑到图书馆的工作。”②

（3）规范图书馆的工作制度

在 1956 年 12 月的全国高等学校图书馆工作会议上，规范了图书采购、整理、调拨、馆藏互借互助等“勤俭办馆”制度，倡导师徒制及有步骤地通过在职自修、进函授班、

①《办好高等学校图书馆》，人民日报，1956 年 12 月 17 日“社论。

②《改进高等学校的图书馆工作》，光明日报，1956 年 12 月 17 日“社论”。

参加短期训练班等方式培养青年和业务骨干的培养制度；提倡饭厅兼做阅览室的图书馆拓展制度。还规范了图书馆工作人员的政治生活和物质待遇等福利制度。

（4）高等学校图书馆试行条例对高校图书馆的规范

在 1956 年 12 月的全国高等学校图书馆工作会议上，讨论、修改了高等学校图书馆条例，颁布了《中华人民共和国高等学校图书馆试行条例（草案）》（以下简称《条例（草案）》。该条例对高校图书馆作了明确的规范。

①对高校图书馆性质和任务的规定。《条例（草案）》第一章第一条规定高校图书馆的性质是："高等学校图书馆是为教学和科学研究服务的学术性机构。"第二条规定高校图书馆的主要任务是："搜集供应教师、学生、科学工作者及其他工作人员所需的书刊、资料；统一管理全校（院）的图书工作，以科学方法进行分类、编目、流通与保管，并开展参考工作，使书刊得以充分利用；通过书刊、资料宣传马克思列宁主义及党和国家的政策法令；培养图书馆的专业干部，并进行图书馆学的科学研究工作。"①

②对高校图书馆组织机构及其职责的规定。《条例（草案）》第二章对高校图书馆组织机构及其职责作了规定："高等学校图书馆设馆长，领导全馆工作。"高等学校图书馆一般应设立采录部（组）、编目部（组）、流通管理部（组）；根据具体情况和发展规模，逐步分设或增设办公室（或秘书）、采录部（组）、编目部（组）、参考阅览部（组）、流通保管部（组）、期刊部（组）、方法研究部（组）、特藏部（组）；规模较大的图书馆，在需要与可能的前提下，可由一系或数系设立专业分馆。

③规定了高校图书馆的人员编制及待遇。《条例（草案）》在第三章规定了高校图书馆的人员编制及待遇："第七条，各校图书馆得根据读者人数和图书册数并参照学校的性质、系科的设置、教学和科学研究任务的繁简、校舍的集中与分散等情况配备必需的干部及技术工人。第八条，图书馆设馆长 1 人，并视需要设副馆长 1 ～ 3 人，办公室主任（秘书），部主任（组长），馆员、助理馆员若干人。第九条，正、副馆长由高等教育部根据校（院）长之提名任免之。馆长受校（院）长或科学研究副校（院）长直接领导。第十条，办公室主任（秘书）及部主任（组长）由校（院）长根据馆长之提名任免之。第十一条，为了开展图书馆学的科学研究工作，图书馆得设研究员、副研究员、助理研究员、实习研究员。研究员、副研究员由校（院）长提名，高等教育部批准之；助理研究员、实习研究员由馆长提名，校（院）长批准之。第十二条，图书馆工作人员的工资标准依照图书馆专业人员工资标准制定。"②

---

① 郭锡龙：图书馆暨有关书刊管理法规汇览，中国政法大学出版社，1995 年版，第 287 页。
② 郭锡龙：图书馆暨有关书刊管理法规汇览，中国政法大学出版社，1995 年版，第 289—290 页。

④规定了图书馆的经费。《条例（草案）》第四章规定了图书馆的经费："第十三条，图书购置费应在各校（院）的总预算内规定一定的比例数，由图书馆统一掌握。第十四条，图书购置费的预算：图书购置费应根据各校学生和教师人数、学校性质、专业设置情况、原有藏书、地区以及出版情况等条件由各校（院）专项列入学校年度预算报高等教育部（或主管单位）核定；科学研究中所需用的图书购置费，应由各校（院）科学研究费中提拨专款，交图书馆统一掌握；校外委托进行科学研究工作，其图书购置费，应由委托单位另拨专款，交图书馆统一掌握。第十五条，凡不属固定资产的出版品和印刷物等的购置均由资料费开支，图书馆内除一般设备外，购置卡片，书刊复制（包括书刊摄影）设备和用品、显微书刊阅览设备、书刊保养等费用，亦均应由设备费内开支。"[①] 并强调图书馆经费应在节约的原则下合理使用。

⑤规定了图书馆委员会的设立及职责。《条例（草案）》第五章规定了图书馆委员会的设立及职责，"第十七条，为了使图书馆工作密切配合学校的教学与科学研究，各校（院）可设立图书馆委员会，以便推动和改进图书馆工作。第十八条，图书馆委员会的组织成员，由馆长与系主任共同推荐，提请校（院）长聘请之。图书馆委员会设主任委员一人，副主任委员 1~2 人，主任委员由直接领导图书馆的校（院）长担任，副主任委员由图书馆长担任。第十九条，负责审议图书馆年度计划、工作报告、图书补充计划及图书目录工作、为读者服务的工作，并讨论图书馆与各系之间的重要问题等。第二十条，每学期召开定期会议一次，必要时得召开临时会议。"

2. 确立了包括高校图书馆在内的全国图书协调方案

（1）全国图书协调方案出台的背景

1956 年 1 月 14 日，周恩来总理在中央召开的关于知识分子问题会议上的报告指出："具有首要意义的是要使科学家得到必要的图书、档案资料、技术资料和其他工作条件。必须增加各个研究机关和高等学校的图书费并加以合理地使用，加强图书馆、档案馆、博物馆的工作，极大地改善外国书刊的进口工作，并且使现有的书刊得到合理的分配。"[②]

（2）全国图书协调方案的确定

为落实"向科学进军"的任务，在周恩来总理的主持下，国务院科学规划委员会于 1957 年 6 月 13 日至 15 日在京召开"国务院科学规划委员会第四次扩大会议"，解决科学事业发展中的各种方针、政策和重大措施。针对肩负为科学研究提供必要条件的图书资料和科技情报工作，聂荣臻主任在会议讲话中做了重要指示。根据聂荣臻主任的意见，

---

① 同上书，第 290 页。
② 中央教育科学研究所：周恩来教育文选，教育科学出版社，1984 年版，第 135 页。

会上制定并通过了《全国图书协调方案》（以下简称《方案》）。

①全国图书协调的领导。《方案》指出："为了改进为科学研究服务的图书条件，决定在国务院科学规划委员会下设图书小组，由文化部、高等教育部、中国科学院、卫生部、地质部、北京图书馆的代表和若干图书馆专家组成，负责全国为科学研究服务的图书馆工作制定全面规划，统筹安排"，并要求"首先进行下列工作：建立中心图书馆；编制全国图书联合目录"①。

②中心图书馆的建立。根据《方案》，决定着手建立中心图书馆。建立中心图书馆就是将各地区、各种类型的图书馆组织起来开展协作的一种组织形式和组织基础。根据《方案》，以当时收藏条件较好的图书馆为基础，成立若干全国性的和地区性的中心图书馆，并以这些中心图书馆为基地，搞好全国图书馆的协调工作。

中心图书馆的组成。根据《方案》规定，全国性的中心图书馆由北京和上海的若干最有基础的图书馆组成。北京为第一中心图书馆，由北京图书馆、中国科学院图书馆、协和医学院图书馆和医学科学院图书馆、农业科学院图书馆和农业大学图书馆、地质部全国地质图书馆、中国人民大学图书馆、北京大学图书馆、清华大学图书馆、北京师范大学图书馆组成。上海为第二中心图书馆，由上海图书馆、上海科学技术图书馆、历史文献图书馆、中国科学院图书馆上海分馆、复旦大学图书馆、上海第一医学院图书馆和上海军医大学图书馆、交通大学图书馆组成。其中，要求北京图书馆成为全国图书馆的核心和图书馆业务的辅导中心。

地方性的中心图书馆，第一批确定在武汉、沈阳、南京、广州、成都、西安、兰州、天津、哈尔滨九个地区设立。图书馆的名单由各省、市人民委员会自行决定。此后，湖南、河南、浙江、吉林、山西、青海、安徽、宁夏、新疆等省（自治区）也先后成立了中心图书馆委员会或协作委员会。这样，我国的图书馆网初步形成，各地区、各系统、各类型图书馆之间的协作和协调走上了由国家全面规划和统一管理的道路。

③中心图书馆委员会的组成及其任务。全国的和地区的中心图书馆由若干图书馆共同组成，为统一步调、加强协作，由各图书馆的负责人组成中心图书馆委员会。北京的全国中心图书馆委员会以北京图书馆为核心，吸收各中心图书馆的负责人及文化部、高等教育部的代表和若干图书馆专家，隶属国务院科学规划委员会。上海和其他地区的中心图书馆委员会隶属所在省、市、自治区科学工作委员会。

中心图书馆委员会的任务是：协助科学规划工作委员会或行政领导部门研究图书馆

---

① 王振鸣：图书馆法规文件汇编，河北大学图书馆系，1985 年版，第 122 页。

的统筹安排和全面规划；研究和解决有关中心图书馆之间的分工合作，包括图书采购、调配、交换、互借等方面的业务问题；研究有关编制联合书目、新书通报等方面的问题，并制订计划；研究有关干部业务提高的问题。

（3）高校图书馆纳入全国图书协调体系

根据 1957 年 9 月国务院全体会议第 57 次会议批准并公布的《全国图书协调方案》："高等学校附属的图书馆应该除了本校师生的需要外，并尽可能根据各馆的专长特点，对有的科学工作者开放（如北京师范大学图书馆对教育工作者开放），以补公共图书馆的不足。"①

3. 高校图书馆开展图书馆学教育及相应的继续教育

为了适应高等院校及地方各级各类图书馆事业大发展急需大量人才的需要，高校图书馆积极开展图书馆学教育及相应的继续教育。

（1）高校图书馆开展图书馆学专业教育

院系调整完成后，社会主义图书馆事业有了较大的发展。为了适应社会主义图书馆事业的发展需要，经教育部批准，1956 年 9 月，北京大学图书馆学专修科和武汉大学图书馆学专修科均改为 4 年制的图书馆学系。

①北京大学图书馆学系。北京大学图书馆学系成立于 1947 年，1952 年改为专修科，1956 年改为 4 年制本科。该系的创办与我国著名的目录学家、版本学家、文献学家、敦煌学家、出色的图书馆教育学家王重民的努力是分不开的。1947 年 2 月，王重民从美国华盛顿取道上海，不久北上北平，向胡适提出办图书馆学专业的建议，被采纳。起初由于经费等方面的限制，附属于中文系，招收对象是中文、历史专业的毕业生，成绩在 75 分以上即可直接进入图书馆学专修科学习。学生学习图书馆学、目录学基本课程，修满 32 个学分即可授予图书馆学专科的学士学位。这种不经入学考试直接由中文系、历史系毕业的学生学习图书馆学的方式，出现了两个弊端：一是学生人数不稳定，毕业学生一旦找到工作就会离校而去；二是把许多志愿学习图书馆专业的非北大的学生被挡在了门外。于是，王重民向上级申请成立独立的图书馆学专修科，公开招生。1949 年 7 月，根据华北高等教育委员会指令，图书馆学专修科从中文系独立出来，设立北大图书馆学专修科，对外招收高中毕业生，学制 2 年。1951 年改名为图书馆学系，学制 4 年，该届学生提前 1 年毕业。1952 年院系调整，仍名为图书馆学专修科，学制 3 年。1956 年，根据

① 安徽省图书馆学会、安徽省中心图书馆委员会：学习辅导材料之二，图书馆法规资料选编，1982 年印本，第 33 页。

中华人民共和国教育部文件，正式改名为北大图书馆学系，学制4年，王重民任系主任。从1947年王重民创建图书馆学专业，到1957年离开系主任岗位，图书馆学系的发展大概经历了两个时期：一个是专科期；另一个是本科期。专科期从1947年到1956年，起初附属于中文系，后来独立为专修科。虽然，在1951年曾改名为图书馆学系，学制4年，但是该届学生因为国家需要提前1年毕业，实际也是3年学制。本科期从1956年开始。

②武汉大学图书馆学系。武汉大学图书馆学系的前身是武昌文华大学图书科，于1920年创办，是我国设置最早的一个图书馆学教育机构。1929年独立为私立武昌文华图书馆学专科学校，1953年8月院系调整时合并到武汉大学，成为2年制的图书馆学专修科。1955年改为3年制专修科，1956年6月改为4年制图书馆学系。当时图书馆学系的情况是:

第一，党团组织的建立与发展。

1955年，图书馆学专修科没有独立的党团组织，教工与教务处、中文系合一个党支部，学生党员与历史系一个支部，学生团员与法律系共一个总支。55级有陈岭峨和黄宗忠两名党员，他们都是在部队入党后考入武汉大学的新生；加上两名进修的党员，1955年年底成立了党支部和团总支；张树芳任党支部书记，黄宗忠任团总支书记。

第二，系行政组织的变化。

1955年，图书馆学专修科主任是刚从华中师范学院图书馆馆长任上调来的徐家麟教授，他是与原武汉大学图书馆学专修科科主任甘莲笙对调的。当时系里设有教学、人事秘书。教学秘书傅椿徽，人事秘书阳光。另有办公室工作人员袁汉勋。

第三，师资队伍的变化。

1955年，图书馆学专修科有两个教学研究室。一个是图书馆学教研室，主任皮高品；另一个是目录学教研室，主任吕绍虞。当时有4个四级教授，他们是沈祖荣、徐家麟、皮高品、吕绍虞。教师还有陈培风、孙德安、陈颂、汤成武、吴鸿志、孙冰炎、傅椿徽、阳光。但汤成武、吴鸿志已不上课。

1956年，武汉大学图书馆学专修科毕业生周继良、王文杰留校任教。周继良随皮高品教授教《图书分类》。王文杰随吕绍虞教授教《中国目录学史》。

1957年，黄元福由江苏苏州大学图书馆馆长任上调来武汉大学任教。他是湖北武昌人，1935年文华图专第11届毕业生。他调到武汉大学后，担任“西文编目”和“中文工具书”的教学。同年陈光祚、廖延唐从北京大学图书馆学专修科毕业分配来武汉大学工作。陈光祚在目录学教研室从事目录学教学，廖延唐在图书馆学教研室从事图书分类教学。

第四，办学层次不断提高，由专科到本科，学制由2年、3年到4年。

从1920年的文华大学图书科到1954年的武汉大学图书馆学专修科，虽然都是2年学制，但存在着质的差别。从1920年到1940年，文华大学图书科和文华图书馆学专科学校是招收大学修业2年的学生入学，再学2年图书馆学专业，实质是4年制本科。学生知识面比较宽，都有两个专业的知识，潜力较大，后来出了一批人才，不少人在国内外图书馆界具有影响力。1941—1954年，招收高中毕业生入学，学习两年图书馆学专业。学生知识面比较窄,潜力小,大多从事图书馆具体技术工作,也出了一些人才,但比例较小。1955年改为3年制，1956年改为4年制，其基本思想是增加学生文化科学知识，把知识面拓宽。因此，开设了中国通史、世界史、中国文学史、世界文学史、科技概论、逻辑学、哲学、政治经济学、中国近代史、两门外国语等课程。

总之，北京大学图书馆学系和武汉大学图书馆学系的开办，提高了我国图书馆学专业教育的水平，为我国图书馆事业培养了一大批专业骨干人才，并为后来两校该学科硕、博士教育的发展奠定了基础。

（2）高校图书馆开展图书馆学继续教育

高校在开展图书馆学专业教育的同时，也十分重视图书馆学继续教育的开展。

1954年8月10日至10月21日，文化部社会文化事业管理局、北京图书馆和北京大学图书馆学系在北京联合举办第一届公共图书馆工作人员训练班，有84人参加。[①] 由刘国钧讲《图书整理与目录》，赵万里讲《古籍版本》，戈宝权讲《苏俄文学》，袁翰青讲《科技文献工作》。10月，范世伟编的《图书分类法》（修订稿）由西北农学院图书馆出版。该分类法大纲为9类，下设简表、详表及附表。

1955年4月，东北师范大学图书馆与长春市图书馆合作，举办长春市图书馆干部业余进修学校。于达人兼任副校长，单行兼任教导主任。5月上旬第一期学员正式开学。1957年4月结业，进修2年。

1956年6月，北京大学图书馆学系率先创办图书馆学专修科函授班，使中国有了正规的高等图书馆业余教育制度。函授班学制为4年。1956年10月2日，北京大学图书馆学系函授班开学。北京、天津、济南、上海、南京、武汉、沈阳七大城市的121名学员参加学习。后来，在总结第一期函授教学工作的基础上，决定于1957年5月继续在北京、上海等7个城市招收函授生。

通过以上短训班的培训，在一定程度上提高了参训人员的专业素养，增强了他们的图书馆学专业知识和业务能力。

① 陈源蒸等：中国图书馆百年纪事（1840—2000），北京图书馆出版社，2004年版，第133页。

4. 高校图书馆学术研究活动蔚然成风

这一时期，随着高校图书馆事业的发展，工作中出现了许多问题，促使高校图书馆商讨、研究应对举措，于是在1956—1957年，高校图书馆学术研究活动蔚然成风。

1956年1月，上海市高等教育局召开高等学校图书馆馆长座谈会。会上着重讨论了大学图书馆如何配合教学与科学研究服务、馆际之间的统一调配图书以及编印联合目录等问题。

3月19日，湖北省图书馆主持召开武汉地区图书馆工作者为科学研究服务座谈会。邀请武汉图书馆、部分大专院校及科研单位图书馆负责人座谈讨论为科学研究服务、开展图书馆科学研究的问题。

6月5日，四川省图书馆发起组织成都地区图书馆馆际座谈会，以加强图书馆之间的协调协作。到会的有成都市图书馆、四川大学、四川医学院、成都工学院、四川财经学院、西南民族学院、西南音乐专科学校及省农业科学研究所等单位的图书馆负责人。四川省文化局廖品卿出席指导。这次会议决定成立联络机构，同时商定了本年轮流召集馆际座谈会的主持人。

7月30日，北京市高等学校图书馆举行座谈会，到会的有27个院校代表70余人，另有8个外埠院校及有关部门的代表[①]。会议主要讨论高等学校图书馆工作的方针任务、组织机构、书刊的整理和补充等问题。

12月29日，南京图书馆召开第一届图书馆学科学论文讨论会。参加讨论会的有江苏省副省长吴贻芳，北京图书馆、南京图书馆、南京大学图书馆、中国人民大学图书馆的负责人及图书馆学专家杜定友、王重民、王献唐、钱亚新等同志以及各省、市公共图书馆，高等学校图书馆，科学研究机关等60多个单位的代表100多人，提交论文15篇。为了配合这次讨论会，南京图书馆还举办了“图书馆学著述和图书馆如何为科学研究服务”展览会。

这些学术讨论及研讨活动对于调动众人的智慧解决高校图书馆实际工作中存在的问题起到了积极的作用。

5. 高校图书馆的服务能力进一步增强

高校图书馆的主要职能之一是为高校教学与科研服务，同时高校图书馆也具有为社会公众提供便利的图书信息资料的职能。为进一步提高服务职能，各图书馆编制了一些书目或索引提供给读者，以提高读者的研究效能。

1954年6月，兰州大学图书馆编辑的《高等教育资料索引》第一辑（1949—1953）出版、第二辑（1954）于1955年出版、第三辑（1955）于1956年出版。这部《资料索引》

① 陈源蒸等：中国图书馆百年纪事（1840—2000），北京图书馆出版社，2004年版，第144页。

为当时高等教育的研究者提供了很好的信息资料源。

1956 年 8 月 11 日，湖北省图书馆向武汉地区公共图书馆及大专院校图书馆工作者传达全国图书馆工作会议精神，明确了图书馆为科研服务的重要性，建议及早实现统一分编和图书协作工作，并举办干部进修班。9 月，大连医学院与沈阳医学院加强协作，在签订的《科学技术合作的原则规定》中，确定了两校图书馆间建立借阅交换制度、编制联合目录、开展馆际互借的问题。12 月，湖北省图书馆联合武汉图书馆及大专院校、科研系统图书馆共 19 个单位，由张遵俭主持编制武汉地区第一部联合目录——《武汉地区期刊联合目录》。全书分 3 卷 4 册，收入中外文新旧期刊 5962 种[①]。这对于提高读者把握期刊信息资料的效率起了积极的作用。

6. 高校图书馆的发展

我国高校图书馆工作取得了较大的发展。据统计，截至 1955 年年底，全国高等学校图书馆有 194 个，科学院系统图书馆有 56 个。高等学校图书馆占所有图书馆（室）的 7%。

到 1956 年暑期，据不完全统计，有 212 所高等学校图书馆的藏书已经增加到 3700 多万册。高等学校图书馆在配合教学以及开展科学研究方面，都做了不少工作，取得了一定成绩，如增加购书的经费、改善读书的环境、修改阅览的规则、放宽借书的尺度、简化借书的手续等。1956 年 12 月，根据高等学校图书馆会议的统计，全国 212 所院校图书馆共藏书约 3800 万册，工作人员共 3568 人，馆舍面积共 25 万平方米。在图书经费方面，1955 年 184 所学校开支为 729.9 万元，而 1956 年的预算已达 1300 多万元，同年年底，文化部系统的公共图书馆有 375 个，文化馆图书室 2332 个；工会系统图书馆（室）17486 个；农村图书室 182960 个；教育部系统的高等院校图书馆 225 个；中国科学院系统的图书馆 67 个。从横向看，高校图书馆与其他类型的图书馆相比，增长不太明显。不过，从纵向看，高校图书馆的藏书增加很快，到 1957 年，全国高校图书馆 229 所藏书达 4000 万册，与 1949 年相比增加了 5 倍。仅从高等师范院校来看，这一时期已形成了规模。据 1956 年 10 月的统计，全国高等师范图书馆有工作人员 698 人，占全国高等学校图书馆工作人员总数的 22.78%；全国高等师范院校图书馆藏书 952.1667 万册，占全国高校总藏书量的 28.12%；全国高等师范图书馆的馆舍面积为 48107.68 平方米，占全国高等学校图书馆馆舍总面积的 21.47%。[②]

① 陈源蒸等：中国图书馆百年纪事（1840—2000），北京图书馆出版社，2004 年版，第 148 页。
② 董乃强：中国高等师范图书馆史，人民教育出版社，2002 年版，第 125 页。

第二节 新中国曲折前进时期的高等教育及高校图书馆

一、高等教育的曲折发展

1958年，在“大跃进”热潮中，我国高等教育获得快速发展，高校纷纷成立，高校图书馆也随之建立。由于教育资源与图书资源的稀缺，许多新建高校难以保证教育教学质量，1960年后只好纷纷停办或重组；同时，高等教育在“调整、巩固、充实、提高”方针的指引下继续获得发展。因此，这一时期，我国高等教育是在曲折中发展的。

（一）大跃进时期的高等教育

1958年5月，中共八届二次会议正式确定了“鼓足干劲、力争上游、多快好省地建设社会主义”的总路线。尽管这条总路线的出发点是要尽快地改变我国经济文化落后的状况，但由于忽视了客观经济规律，根本不可能迅速地改变我国经济文化落后的状况。总路线确定后，全国掀起了“大跃进”运动，在生产发展上追求高速度，要求工农业主要产品的产量成倍、几倍甚至几十倍地增长，以实现工农业生产高指标为目标，在这一思想的影响下，高等教育也开始冒进发展。

1. 大跃进时期高等教育的任务和培养目标

1958年9月19日，中共中央、国务院发布了《关于教育工作的指示》，提出：“在一切学校中，必须进行马克思主义的政治教育，培养教师和学生的工人阶级的阶级观点（同资产阶级进行斗争）、群众观点和集体观点（同个人主义观点进行斗争）、劳动观点即脑力劳动与体力劳动相结合的观点（同轻视体力劳动和体力劳动者、主张劳心劳力分离的观点进行斗争）、辩证唯物主义的观点（同唯心主义和形而上学的观点进行斗争）”；“必须把生产劳动列为正式课程”。同年，毛泽东在一次谈话中指出：“教育必须为无产阶级政治服务，必须同生产劳动相结合。劳动人民要知识化，知识分子要劳动化。”①

2. 大跃进时期高等教育事业的迅猛发展

1958年，我国开始执行发展国民经济的第二个五年计划，在教育方面，中共中央发出了《关于高等学校和中等技术学校下放问题的意见》，提出除了少数综合大学、某些

① 何东昌：中华人民共和国重要教育文献（1949—1975），海南出版社，1998年版，第869页。

专业学院和中等技术学校仍由教育部或中央有关部门直接领导外，其他高等学校和中等技术学校都可以下放，归各省、市、自治区领导；改变统一招生的制度，一般高等学校和中等技术学校，可以就地招生，某些综合大学和带有全国性的高等和中等专业学校，可以到外地设考区招生。4月15日，中共中央召开教育工作会议，讨论了教育方针，批判了教育部门的教条主义、右倾保守思想和教育脱离生产劳动、脱离实际，以及在一定程度上“忽视政治”“忽视党的领导”的错误。9月19日，中共中央、国务院发布《关于教育工作的指示》，提出：“应当大力发展中等教育和高等教育，争取在15年左右的时间内，基本上做到使全国青年和成年，凡是有条件和自愿的，都可以受到高等教育。我们将以15年左右的时间来普及高等教育，再以15年左右的时间来从事提高的工作。”①

这样，到1958年，高等学校由1957年的229所猛增到791所，在校本专科学生由1957年的441181人猛增到659627人。1960年高等学校继续由1959年的841所增加到1289所，在校本专科学生也由1959年的811947人增加到961623人，比1957年的本专科学生数441181人增加了110.8%。高等教育，由于速度发展过快，规模过大，从而影响了教育质量的提高。

（二）调整时期的高等教育

1.调整时期高等教育的任务和培养目标

1961年9月15日，中共中央印发的《中华人民共和国教育部直属高等学校暂行工作条例（草案）》（简称《高教六十条》）规定：“高等学校的基本任务，是贯彻执行教育为无产阶级政治服务、教育与生产劳动相结合的方针，培养为社会主义建设所需要的各种专门人才。”还规定：“高等学校学生的培养目标是：具有爱国主义和国际主义精神，具有共产主义道德品质，拥护共产党的领导，拥护社会主义，愿为社会主义事业服务、为人民服务；通过马克思列宁主义、毛泽东著作的学习，和一定的生产劳动、实际工作的锻炼，逐步树立无产阶级的阶级观点、劳动观点、群众观点、辩证唯物主义观点；掌握本专业所需要的基础理论、专业知识和实际技能，尽可能了解本专业范围内科学的新发展；具有健康的体魄。”②

这一时期，在《高教六十条》精神指导下，国家对高等教育作了调整，放慢了发展速度。

2.调整时期高等教育事业状况

1961年2月7日，中共中央批转了中央文教小组《关于1961年和今后一个时期文化

① 刘英杰：中国教育大事典（1949—1990），浙江教育出版社，1993年版，第1113页。
② 何东昌：中华人民共和国重要教育文献（1949—1975），海南出版社，1998年版，第1060页。

教育工作安排的报告》，认为当前文教工作也必须贯彻执行“调整、巩固、充实、提高”的方针；高等学校要把提高质量摆到第一位；新建的356所高等学校必须调整；集中力量办好64所重点高等学校。6月，中央书记处讨论1961年学校招生和今后3年教育事业的发展问题，指出：“科学教育水平并不决定于数量，主要是质量。发展速度要放慢，进行调整。”①1962年4月再次召开全国教育会议，讨论了高等学校和中等专业学校缩短战线、压缩规模、合理布局和通过调整工作集中提高教学质量等问题，提出进一步调整教育事业的意见。主要内容是：要大幅裁并高等学校，特别是专科学校；保留下来的高等学校要逐步缩小规模。

二、高校图书馆的曲折发展

这一时期，中国高校图书馆事业随着高等教育的发展变化，起伏较大，其发展可分为以下两个阶段。

（一）大跃进时期的高校图书馆

1. 党和政府关于图书馆方针政策和指示

1958年4月，《图书馆学通讯》第4期发表了文化部图书馆（处）副处长胡耀辉的《在图书馆事业中坚决贯彻党的社会主义总路线和为总路线服务》一文。

1958年8月9日，周恩来总理在北戴河询问北京大学图书馆学系副教授邓衍林关于我国图书馆事业最近发展的情况，并对我国图书馆工作作了多方面的指示。9月1日至5日，中国科学院召开全院图书馆工作会议。有91个图书馆136名代表参加，大会确定了图书馆的任务是：为无产阶级政治服务，为科学研究服务，为生产建设服务；办馆方针是开门办馆、勤俭办馆，办好社会主义图书馆。会议还讨论了图书馆的发展方向以及情报资料的收集方针等问题。

1958年12月，时任中央文化部副部长的夏衍在全国省、市、自治区图书馆工作跃进大会闭幕时作了总结，指出：“处在新中国技术革命的前夜，图书馆任务是非常繁重的”，“我们要在生产跃进、技术革新的需要方面有计划地满足他们的要求”。

1959年10月15日，《图书馆学通讯》在庆祝中华人民共和国成立10周年专号上刊载郭沫若为该刊的题诗：“图书本是新条理，更将条理化图书。客观事汇凭登录，遗产菁英赖蓄储。归类别门成秩序，节时省力有乘除。稻田亩产千斤黍，此与农耕并不殊。”

① 上海翻译出版公司：自然科学年鉴（1985），上海翻译出版公司，1987年版，第234页。

2. 高校图书馆兴办热潮

随着高等教育的大跃进，全国掀起了第二次高等学校院系调整和新建高潮。于是一大批高校诞生了，一大批高校图书馆（室）也随之建立。建馆情况具体如下：

1958 年，衡阳师范专科学校图书馆（3 月）、山东科技大学图书馆（6 月）、湖南林学院图书馆（6 月）、甘肃工业大学图书馆（7 月）、宁夏师范学院图书馆（8 月）、浙江第二医学院图书馆（8 月）、辽宁中医学院图书馆（9 月）、河北理工学院图书馆（9 月）、浙江水产学院图书馆（9 月）、长沙铁道学院图书馆（10 月）、沈阳轻工业学院图书馆（10 月）、郴州师范专科学校图书馆（10 月）、中国科学技术大学图书馆（12 月）成立。

同年，兰州铁道学院图书馆（5 月）、南京中医药大学图书馆、徐州医学院图书馆、福州大学图书馆、福建中医学院图书馆、长春中医学院图书馆、江西省南方冶金学院图书馆、湖南省衡阳工学院图书馆、衡阳医学院图书馆、衡阳师范专科学校图书馆（3 月）、邵阳师范专科学校图书馆、常德师范专科学校图书馆、中南林学院（湖南林学院）图书馆（6 月）、郴州师范专科学校图书馆（10 月）、长沙铁道学院图书馆（10 月 3 日）、云南农业大学图书馆、内蒙古包头医学院图书馆、天津工业大学图书馆、河北轻工业学院图书馆（天津轻工业学院图书馆前身）、天津体育学院图书馆（11 月）、青海大学图书馆、辽宁省鞍山钢铁学院图书馆、辽宁中医学院图书馆（9 月）、黑龙江省牡丹江医学院图书馆、新疆塔里木农垦大学图书馆（10 月）、中国科学技术大学图书馆、湖州师范学院图书馆、上海海运学院图书馆相继成立。浙江天目林学院图书馆、晋东南师范专科学校图书馆、北京轻工业学院图书馆、广州师范学院图书馆、内蒙古民族大学图书馆、石家庄师范专科学校图书馆、晋中师范专科学校图书馆、吉林体育学院图书馆、山西师范大学图书馆、北京机械学院图书馆、西北政法学院图书馆、延安大学图书馆、西藏民族学院图书馆、张掖师专图书馆、唐山市图书馆、北京化工学院图书馆、北京经济学院图书馆、北京劳动学院图书馆、包头师范专科学校图书馆、吉林四平师专资料室、吉林通化师范专科学校图书馆、淮阴师范专科学校图书室、黑龙江大学图书馆、上海市杨浦区教育学院资料室建立。东北财经学院与沈阳师范学院、沈阳俄语专科学校合并，图书馆也随之合并，组建为辽宁大学图书馆。南开大学建成新图书馆，次年落成。

1959 年，天津音乐学院图书馆、吉首大学图书馆、江西中医学院图书馆、北京服装学院图书馆、上海东沪职业技术学院图书馆、辽宁财经学院图书馆、陕西中医学院图书馆、安徽中医学院图书馆建立。

1960 年，南京理工大学图书馆、湖南财经学院图书馆、江苏南京气象学院图书馆、北京工业大学图书馆（10月）、华侨大学图书馆、北京商学院图书馆建立。

这些高校图书馆的建立，极大地推动了我国图书馆事业尤其是高校图书馆事业的快速发展，在一定程度上满足了高等教育发展对图书信息资料的急需，也改善了大学生求学的文化教育环境。

3. 高校图书馆建设与服务

1958年，根据中央发出的《关于反浪费、反保守运动的指示》，高校掀起了“双反”运动。高校图书馆开始限制图书订购复本，如四川大学图书馆发出通知：未征得图书馆同意，教师自行代购书刊，图书馆不予报账；订购图书要认真精选审核；学生之教本及参考书，应鼓励学生自备，图书馆购复本不能过多。四川医学院、成都电讯学院等购书则以“多种限册”为原则。如四川医学院图书馆制定各类书的比例大致为：政治思想教育方面占25%，医药理专业方面占37%，基础的自然科学及其他占38%。[①] 同年3月7日，湖南省高等学校图书馆负责人和有关专业人员参加湖南省图书馆采购工作会议。会议成立了图书馆采购委员会，通过了《湖南图书馆采购委员会组织条例》，对湖南高校的图书采购进行限制。在这种情况下，各高校图书馆的馆藏建设受到一定影响，但图书馆在读者服务方面却取得了一些成就。

1958年5月，在“鼓足干劲、力争上游、多快好省地建设社会主义”的社会主义建设总路线的指引下，我国高校图书馆工作人员深受鼓舞，精神振奋，发挥了高度的积极性、创造性，全心全意投入到教学、科研服务之中。主要表现在：

（1）采用新的编目法对图书文献进行重新分编，以方便师生员工查找文献

为了便于师生员工更快捷、准确地查找到文献，提高图书文献的利用效率，广大图书馆工作者不断寻找适合中国图书馆藏书和学校藏书特色的编目方法。1958年6月，武汉大学图书馆全体职工和武汉大学图书馆学系师生同心协力，用“中国科学院图书馆图书分类法”改编了全馆除线装书之外的所有中外文藏书，共计23万余册。同时，该图书馆还将原中文平装书著者四角号码取号法改变为著者汉语拼音取号法，更便于一般大学生掌握。1959年10月，全国大型图书分类法综合工作组编印《大型图书分类法基本类表（资料）》，编辑委员会着手进行编制工作。1965年，《中国图书馆图书分类法》（下册）“自然科学”部分铅印出版。“自然科学”各门类的详表是由各专业图书馆起草，经过有关专业单位和专家审读，最后由分类法编辑委员会综合整理而成。这一分类法更适合包括高校图书馆在内的我国图书馆的需要，至今仍是我国大多数高校图书馆采用的分类法。

① 李秉严：四川高校图书馆100年，四川科学技术出版社，1999年版，第37页。

（2）通过“十比”竞赛活动提升高校图书馆工作人员的思想素质

1958 年 3 月 21 日，文化部召开全国各省（市）、自治区图书馆工作跃进大会。会议制定了图书馆工作跃进规划，讨论通过了由北京图书馆、上海图书馆工作者在工作上做到“十比”，即比思想、比干劲儿、比指标、比措施、比行动、比领导、比工作方法、比出勤、比成本、比产量。随后，各地轰轰烈烈地开展了“十比”活动。

在竞赛活动中，许多高校图书馆延长了开馆时间，主动送书上门，编制了大量的书目索引，有针对性地为师生提供书刊资料。有的高校图书馆还实行开架阅览制，如 1959 年 9 月，武汉大学图书馆首先在文科图书室试行开架借阅，受到师生欢迎，当时在国内大学中属开先河之举。

（3）高校图书馆的协调能力不断增强

这一时期，随着高等教育的大发展，图书文献资源显得较为贫乏，这促使高校图书馆不断增强自身的协调能力。主要表现在：

一是统一编目进展较快。当时许多高校图书馆对图书分类，特别是对中文图书的分类都因无统一标准而各行其是。据 1960 年对 11 所高等师范图书馆中文图书分类依据的统计：当时使用刘国钧《中国图书分类法》的有哈尔滨师范学院图书馆、西安师范学院图书馆、西南师范学院图书馆三个馆，使用《东北师范大学图书馆图书分类法》的有华南师范学院图书馆、广东师范学院图书馆、华中师范学院图书馆三个馆，使用何日章《中国图书十进分类法》的有北京师范大学图书馆、西北师范学院图书馆两个馆，使用《中国人民大学图书馆图书分类法》的有武汉师范学院图书馆、南京师范学院图书馆两个馆，华东师范大学图书馆则使用该馆自编的分类法。这些高等师范学校图书馆因院系调整，馆藏图书来自不同的单位，而各单位所用的图书分类法各不相同，分类编目详略各异，因此整理馆藏就需花费更多的时间和更大的精力。面对这种情况，各馆的分编人员都在努力建立本馆馆藏图书分类体系，争取使到馆图书尽快上架。有人还搞了些小革新，如北京师范大学图书馆工作人员曹先声，为了加快新书目录卡片制作的速度，发明了油印机印刷卡片法，一改前人手工抄写卡片的做法，把工效提高了十几倍。又如东北师范大学图书馆试制成了夹书板、刷糊器、油印快干器、打眼机等。

二是编制联合目录工作成绩显著。在周恩来总理的直接关怀下，图书馆编制联合目录工作成绩显著。许多高校图书馆积极参与编辑工作，出版了 200 余种联合目录。例如，1958 年 4 月 24 日，根据国务院《全国图书协调方案》精神，东北工学院图书馆等共 11 个馆积极参与辽宁地区中心图书馆委员会，编撰《辽宁地区外文期刊联合目录》，全书收编了辽宁地区27个单位截至1958年年末所藏期刊8000余种，并于1959年10月出版。[①]1958年6月，山东省科学工作委员会召开大专院校及科学研究机关的图书馆以及几个较大的公共图书馆的协作会议。会议研究解决图书采购及编制山东地区联合书目的协作问题。10月，中华书局出版了冯秉文编的《全国图书馆书目汇编》和李钟履编的《图书馆学书籍联合目录》。

三是互助协作组诞生。1958年6月，北京市各高校图书馆在市教育工会的组织与领导下，由中国人民大学图书馆召集，清华大学、北京大学、北京农业大学、北京体育学院、林业干部学校和林业研究所等7个单位图书馆参加组成的“互助协作组”举行第一次会议，讨论馆际互相协作的问题。8月，首都高等学校图书馆协作委员会成立。其他地方也成立了相应的高校图书馆协作组织。

四是地方中心图书馆委员会的建立。1958年5月15日，四川省中心图书馆委员会成立。同时由四川省科委提出中心图书馆工作方案，于6月4日由四川省人民委员会批准执行。中心图书馆委员会由四川省图书馆、重庆市图书馆、四川大学图书馆、重庆大学图书馆组成，并确定四川医学院图书馆、西南师范学院图书馆、西南农学院图书馆、成都工学院图书馆、成都地质学院图书馆、重庆医学院图书馆为省中心图书馆辅助馆，办公室设在四川省图书馆内。同年8月22日，广东省中心图书馆委员会成立。该委员会由中山图书馆、中山大学图书馆等9个单位组成，广东省中山图书馆为核心馆。

1959年3月7日，黑龙江省成立黑龙江地区中心图书馆委员会，由省图书馆、黑龙江大学图书馆、哈尔滨工业大学图书馆等11个单位组成。3月12日，根据《全国图书协调方案》，在上海成立了全国第二中心图书馆委员会，三大系统图书馆通过中心图书馆委员会开展了图书互借、统一阅览、采购协调、定期编制上海市外文新书通报及其他各种联合目录、交流工作经验等各项协作活动。3月16日，吉林省中心图书馆委员会在长春成立，由吉林省公共系统、科学院系统、高等学校系统、厂矿与军队系统共27个图书馆组成，推选了吉林省图书馆、吉林大学图书馆等11个图书馆组成常务委员会，并对1959年主要工作作了规划。

1959年6月9日，浙江省中心图书馆委员会成立，会址设在浙江省图书馆。委员会由浙江省图书馆、浙江大学、杭州大学、浙江医学院、浙江农学院图书馆的负责人及文化教育部门的代表以及图书馆专家等组成，在浙江省科委的领导下进行工作。委员会通过了《组织简则（草案）》，推选了主任委员、副主任委员，并制订了该年度具体工作

① 陈源蒸等：中国图书馆百年纪事（1840—2000），北京图书馆出版社，2004年版，第158页。

计划，但这项工作因“文化大革命”而停顿。

五是全国图书资料情报中心出现。1958 年 6 月 1 日，全国西文图书卡片联合编辑组成立，首先编辑出版了《全国西文新书联合通报》，分哲学、社会科学和自然科学、技术科学两个分册，分别报道全国 189 家和 335 家图书馆的西文新书，至 1966 年因“文化大革命”开始而停止出版。该通报 9 年共报道西文新书 194548 种，1958 年 6 月中国人民大学图书馆与中国人民大学出版社开始编印全国出版新书提要卡片。同年 7 月，中国人民大学剪报资料图书卡片社成立，该社先后编辑出版的有：剪报资料、复印报刊资料、图书提要卡片、学术资料卡片、新书情报以及各种社会科学问题的专辑资料，供应给各图书馆、资料室及科研工作者。1958 年 10 月，北京图书馆与中国科学院图书馆合作，并得到新华书店外文发行所的支持，试行编印俄文新书卡片。1959 年 1 月 30 日，北京图书馆、清华大学图书馆、北京大学图书馆、北京师范大学图书馆、北京外语学院图书馆以及中国科学院图书馆等，共同组成“苏联图书卡片译印社”，同年 4 月正式印发卡片供应全国，后因“文化大革命”而停止。

4. 高校图书馆学教育的开展

（1）高校图书馆学专业教育的开展

北京大学图书馆学系与武汉大学图书馆学系继续获得了发展。为了加强对图书馆学系的领导，1958 年 4 月，著名图书馆学家刘国钧被任命为北京大学图书馆学系代理系主任；同年 10 月，兰艺夫被任命为北京大学图书馆馆长兼图书馆学系系主任。为了提高学生对人民公社图书馆（室）的了解，加强理论与实际的结合，高校图书馆学系师生注重社会考察活动。这一时期，除了北京大学图书馆学系与武汉大学图书馆学系外，又新办了一些图情院校或图书情报学系，主要有：

中国科学情报大学，1958 年 9 月 29 日成立，设图书馆学系、科学出版系和科技情报系。1959 年 9 月，该校并入中国科学技术大学，成为该校的科学情报系，科学情报系下设图书馆学专修科。

文化部文化学院图书馆研究班，1958 年 11 月 20 日开学，参加学习的有各省、市、自治区图书馆负责同志 49 人，历时 2 个月，于 1959 年 1 月 16 日结束。1959 年 9 月 1 日，文化部文化学院举办的第二期图书馆研究班开学，参加学习的有全国各省、市、自治区图书馆馆长、副馆长、部主任和其他负责干部 51 人。

河北文化学院图书馆博物馆系，1960 年 8 月成立。

吉林师范大学图书馆学专修科，1960 年创立，1962 年停办，1979 年恢复并改名为东北师范大学图书馆学系。

（2）高校图书馆学继续教育的开展

1958年4月25日，浙江省图书馆和浙江文艺干部学校在海宁县联合举办全省图书馆干部学习班。9月，辽宁地区中心图书馆委员会、辽宁省图书馆、辽宁省文化艺术干部学校联合举办“辽宁省各系统图书馆干部训练班”。10月3日，北京图书馆委员会举办的“图书馆红专夜校大学”开学，学员152名，旁听生是来自北京地区各图书馆的在职干部，共49名。学习期限暂定1年，每周上课6个小时。①10月，西安图书馆学业余大学正式开学上课，设有图书馆学系、图书馆学进修班、图书馆技术训练班等3个系（班），分别为各类型图书馆培养在职干部。10月，江西省文化局在乐平县举办全省图书馆干部训练班。

1959年2月，中国科学院图书馆和武汉分院图书馆联合举办的第一期图书馆学进修班在武昌开学。学习时间为40天。参加者有科学院59个单位的干部117人，以及院外15个单位的干部47人。4月24日，第二期开学，参加者共有全国79个机构的图书资料干部110人，另有武汉市各研究机构和高等院校的旁听生52人。

1959年3月，辽宁省图书馆与沈阳市图书馆合办了“辽宁省文化局红专大学图书馆分校”。3月1日开学。学员240名，分本科、预科两班，预定本科3年毕业，预科1年毕业，系统学习高等学校图书馆学系的专业课程。同年12月，改名为沈阳图书馆业余专科学校。1960年夏，“辽宁省文化局红专大学图书馆分校”拟定教学改革方案，改名为“沈阳图书馆学业余专科学校”。原定本科学习3年改为2年。在学习内容上，除了业务课外，增加专题政治报告和“科技概论”“文学史”两门文化知识课。

以上这些专业图书馆学教育及图书馆学继续教育的开展，对于提高我国高校图书馆工作人员的素质发挥了积极作用。

5. 高校图书馆学研究工作的进步

本期，高校图书馆学研究工作进步很大，主要表现在各高校图书馆积极主动参加经常性的图书馆学研讨会，研究成果不断增多。

（1）图书馆学研讨会多次召开

1959年3月21日，全国省、市、自治区图书馆跃进大会在北京召开，高校图书馆纷纷派人参会。同年5月4日，北京大学图书馆学系为纪念“五四运动”40周年及庆祝北京大学61周年校庆，举行了以“我国十年来的图书馆事业”和“关于人民公社图书馆的几个问题”为主题的科学讨论会，参加讨论的有本系师生，另有武汉大学图书馆学系、

① 陈源蒸等：中国图书馆百年纪事（1840—2000），北京图书馆出版社，2004年版，第163页。

北京图书馆、首都图书馆、陕西省图书馆、科研单位图书馆的相关人员。同年5月25日，西安中心图书馆委员会在西安军医大学图书馆召开图书馆工作现场会议，参加会议的有高等院校图书馆、公共图书馆和科研及专业图书馆（室）77个单位的189人，会议主要交流图书馆为教学和科研服务的经验。

（2）研究成果不断涌现

1958年9月，卢震京编，刘国钧、李小缘合校的《图书馆学辞典》由商务印书馆出版。12月，沈祖荣著的《俄文图书编目法》由武汉大学出第三版。

1959年2月，李钟履编的《图书馆学论文索引》（第1辑）由商务印书馆出版，收录自清末至1949年9月全国期刊报纸所刊载的有关图书馆学、目录学方面的论文篇目5000余条。同月，南京图书馆编的《图书馆学论文索引》（第2辑）由商务印书馆出版，收录自1949年10月起至1957年年底全国报纸期刊所刊载的有关图书馆学、目录学方面的论文篇目2000余条。1959年3月，北京大学图书馆学系师生编写的《大跃进中北京地区的图书馆》一书由北京出版社出版。同月，兰州医学院图书馆编写的《馆藏祖国医学图书目录》出版。5月，北京图书馆与中国人民大学图书馆图书提要卡片联合编制组制定出版《中文图书提要卡片著录条例》。6月，武汉大学图书馆学系编制的《武汉大学图书分类法》由湖北人民出版社正式出版，该分类法共分26大类，分类号采用汉语拼音与阿拉伯数字相结合的混合类号制，并有7个附表。7月，兰州医学院图书馆编辑的《医学图书分类法》在1956年初稿的基础上，经过3年的实践后，重新修订出版。1959年9月，北京大学图书馆学系在《图书馆学通讯》上发表《十年来书目工作的发展》和《十年来的图书馆事业》两篇论文。

6. 高校图书馆的发展及存在的主要问题

（1）高校图书馆的发展

这个时期，我国高等教育在学习苏联高校办学经验方面，盲目照搬，迅速使中国高校单科化和升格化。在“左”倾思潮指导下轻率发动“大跃进”运动，同时文教系统展开了文化革命和教育革命，形成了全民办学。1958年8月4日，中共中央、国务院发布了《关于教育事业管理权力问题的规定》，明确指出：“今后教育部和中央主管部门，应该集中精力研究和贯彻执行中央的教育指导方针和政策；综合平衡全国的教育事业发展规划”“新建高等学校……地方可自行决定或由协作区协商决定。”① 由于教育事业管理权限的下放，教育事业的发展出现了盲目冒进现象。1958年《光明日报》报道，1–8

① 中国教育年鉴编辑部：中国教育年鉴（1949—1981），中国大百科全书出版社，1984年版，第92页。

月新办高等学校 800 所，在校学生增长三分之二；大量创办了红专大学，许多省初步建成了高等教育体系，很多省决定在 15 年内普及大学教育。由于当时办学急需大批师资，于是，全国各地纷纷将中等师范学校“升格”“戴帽”变成高等师范专科学校，把高等师范专科学校“升格”“戴帽”变成高等师范学院，使得高等师范院校从原有的 58 所猛增到 227 所，几乎与 1957 年全国高校数量相当。1959 年，中央教育工作会议提出了“调整、巩固和充实、提高，并在这个基础上有重点地发展”的教育方针，各地又纷纷要求创办新校。高校图书馆随着高等教育的大发展出现了迅猛发展。1959 年 10 月，中华人民共和国成立 10 周年时，据不完全统计，全国高等院校图书馆由中华人民共和国成立初期的 132 所增加到 225 所，藏书达到 3729 万册。到 1960 年，高校图书馆达到 1289 所。

（2）高校图书馆发展中存在的主要问题

由于高校数量增加，在书刊资料分配上，造成高校图书馆原有藏书大量分散，藏书比例失调，馆藏质量下降。在办馆方针上，强调普及，强调为工农兵服务，而忽视提高，忽视为科学研究和知识分子服务。在规章制度方面，片面强调“大破大立”“先破后立”，而一些合理的规章制度被取消，致使部分图书馆管理工作无章可循，工作陷入混乱。在借阅工作方面，片面强调流通量，忽视整理、收藏，造成部分图书丢失、缺藏，书库混乱，目录作用削弱。为了支持新馆建设，从老馆抽调业务骨干，使老馆工作受到一定影响；而新建的高校图书馆馆舍条件差，书刊残缺，业务力量薄弱，基础工作难以正常开展。

与此同时，1957 年各高校开展反右派斗争，一些图书馆专业人员被错划为“右派分子”，一些学校又把教师干部中的一些所谓的“右派分子”下放到图书馆进行“改造”，给高校图书馆的发展造成了不良影响。而各高校中开展的“拔白旗、插红旗”“批资产阶级学术权威”等运动，把正常的学术观点笼统地当作资产阶级的东西不加分析地予以批判。加之 1959–1961 年三年自然灾害时期，图书馆工作人员生活窘困，无法进行正常工作，出现工作积压现象，图书损坏、散佚严重。

另外，当时发生的两个事件对高校图书馆影响较大。一个是在中苏两党两国的矛盾和冲突激化时，中国共产党的“理论家”康生到中共中央宣传部商讨批判赫鲁晓夫修正主义路线，定下了批判心理学的调子。中宣部便把这个精神于 1958 年 7 月初首先传达给北京师范大学，让北京师范大学带头批判“心理学”这个师范教育的核心课程。从北京师范大学掀起的“心理学大批判”运动很快波及全国，心理学一度被认作“资产阶级伪科学”，连教育学中的“母爱教育”也遭到批判。这一批判延续了近半年的时间，虽然不算长，但扰乱了人们的思想，对高等师范图书馆的心理学学科图书资料建设一度造成

了破坏。另一个是1959年5月17日，中共中央在《关于指定一批重点学校的决定》中指定了北京大学、中国人民大学、清华大学、中国科技大学等16所高等学校作为重点支持建设的学校。次年又增加4所重点大学，即北京协和医科大学（清华大学医学部）、哈尔滨军事工程学院、第四军医大学、军事通讯工程学院。1960年10月22日，根据《中共中央关于增加全国重点高等学校的决定》，在原来20所重点大学的基础上再增加44所重点大学。这些重点高校的指定，使高校图书馆事业平等竞争成为历史，重点高校图书馆建设与一般高校图书馆建设在被重视程度、建设要求、经费投入等方面都有所不同，加之高等教育经费投入本来就不足，重点高校的不断增加，使非重点高校尤其是地方高校的投入明显减少，影响到地方高校图书馆尤其是地方新建高校图书馆的建设。

（二）调整阶段高校图书馆的发展

1. 党和国家有关高校图书馆的政策法规

1961年，中共中央发布《高教六十条》。其中第三十八条明确规定："高等学校必须根据教学和科学研究的需要，加强图书馆和资料室的建设工作和管理工作。图书资料的管理工作，应该从便利读者出发，不断提高服务质量，逐步加强资料管理、索引编制。加强图书馆之间的联系和协作。采取有效措施，防止图书资料的丢失和损坏。珍贵的图书资料，尤其应该切实加以保护。"

2. 高校图书馆的调整状况

1961年春，中共中央通过了"调整、巩固、充实、提高"的八字方针，我国国民经济进入调整时期，也是经济困难时期。全国各地根据中共中央八届九中全会方针、《高教六十条》和同年10月召开的全国师范教育工作会议精神，开始对高等学校进行调整，高校图书馆也随之进行了调整。例如，1962年，四川省根据中央《关于进一步调整教育事业和精简教职工的报告》和省委提出的调整方案，对四川省发展过快、过急的高等教育事业进行了大幅调整。1963年6月至1964年4月，先后有淮南矿业学院、济南工学院矿山机电专业、江西煤矿学院、江苏矿专并入山东煤矿学院，相应地各校的书刊资料也并入山东煤矿学院图书馆。在高等师范方面，1961年后贯彻"调整、巩固、充实、提高"方针的过程中，一些尚不具备独立建制条件的高等师范院校被陆续撤销，至1966年减少到59所。停办和被合并的一些高等师范图书馆的馆藏又被调给了其他高等师范图书馆或公共图书馆。高等师范院校数量的大起大落，给建馆时间较长的高等师范图书馆的藏书建设带来了馆藏积压与分类困难两大问题。

这一时期，新建的高校图书馆非常少，1962年有北京外国留学生高等预备学校图书馆，1963年有南京气象学院图书馆，1964年有北京第二外国语学院图书馆、大连外国语学院图书电教馆、天津外国语学院图书馆等。

3. 高校图书馆的“充实”与“提高”

这一时期，高校图书馆认真总结了“大跃进”正反两方面的经验教训，纠正“左”倾思潮的影响，较快地消除了盲目冒进造成的消极后果，在调整中有所前进，并取得了一些新的进展和成就：清理了馆藏积压的书刊；整理了目录；提高了服务质量；加强了科学管理，努力为教学、科研服务；图书资料得到了进一步充实。尤其被保留或新建的高校图书馆得到了健康的发展。例如，四川医学院整顿流通工作，进行了清理陈账、换发新证的工作，建立了严格的催书制度，实行过期罚款，提高了书刊的周转率。在藏书建设上，对外文期刊订购进行了评级工作，以保证订购期刊的质量。总之，这一时期的高校图书馆在藏书建设、目录体系、读者服务、业务管理等方面有了新的发展。主要表现在：

（1）图书馆受到更广泛的关注

首先，国家领导层提高了对图书馆的重视程度。1962年12月，中华人民共和国科学技术委员会、中华人民共和国文化部制定《1963–1972年科学技术发展规划（草案）》（以下简称《规划》），《规划》要求：担负着为科学研究服务的图书馆，要逐步加强外文科学技术书刊的采购协调工作；合理组织藏书；改进目录和书刊的宣传、报道；大力开展参考咨询和阅览工作；加强全国联合目录的编制工作和集中编目工作；大力改进图书馆的管理方法，提高服务工作的效率；逐步采用新技术、新设备。

其次，主管部门领导和地方政府对图书馆工作的重视程度提高。1963年9月20日，文化部图书馆处处长胡耀辉在西北地区图书馆工作经验交流会上讲了图书馆建设方面的5个问题：图书馆在社会主义建设中的作用；图书馆事业的特点；全国各系统图书馆为科学研究服务的情况；图书馆建设；培训干部问题。同年10月，在浙江省科委的领导下，由浙江省图书馆、浙江农业大学、浙江农业科学院等单位联合举办“农业科技文献资料展览会”，展出中外文资料5000多种。

再次，高校对图书馆学系的重视程度提高。1962年6月，北京大学任命著名图书馆学家刘国钧为北京大学图书馆学系系主任，加强了专家办学的力度。

最后，图书馆学系理论工作者对图书馆学理论的不断探讨、研究。

1961年5月，北京大学图书馆学系举行传统的“五四”科学讨论会，讨论的题目有：图书馆目录体系；目录学研究对象和提高藏书建设质量等。刘国钧在讨论会上做了《图书馆目录体系问题的探讨》的专题发言。

1962 年 9 月，武汉大学图书馆学系为了迎接武汉大学 50 周年校庆，在教师中开展了学术讨论活动，提交的论文有《论目录学家梁启超》《关于中国图书馆事业史研究的几个问题》等。

另外，加大了对图书馆工作人员的图书馆学理论知识的普及力度。1961 年 12 月 27 日，吉林师范大学图书馆举办文科工具书展览会，展出文科工具书 1598 册，参观人数达 2294 人。展览会于次年 1 月 5 日结束。展览期间曾请图书馆专修科人员倪政祥作《如何使用文科工具书》的报告。1963 年 10 月，长沙地区三大系统图书馆业务学习领导小组举办“图书馆学概论”“读者工作”讲座，分别由湖南农学院图书馆和湖南省图书馆代表主讲；1964 年 1 月举办“图书采购与登录”讲座，由湖南大学图书馆代表主讲。这些讲座和报告对图书馆工作人员的理论水平的提高起了积极的作用。

（2）图书馆工作人员继续教育受到重视

1961 年 11 月 3 日，全国第一中心图书馆委员会举办的图书馆红专大学第 3 期开学，开设了“图书馆学”“科技知识”和“中国古籍知识”3 门课程，参加学习的有 130 个单位的图书资料工作人员 360 多人，通过学习，提高了学员的素质。

（3）成立了一些新的地方中心图书馆委员会，加强了高校图书馆间的联系

1961 年 5 月，太原地区中心图书馆委员会成立，由山西省图书馆、山西大学图书馆等 16 个成员馆组成。1962 年以后由于人员精简、机构变动，该委员会的活动处于停顿状态。1964 年 7 月恢复委员会工作。

1964 年 8 月 29 日，中共湖南省委员会办公厅以“办秘字第 128 号”文件发出关于建立“湖南省中心图书馆委员会”的通知。湖南省中心图书馆委员会于 10 月 5 日正式成立，确定中南工业大学图书馆黄泽机、湖南医科大学图书馆张敬斋为副主任委员，湖南大学、湖南师范大学、湖南农学院、长沙铁道学院等高等学校图书馆负责人为委员。

（4）馆际互借工作进一步加强

1961 年在西宁地区读者服务工作讨论会上，青海师范学院图书馆代表倡议开展兄弟馆之间图书的馆际互借和编制期刊联合目录工作，得到了其他图书馆的积极响应，之后即开展了相应工作。1963 年 9 月，内蒙古图书馆和首都图书馆分别与北京图书馆、中国农业科学院图书馆、内蒙古农牧学院图书馆、内蒙古科技图书馆等建立了馆际互借关系。1964 年 7 月 11 日，北京图书馆馆务会议通过《北京图书馆办理全国各地科学研究、生产单位借书办法》，修订《北京图书馆办理全国馆际互借办法》。

（5）整顿书库、分编积压书刊成效显著

1961 年 9 月 20 日，四川省图书馆根据省委指示，在省文化局工作组的指导下进行全面整顿，制定了关于突击整顿书库、加强图书保护计划和加强为教学、为科研服务工作的方案，并组织专门力量整顿书库，突击整理积压书刊，完成中文旧平装书文学部分的分编任务，并为四川大学、成都工学院、成都中医学院等科研教学部门的专家教授主动上门送书数百册。经过整顿，四川省图书馆工作有了明显好转。

（6）图书馆文化宣传普及活动意识增强

1961 年 12 月 6 日，为纪念清代目录学家章学诚（1738–1801）逝世 160 周年和中国第一部关于目录学理论专著作者郑樵（1104–1162）逝世 800 周年，武汉大学图书馆学系召开了纪念会。1962 年，湖南医科大学图书馆举办“医学工具期刊展览”，教育部蒋南翔部长视察该校时参观了展览，并充分肯定了展览成果；《光明日报》和《健康报》分别对这次纪念会作了报道。1964 年 8 月 17 日，四川省图书馆、四川省科技情报研究所、四川大学图书馆、四川医学院图书馆、成都工学院图书馆、中科院四川分院图书馆、成都地质学院图书馆联合举办原版科技期刊展览，展出英、美、法、日等 14 个国家的自然科学、工程技术、农业、医学等期刊 616 种，展览为期 8 天，共接待了 212 个单位的 1108 名读者。

（7）高校图书馆研究成果喜人

通过调整后，高校图书馆加强了科学研究，一批研究成果问世。例如，1963 年 3 月，武汉大学图书馆编成《武汉大学图书馆善本书目》，该书目共收录馆藏珍善刻本、抄本 330 余种。1964 年 6 月，兰州医学院图书馆朱允尧编写的《医学文献检索工具书目》，由甘肃省科学技术情报研究所和甘肃省中心图书馆委员会联合出版。

（8）图书馆服务创新水平提高

1962年，在中华人民共和国科学技术委员会、中华人民共和国文化部下发《1963–1972 年科学技术发展规划（草案）》后，各高校图书馆采取多种措施，开展各种服务工作，以适应科学技术发展的需要。主要形式：一是开设专业阅览室。例如，四川大学图书馆设立了“科学技术资料室”，陈列了有关美国原子能委员会缩微卡片 AEC、PBNASA、IRE 等报告的记录，以及苏联、英国等国在原子能方面的会议记录和苏联科技资料片以及各种学科文献的检索工具等，并协助读者进行检索。二是编制专题索引、目录方便读者检索。三是在各教研室设立图书干事，加强与教师的联系，提高采购质量。[①]

① 李秉严：四川高校图书馆 100 年，四川科学技术出版社，1999 年版，第 39 页。

由此可见，高校图书馆调整的成绩是显著的，但是，在“政治挂帅”“以阶级斗争为纲”的政治方针的影响下，各高校图书馆又人为地设置了一些禁区，影响了图书资料的充分利用和图书馆功能的充分发挥。

第三节 1976 年后我国高等教育的恢复、初步发展及高校图书馆的复原

1966–1976 年，我国由于历史原因，高等教育与高校图书馆都遭到了严重的破坏。自 1971 年起，各地高校才逐渐恢复招生，图书馆得到修缮，图书馆学开始受到重视。

一、高等教育的恢复和初步发展

（一）高等教育的任务和培养目标的确定

1978 年 10 月 4 日，根据新时期的总任务，教育部修改了《高教六十条》，并定名为《全国重点高等学校暂行工作条例（试行草案）》，规定：“高等学校的基本任务，是贯彻执行‘教育必须为无产阶级政治服务，必须同生产劳动相结合’的根本方针，培养社会主义革命和社会主义建设所需要的各种专门人才，做出高水平的科学成果，为实现我们党在新时期的总任务而奋斗。”

1983 年 5 月 7 日，教育部在召开全国高等教育工作会议时提出：坚持社会主义方向，全面贯彻党的教育方针，使学生在德育、智育、体育几方面都得到发展；从中国实际出发，努力为国民经济建设、文化建设和民主与法制建设服务；统筹规划，全面安排，有计划、按比例地持续地发展高等教育；实行多层次、多种规格、多种形式办学，加快改革步伐，不断提高各类高等学校的教育质量；在共产主义思想体系的指导下，坚决地有秩序地进行改革。

（二）高等教育事业的发展

1976 年 10 月粉碎“四人帮”。1977 年 7 月至 9 月，中共中央副主席邓小平多次提出：教育部要直接抓重点学校，大、中、小学都要抓重点学校；要改革高等学校的招生制度。1977 年恢复了择优录取的高等学校全国统一招生制度。自此，高等学校逐渐得到恢复和初步发展。

1978年2月26日召开的五届人大一次会议上，国务院总理华国锋在《政府工作报告》中提出“充分发挥现有高等学校的潜力，积极扩大招生人数，加快建设新的高等学校”[①]。2月28日教育部和国家计委联合发出通知，决定自1977届新生起，在普通高等学校招收走读生，增加高等学校招生名额；规定高等学校在完成1977年招生计划之外，可根据本校条件增加招生名额（包括住读生和走读生）。

1982年9月1日，中国共产党第十二次全国代表大会提出，到20世纪末，实现我国工农业年总产值翻两番的战略目标，并把教育作为经济发展的战略重点之一。为了“使这一重大战略决策得到落实”“尽快扭转教育同国民经济和社会发展不相适应的局面”，1983年4月28日，国务院批转了教育部和国家计委《关于加速发展高等教育的报告》，提出：“必须采取有力措施，促使整个高等教育事业在近期（5年左右）就有计划按比例地有一个较大的发展，并为今后更大的发展打下基础”。这一时期，高等教育在“调整、改革、整顿、提高”的方针指引下逐渐恢复并初步获得了发展。1978年全国高等学校已发展到598所，在校学生为85.6万人。到1981年，全国有普通高等学校704所，在校学生127.9万人。1982年普通高等学校增加到715所，在校学生115.4万人；1983年普通高等学校增加到805所，在校学生120.7万人；1984年普通高等学校发展为902所，在校学生增加到139.6万人。[②]这一时期高等教育的恢复和初步发展为1985年开始的教育大改革奠定了良好的基础。

二、高等教育恢复时期的高校图书馆

1976年10月粉碎“四人帮”以后，我国各条战线开始拨乱反正，正本清源。高校图书馆事业开始受到党和政府的重视，一些政策和制度的制定对于高校图书馆事业的发展起了积极的作用。

（一）党和国家有关高校图书馆的政策法规

1. 高校图书馆地位与作用的重新确立

1977年8月8日，邓小平在全国科教工作座谈会上的讲话指出：高校、科研单位的后勤工作“就是要为科研工作、教育工作服务，要为科研工作者和教育工作者创造条件，使他们能够专心致志地从事科研、教育工作。后勤工作包括提供资料，搞好图书馆，购

① 华国锋：团结起来，为建设社会主义的现代化强国而奋斗。
② 中国教育年鉴编辑部：中国教育年鉴（1982—1984），湖南教育出版社，1986年版，第61页。

置和供应器材、实验设备，建设中间工厂，也包括办好食堂、托儿所等”[①]。这充分肯定了图书馆及馆藏资料在科研和教育工作中的地位。

1978年2月26日，国务院总理华国锋在五届人大会议《政府工作报告》中提出：“发展各种类型的图书馆，组成为科学研究和广大群众服务的图书馆网。”同年5月，教育部发出《关于加强高等学校图书资料工作的意见》，提出了对图书、资料工作进行整顿的八条意见：彻底肃清“四人帮”在图书、资料工作中的流毒和影响；切实加强对图书馆工作的领导；对当时图书、资料进行一次清理，简化手续；调整开馆、借阅时间，提高服务质量；加强图书资料的保管、维护工作；加强图书资料工作队伍的建设；积极改善图书馆的条件；加强图书资料工作的现代化。并提出根据需要与可能，逐步扩大外文书刊的进口和交换。

1978年10月，教育部颁发《全国重点高等学校暂行工作条例（试行草案）》。其中第十七条规定了高等学校图书馆的任务：“高等学校必须根据教学和科学研究的需要，加强图书馆和资料室的建设工作和管理工作，逐步实现图书资料管理工作的现代化。图书资料的管理工作应该从便利读者出发，不断提高服务质量，逐步加强资料整理、索引编制。加强图书馆之间的联系和协作。采取有效措施，防止图书资料的丢失和损坏。珍贵的图书资料，尤其应该切实加以保护。”“要发挥校系两级的积极性，逐步加强情报资料的收集、积累、整理和编译，以适应教学、科学研究工作的需要。要配备和培养一批外文好、懂业务、有一定分析能力的人员，长期从事情报资料工作。”[②]

2.《高等学校图书馆工作条例》的颁布

1981年9月16日，教育部召开的第二次全国高校图书馆工作会议上，修订了1956年12月5日第一次全国高等学校图书馆工作会议上制定的《高等学校图书馆试行条例（草案）》，教育部于同年10月15日颁发了《高等学校图书馆工作条例》，规定：“高等学校图书馆是学校的图书资料情报中心，是为教学和科学研究服务的学术性机构，它的工作是教学和科学研究工作的重要组成部分。”“高等学校图书馆应贯彻党的教育方针，为培养社会主义建设人才，发展教育科学文化事业，为建设社会主义物质文明和精神文明作出贡献。”

这一时期，各高等学校依据党中央的文件精神和教育部第二次全国高校图书馆工作会议精神以及《高等学校图书馆工作条例》等，加强了对高校图书馆专业的领导，加大

---

① 中共中央文献编辑委员会，邓小平文选（第2卷），人民出版社1994年版，第56页。
② 辽宁省高等教育局、沈阳师范学院教育科研所：高等教育文件选编（1977—1982），沈阳市第二印刷厂1982年12月印本，第14页。

了资金的投入，为高校图书馆的稳健发展创造了条件。许多高校图书馆开始探索管理体制等方面的改革，采取了一些改革措施，激发了广大图书馆工作者的积极性和创造性，并取得明显的效果，使高校图书馆事业取得了较大的成绩，为20世纪80年代中期以后图书馆事业新的腾飞奠定了基础。

（二）高校图书馆的复兴

随着“文化大革命”的结束，高等学校恢复招生，大批高校图书馆（室）也开始复兴。

1. 1978年成立或恢复的高校图书馆

1978年是我国高校图书馆复兴的高峰期，一大批高校图书馆成立或恢复。5月，杭州师范学院图书馆成立，该馆原为浙江师范学院杭州分院图书馆；7月，经党中央、国务院批准，中国人民大学正式复校，该校图书馆同时恢复工作；10月，山西师范学院忻县地区师专班图书室成立，1981年发展为忻州师范专科学校图书馆；11月，甘肃省中医学院图书馆成立；12月28日，庆阳师范专科学校图书馆成立；同日，国务院批准建立张掖师范专科学校，图书馆同时成立；12月，台州学院（筹）图书馆创建，其前身为浙江师范学院台州分校图书室；同月，北京联合大学化学工程学院图书馆和河北建筑科技学院图书馆同时建立，国务院批准兰州师范专科学校成立，图书馆同时建立。同年，北京大学分校（后改名为北京联合大学文理学院）图书馆、国际政治学院（后改为中国人民警官大学）图书馆、中国科学技术大学研究生院（北京）图书馆、吉林学院图书馆、吉林师范学院图书馆、丽水师范专科学校图书馆、华北电力学院北京研究生部图书馆、玉溪师范高等专科学校图书馆、三明师范高等专科学校图书馆、重庆建筑高等专科学校图书馆、中华女子学院图书馆、吉林长春师范学院图书馆、白城师范高等专科学校图书馆、浙江广播电视高等专科学校图书馆、杭州师范学院图书馆、上海工程技术大学图书馆、甘肃教育学院图书馆、海南省琼州大学图书馆、河北经贸大学图书馆、福建金融管理干部学院图书馆、漳州师范学院图书馆、南平师范高等专科学校图书馆、天津中医学院图书馆、辽宁铁岭师范高等专科学校图书馆、浙江丝绸工学院图书室、石油管道工学院图书馆和沈阳教育学院图书馆成立。

2. 1979年成立或恢复的高校图书馆

1979年3月18日，株洲工学院（株洲基础大学）建立图书馆；3月24日，湖南建筑材料工业专科学校建立图书馆；同月，甘肃天水师范专科学校图书馆建立；9月，中央广播电视大学图书馆创建；11月，辽宁广播电视大学建立图书馆。同年，西北林学院

图书馆、北京联合大学商务学院图书馆、湖南湘潭矿业学院图书馆、福建广播电视大学图书馆、兰州教师进修学院图书馆建立。

中国佛学院图书馆在新中国的宗教政策支持下也于同年在北京成立。原收藏的法源寺佛经与书籍在“文化大革命”中被损毁三分之一。1980年，由赵朴初建议和主持，在图书馆的基础上成立中国佛教图书文物馆。

3. 1980年成立或恢复的高校图书馆

1980年10月，抚顺职业技术学院图书馆和抚顺广播电视大学图书馆成立。同年，中央司法警官学院图书馆、湖南教育学院图书馆、天津商学院图书馆、江苏苏州铁道师范学院图书馆和安徽安庆师范学院图书馆成立。上海市立信会计高等专科学校图书馆也于同年在复校后重建。

4. 1981年成立或恢复的高校图书馆

1981年7月，天津理工学院图书馆经国务院批准建立。同年，东亚大学（澳门大学前身）图书馆、黑龙江省政法管理干部学院图书馆、河南中州大学图书馆、广东外语外贸大学图书馆、湖南省岳阳教育学院图书馆成立。

5. 1982年成立或恢复的高校图书馆

1982年5月，兰州商学院图书馆在原甘肃省财贸学校图书馆的基础上建立。同年，武汉城市建设学院图书馆和吉林铁路运输职工大学图书馆创建。

6. 1983年成立或恢复的高校图书馆

1983年11月，甘肃广播电视大学图书馆正式成立。同年，海南大学图书馆、福建经济管理干部学院图书馆、哈尔滨金融高等专科学校图书馆、沙市职业大学图书馆、浙江宁波教育学院图书馆、厦门鹭江大学图书馆创建。

7. 1984年成立或恢复的高校图书馆

1984年8月，漳州职业大学图书馆创建。12月，温州大学图书馆创建。同年，北京舞蹈学院图书馆、扬州职业大学图书馆、吉林省经济管理干部学院图书馆、吉林商业高等专科学校图书馆、山西太原经济管理干部学院图书馆、辽宁经济管理干部学院图书馆、大连广播电视大学图书馆、河南安阳大学图书馆、闽西职业大学图书馆、烟台大学图书馆创建。

同年年底，闽江职业大学图书馆筹建，先后由闽江职业大学仓山分校、鼓楼分校、马江分校及福州新闻专科学校的图书室（馆）合并而成。

到1984年，被“文化大革命”破坏的高校图书馆绝大部分已经恢复，并新建了一批高校图书馆。据统计，到1980年年底，全国共有高等学校图书馆675所，到1986年已增至1053所[①]。这使我国高校图书馆的基本布局逐渐趋于合理，基本能满足高等教育发展对图书情报信息资源的需求。

（三）高校图书馆业务指导机构的恢复与建立

1. 中心图书馆委员会制的恢复

1957年，我国形成了中心图书馆委员会制。这种新型的图书馆协作组织对于“文化大革命”前高校图书馆事业的建设和发展起到了十分重要的作用。“文化大革命”中，这一制度被停止。“文化大革命”结束后，部分中心图书馆委员会开始恢复。

为了充分发挥书刊资料的作用，在一定范围内实现资源共享，更好地为科学研究、教学和生产服务，各省中心图书馆委员会一般都制定了规范的章程，并对委员会的任务予以明确规定。如1980年4月10日，广东省中心图书馆委员会制定了《广东省中心图书馆委员会章程（修正草案）》。该章程规定：广东省中心图书馆委员会（以下简称本会）是由广东省科学技术委员会领导的全省公共、高校、科技三大系统图书情报单位的业务协作机构。其担负的任务是：“协助有关领导部门研究本省图书情报工作，为四个现代化服务的全面规划和统筹安排；研究有关编制本会成员馆和全省图书情报单位的各种书刊联合目录、联合索引，以及其他资料检索工具等问题；研究解决本会成员馆和本省图书情报单位之间的图书协调，包括图书资料的分工订购、统一编目、互借阅览、调拨交换、复制装订等方面问题；研究解决有关本会成员馆和本省图书情报单位在职人员提高业务水平等方面的问题。”本会成员馆及核心馆的任务是：“成员馆：执行本会各项决议，承担本会分配的任务；对本省其他图书情报单位予以业务上的帮助。核心馆除承担成员馆的任务之外，还要代管本会办公室的工作，并对本会的工作开展，从各方面给予大力支持。”[②]

到1981年，全国已有北京、上海、四川、辽宁、黑龙江、吉林、江苏、安徽、浙江、河南、湖北、湖南、广东、云南、陕西、甘肃、青海、新疆等恢复了中心图书馆委员会。可见，省（自治区、直辖市）级中心图书馆委员会对高等学校图书馆的指导工作得到了恢复。

中心图书馆委员会的恢复促进了高校图书馆与其他图书馆的联系及图书信息资源的交流与共享。

① 中国图书年鉴编委会：中国图书年鉴1996，北京图书馆出版社，1997年版，第22页。
② 倪波等：图书馆规章制度便览，江苏省图书馆学会，1982年12月印本，第92—93页。

2. 中国图书馆学会的建立

1979 年 7 月 9 日至 16 日，中国图书馆学会成立大会和第一次全国图书馆科学讨论会在山西省太原市召开，全国 29 个省、市、自治区的图书馆学会（筹备会）和北京地区两个专业系统学会代表 200 人参加。中国图书馆学会是中国图书馆工作者的学术性群众团体，是中国科学技术协会的组成部分，是全球性图书馆学研究组织、联合国教科文组织 A 级顾问机构——国际图书馆协会联合会（IFLA）的团体成员。中国图书馆学会的主要任务是：组织会员开展群众性的图书馆学研究，开展国内外学术交流；编辑出版会刊、图书馆学论著和有关学术研究资料，介绍国内外图书馆学研究动态和成果；为国家科技发展战略、政策和经济建设中的重大决策以及中国图书馆事业政策的制定提供咨询服务；介绍、推广和评定图书馆学科研成果，开展对会员和图书馆工作者的继续教育，普及图书馆学基础知识，传播推广先进技术；维护会员的正当权益，反映会员的意见和要求。中国图书馆学会的领导机构是全国会员代表大会。中国图书馆学会理事会是全国会员代表大会闭会期间的领导机构。中国图书馆学会的办事机构是秘书处，在常务理事会的领导下由秘书长负责主持日常工作。

中国图书馆学会理事会根据工作需要，设立学术研究委员会、编译出版委员会，协助理事会工作。学术研究委员会下设：基础理论、读者服务、目录学、文献资源建设、分类主题与编目、图书馆管理、古籍版本、文献修复与保护技术、情报技术、教育与培训、建筑与设备、少年儿童图书馆工作、少数民族地区图书馆、图书馆自动化等专业研究组。编译出版委员会下设期刊编辑、图书编辑出版、《中国图书馆年鉴》编辑 3 个研究组[①]。

各省、市、自治区图书馆学会、中央国家机关和科学研究系统图书馆学会、北京地区高等学校图书馆学会、各系统图书馆委员会是中国图书馆学会的组成部分，在业务上接受中国图书馆学会的指导。

3. 全国高校图书馆工作委员会及其秘书处的建立

1981 年 11 月 26 日，教育部《关于成立高等学校图书馆工作委员会的通知》指出，全国高等学校图书馆工作委员会，作为教育部主管全国高等学校图书馆工作的机构，其主要任务是："调查研究高等学校图书馆的状况，提出改进措施，研究制定发展规划；拟订高等学校图书馆的有关条例和标准；培养干部和组织经验交流；组织馆际协作；编辑出版反映高等学校图书馆工作的刊物；调查研究国外高等学校图书馆工作的经验，

① 源蒸等：中国图书馆百年纪事（1840—2000），北京图书馆出版社，2004 年版，第 224 页。

组织对外交流活动；进行图书馆学专业教育方面的研究。”①此前，陕西、天津、江西等省已提前成立了高等学校图书馆工作（协作）委员会。之后，1982年有内蒙古、广东、云南、新疆、上海、四川、甘肃、浙江、宁夏、福建，1983年有北京，1984年有湖北、湖南等相继成立了高等学校图书馆工作（协作）委员会。与此同时，各地区、各行业的高等学校图书馆工作（协作）委员会也逐渐成立。在高等学校图书馆工作（协作）委员会的指导下，各高等学校的图书馆事业蓬勃发展。

（四）高校图书馆业务的开展

1977年7月，钱学森在《红旗》1977年第10期上发表了《科学技术一定要在本世纪内赶超世界先进水平》。文章指出：“要把我国已有的大量的科技情报资料单位，通过高密度信息储存、电子计算机检索、通信线路和终端显示设备等组成一个全国性的情报资料网，使研究人员在任何地方都能通过情报网查看全国的科技文献，并在短时间内查到所需要的情报资料。”

1978年8月12日，教育部《关于加强高等学校图书资料工作的意见》指出，“图书资料是高等学校教学、科研工作的基本条件之一”，要求切实加强这项工作。同年10月4日，教育部在《全国重点高等学校暂行工作条例（试行草案）》中明确要求，“加强图书馆和资料室的建设工作和管理工作”“不断提高服务质量”。

1984年2月，教育部印发全国高等学校图书馆工作委员会《关于在高等学校开设“文献检索与利用”课的意见》，要求：“各高等学校应当积极创造条件，开设‘文献检索与利用’课。由于教学中必须使用各种文献检索工具，一般应当以图书馆作为教学基地的协调中心。”②

根据以上国家的有关规定，绝大部分高校图书馆开始重视业务工作的开展。这一时期业务工作重点主要有：

1. 对馆藏书刊进行清理，积极扩大馆藏

“文化大革命”十年，大多数图书馆不能正常运转，许多高校图书馆馆藏书刊混乱。因此，“文化大革命”结束之后，许多高校图书馆便把清理馆藏书刊作为重要的工作来抓。加之新的分类法——“中国图书馆图书分类法”的推行，也促使高校对馆藏书刊进行清理。

各图书馆在有限的财力下，积极购买图书资料，加大馆藏量，并尽量开辟途径，接纳捐赠。例如，自1978年3月起，武汉大学图书馆增加图书经费，补充新书。又如，

---

① 北京大学图书馆学系：高等学校图书馆研究资料汇编，1983年6月印本，第29—30页。
② 刘英杰：中国教育大事典（1949—1990）（下），浙江教育出版社，1993年版，第1639—1640页。

黑龙江大学图书馆在“文化大革命”后图书经费逐渐增加，1979 年图书经费 6 万元，期刊经费 2 万元，合计 8 万元，加大了购买书刊的力度。在 65 万册图书中，中文图书占 49%，外文图书占 26%。外文图书中的英文藏书为 32000 册，占总量的 4.9%；日文藏书为 7300 册，占总量的 1.1%；俄文藏书为 126000 册，占总量的 19.4%；德文藏书为 5200 册，占总量的 0.8%；法文藏书为 1200 册，占总量的 0.15%；中文线装图书 8 万册，占总量的 12.9%。再如，1979 年 5 月，北京广播学院图书馆接收何其芳赠书 32387 册，包括平装书、线装书和外文书，其中主要是文学作品。1980 年 2 月，沈阳农学院图书馆馆长余渭逝世后，其子余坤遵其遗嘱，将余渭生前所藏古籍 237 种、1166 册，捐赠辽宁省图书馆。同年 10 月，湖南医科大学神经病学专家黄友岐教授、儿科专家梁浩如教授夫妇将历年积蓄存款 2 万元捐赠给湖南医科大学图书馆作购书款。

由于各高校的积极努力，到 1980 年，高校图书馆藏书已达 19363 万册，比 1957 年的 400 万册增加是十分明显的。到 1986 年，高校图书馆藏书已达 31757 万册。①

2. 修改和完善规章制度，发挥图书馆的效能

在“文化大革命”期间，高校图书馆的一些规章制度被破坏。从 1977 年开始，高校图书馆在调整整顿中不断修改和完善规章制度，以便充分发挥图书馆的效能。

例如，黑龙江大学图书馆，在恢复时期的读者工作，主要是图书流通和期刊借阅工作。为了搞好借阅工作，首先制定了借阅规章制度。当时的借阅制度是这样规定的:“个人借阅:校内师生员工必须凭借书证借阅图书。教师、研究生最多一次可借 15 册，含小说 1 册。期限为教学用书 1 学期，小说 1 个月。学生、进修生、一般职工限借 8 册，含小说 1 册。借期为中文图书 1 个月，外文图书 2 个月。集体借阅：为了方便读者，满足其多方面的需求，我馆还开展了集体外借工作，即以集体的名义向图书馆借书的一种外借方式。我馆的集体外借，主要针对各系资料室和本馆的各阅览室。”② 其次，特别重视借书处和阅览室的工作。因为图书流通工作是读者服务工作中最普通、工作量最大的，而借书处和阅览室是当时为读者服务的两个主要阵地。为此，借书处以文种划分为中文借书处和外文借书处，相应地设有中文书库和外文书库，主要采取闭架方式借书。从借阅图书的人数上看，在 1981 年前，平均每天借书 200 人次、400 册次，高峰时间借书曾达到 300 人次、600 册次左右。阅览室根据读者划分为教师阅览室和学生阅览室。学生阅览室图书资料的利用率较高，常常座无虚席，平均每天读者人数达 200 人次，借阅图书达 200 册次。教师阅览

① 中国图书年鉴编委会：中国图书年鉴（1996），北京图书馆出版社，1997 年版，第 22 页。
② 赵桂荣、田丽娟：黑龙江大学图书馆简史（1941—2001），黑龙江人民出版社，2001 年版，第 20 页。

室的阅览人数相对少些，平均每天读者人数为 10 人次左右，利用率很低。图书馆规定，各系资料室和各学生班级所需的报刊，统一由期刊组负责订购和分配，最后由学校收发室向各系分发。各系资料室对所分得的资料只有使用权，各班级也是如此。但是，外文自然科学期刊统一由图书馆管理，一般情况下只限在馆内查阅。通过这些措施，基本解决了当时黑龙江大学师生的借阅需求。

其他高校也积极抓规章制度建设，使高校图书馆工作在“文化大革命”混乱无序的基础上有了明显的改观，使图书馆能较好地发挥其效能，推进了当时高等教育的发展。

3. 进行高校图书馆内部机构调整，充分发挥图书馆的职能

在“文化大革命”刚结束时，因高校图书馆队伍力量薄弱，加之馆舍狭小，大多只有采编组、外借阅览组，难以满足广大师生对图书情报资料的需求，尤其是 1978 年学生入学后，原有的图书馆内部机构难以满足师生的学习要求。因此，一批批高校图书馆针对自身实际，纷纷进行了机构调整，以便充分发挥其职能。例如，江西冶金学院图书馆从 1978 年开始着手机构改革工作。“1978 年年初，学院招生规模扩大，教学、科研任务加重，对图书馆提出了新的要求。加之院情报资料室合并到图书馆，开始实行图书情报一体化。同时图书馆又迁入新馆，根据这一情况变化，该馆的组织机构改为三组一室，即采编组、外借组、阅览组、情报资料室。到 1980 年，随着图书馆经费的增加，采购任务加重，同时引进了复印机和部分视听设备，服务范围和服务内容都有一定程度的扩大，因此该馆的机构又作了调整。一是单独成立采集组，兼管馆内一般的财务工作，同时将一些行政事务性的工作，也暂时纳入采集组，另外，在情报资料室设立文献检索阅览室，在阅览组中设立科技期刊室。这样比较适应了当时图书馆的工作要求。”①

4. 加强全国性和地区性高校图书馆的协作，编辑全国性书目和联合目录

（1）古籍善本书总目的编辑

根据周恩来总理的遗愿，全国图书馆学界把编辑古籍善本书总目作为这一时期图书馆工作的重要任务之一。

1977 年 1 月 21 日，国家文物局邀请北京图书馆、北京大学图书馆、首都图书馆等在京有关单位就编制全国古籍善本书目问题进行座谈。同年 11 月，国家文物局在南京召开北京图书馆、上海图书馆、南京图书馆、浙江图书馆联席会议，讨论拟定了全国古籍善本书总目的《收录范围》《著录条例》和《分类表》三个文件草案。同年 12 月，国家文物局下达《关于编辑全国古籍善本书总目的通知》，由上海图书馆牵头。

① 黎心耀：关于现阶段高校图书馆管理工作的管见，江西冶金学院图书馆，1985 年印本，第 71 页。

（2）图书馆协作组的出现及《全国蒙文古旧图书资料联合目录》的编辑出版

1977 年 9 月 16 日，北京地区图书馆协作组正式成立。协作组由北京图书馆、中国科学院图书馆、中国图书进出口公司等 18 个单位组成。会议通过了《北京地区图书馆协作组组织简则》，北京大学图书馆被推为协作组的副组长馆。之后，北京大学等一批高校图书馆开始启动协作活动，地区性的图书馆协作组织或高校图书馆协作组织也纷纷建立。例如，1979 年 10 月，为了加强纺织工业部所属纺织院校图书馆之间的联系和合作、逐步实现部署纺织院校图书馆的网络化和现代化，纺织工业部教育司在上海纺织工学院召开部署纺织院校图书馆座谈会。会议决定成立纺织工业部所属纺织院校图书馆协作组，并通过了《协作组工作条例》。这是中国第一个按专业系统组织起来的协作组。同年 12 月 20 日，上海市图书馆协作委员会召开成员馆会议，有上海图书馆、上海师范大学图书馆、中国科学院上海图书馆等 10 个单位的代表参加，讨论研究了关于如何加强上海地区各系统之间开展协作活动的问题。会议通过了《关于加强上海地区各系统图书馆之间协作活动的意见（草案）》。这些协作组在带领高校图书馆工作者积极从事科学研究方面取得了明显的成效。《全国蒙文古旧图书资料联合目录》的编辑出版，正是在这样的协作组推动下发挥集体智慧的结晶。

（3）高校图书馆参与全国“联合目录”的编辑工作

1980 年 3 月 21 日至 25 日，国家文物事业管理局委托北京图书馆在北京召开了第一次全国联合目录工作会议。会议通过了《建立全国联合目录报道体系的初步方案》和《全国联合目录工作协调委员会组织章程》两个草案，并成立了全国联合目录工作协调委员会，北京图书馆为主任委员馆，中国科学院图书馆、上海图书馆、北京大学图书馆为副主任委员馆，天津、辽宁、四川、甘肃、广东等省市图书馆为常务委员馆。会议还提出了《1980–1985 年联合目录选题规划（草案）》。至此，在“文化大革命”中中断了的全国联合目录编辑工作又重新恢复。此后，一批高校图书馆工作者与全国其他系统的图书馆工作者一起积极地投入到这一艰巨的工作中，编出了《中国地方志联合目录》《中国古籍善本书目》《民国时期总书目》等的大型联合目录。

（4）地区高等学校图书馆协会（委员会）对高校图书馆工作的推动

1978 年 12 月 26 日，在武汉大学图书馆召开了武汉地区高等院校图书馆协会成立大会，推举武汉大学图书馆为首届主任委员馆。该协会后改名为湖北高等院校图书馆协会，对湖北省高校图书馆业务工作经验的交流发挥了积极的作用。

湖南省高等学校中心图书馆委员会，在发放通用阅览证、创办《高校图书馆工作》

专业刊物、举办高校图书馆学会年会等方面发挥了作用。

其他省市也出现了与此类似的高等学校图书馆协作组，这些组织活动的开展，推动了高校图书馆的建设和发展。

（五）高校图书馆学情报学教育的发展

加强高校图书馆人才的建设，是搞好图书馆工作的根本条件。而“文化大革命”期间，我国高校图书馆人才培养被中断，尽管“文化大革命”后期部分高校已恢复招生，但由于“左倾”思想和政治运动的干扰，图书情报人才的培养不管是数量还是质量都难以满足社会需要。“文化大革命”结束后，高等学校更加重视图书情报人才的培养，一批高校设置了图书情报专业，使我国的高校图书馆学情报学教育进入了恢复和初步发展时期。

1. 高校图书馆学情报学专业教育

（1）高校图书馆学情报学专业教育的恢复

①首批高校图书馆学情报学本科生入学。1977 年，国家恢复高等学校入学考试制度，北京大学、武汉大学两校图书馆学系恢复招收 4 年制本科生，当年启动招生工作；两校图书情报学系积极准备开学事宜，以便迎接新生。次年 3 月，北京大学图书馆学系和武汉大学图书馆学系第一届本科生入学，学制 4 年。

②新增或恢复一批设置图书馆学情报学系的高校。在全国图书情报工作大发展的形势下，图书馆学教育事业也有了很大发展。1978 年，北京大学分校（后改名北京联合大学文理学院）图书馆情报学学系创办。金陵大学图书馆情报学学系恢复，开始招收专修科学生。南开大学分校情报科学系成立，初名图书馆情报学学系，1984 年改名为图书情报学系。同年，武汉大学图书馆学系率先开始招收目录学硕士生，这使我国图书情报学科教育层次得以提高。

1978年，除了上面提及的图书馆学系外，新设置图书馆学专业的高等学校有山西大学、内蒙古大学、湖南大学、上海师范大学、辽宁大学、上海师范学院、复旦大学、吉林师范大学、南京大学、解放军第二军医大学、华南师范学院、陕西外语学院等。

③图书馆学情报学专业不断拓展。这一时期，我国图书馆学情报学教育的专业设置得到初步扩展。

第一，打破了旧模式。1979 年之前，我国图书馆专业教育仅有文科，教学内容以图书馆工作程序和经验描述为主。1979 年，北京大学和北京大学分校等分设文、理两科，这是改革的起点。

第二，由封闭型变为开放型。不少院校已充分意识到图书馆学情报学是一门与其他学科相互交叉、联系紧密的外向型学科；图书情报专业人员除了应掌握图书情报专业知识外，还要掌握一两门其他学科知识，才更能适应社会的需要。不少院校在这方面进行了尝试。例如，北京大学曾安排 1979 年和 1980 年两届学员，前两年先到物理、生物、计算机、经济、历史和中文等系学习，后两年再回本系学习图书馆学情报学专业课程。这批学生在后来的工作实践中表现出具有多方面的专业知识，受到用人单位的欢迎。

第三，迈向情报化、现代化。1984 年年底至 1985 年年初，一批院校纷纷开办情报学专业。在培养目标、课程设置和教学内容上进行一系列改革，开设了一批能适应现代技术发展需要的情报学概论、计算机原理和图书馆自动化等新课。1984 年 9 月，武汉大学图书馆学系改名为图书情报学院。1984 年 11 月，上海大学文学院成立文献信息管理系。这些标志着我国图书馆学教育进入了一个崭新的时期。这种变化既是信息时代的要求，也是图书馆加强情报职能的反映。

第四，拓宽了一批专业。面对图书馆学专业迅猛发展，而图书出版发行和档案学等专业人才相对短缺的情况，综合性大学的图书馆学系（院）在办好图书馆学情报学专业的同时，开始开办新的专业。比如，武汉大学 1978 年在国内率先创办了科技情报专业，1983 年创办了我国第一个图书发行专业，重建档案学专业；安徽大学 1984 年开办图书发行管理专业等。

④图书馆学情报学专业师资队伍状况。由于“文化大革命”的影响，在 20 世纪 70 年代末 80 年代初，高校图书馆学情报学专业师资队伍受到很大影响。一批德高望重的老专家，如沈祖荣、邓衍林、刘国钧、黄元福等尽管盼到了“文化大革命”结束，但由于遭受“文化大革命”的长期摧残，“文化大革命”结束不久便离我们而去。

这一批图书馆学老专家的离世，给我国图书馆学教育造成了极大的损失，使原本薄弱的师资队伍雪上加霜。

为了尽快改变高等学校图书馆学情报学专业师资队伍青黄不接的局面，各高校都加大了使原有专业教师归队的力度，并在办专业过程中充分利用有经验的专家型图书馆人员做兼职教员，同时加大培养新教师的力度，通过专业教育、在职培训、助教进修班等形式不断提升新教师的水平。为了开阔高校图书馆师生的视野，还邀请国外图书情报学方面的专家、教授来我国交流，或聘为兼职教授。

（2）教育部对图书馆学情报学专业教育改革的意见

1983 年 9 月 22 日，《教育部印发〈关于发展和改革图书馆学情报学教育的几点意见〉

的通知》，要求“各省、市、自治区高教（教育）厅（局），各有关高等院校……参照执行。对执行中存在的问题和意见，望及时函告”①。

①大力发展图书馆学情报学教育。情报学与图书馆学关系密切。西方国家在专业设置上大都把二者结合起来，称为“图书馆和情报科学”；日本则称为“图书馆情报学”，下面不再分专业；我国图书馆学情报学专业设置需要进一步研究。目前，高校图书馆学情报学专业招生人数太少，应随着师资条件的逐步充实，有计划地扩大招生。改变图书馆学情报学教育办学形式单一、层次少、不适应图书馆情报事业发展需要的状况，除积极培养本科生、研究生以外，还要重视发展专科生，以便早出人才、多出人才。为使图书馆学情报学专业除了开设本专业课程外，还必须与自然科学或社会科学的各门学科紧密结合，才能更好地为图书情报事业服务，建议试行第二学位制度，即招收其他专业大学本科的毕业生，再以两年时间攻读图书馆学情报学专业，授予两个专业的学士学位，使他们能适应为各类专业工作者提供咨询和情报服务的需要。

②积极利用高等学校发展在职图书情报教育。为了解决图书馆学专业人才的急需，应积极利用高等学校大力发展在职教育。经验丰富的北京大学和武汉大学等图书馆情报学专业仍然是在职培训的骨干力量，应该在总结经验的基础上，逐步扩大招生规模，并为在职教育培养师资和编写教材。而一些新建的图书馆情报学专业，也应积极创造条件，逐步把在职教育开展起来；已经开展起来的，要继续办好。除了全日制高等学校充分挖掘潜力、承担在职教育任务外，还要大力提倡有条件的图书馆、情报所积极举办在职干部培训班；并争取早日开设图书馆学情报学专业的高等学校自学考试科目。力争在1990年以前，初步建立起图书馆学情报学在职教育体系；此后，要有一个较大的发展，其发展速度和规模应不低于全日制高等教育。

③加强师资队伍建设。师资的数量和质量问题，是图书馆学情报学教育事业发展中最突出的问题。因此，必须采取有力措施，在不断提高现有教师素质的同时，培养大批新的师资。第一，在北京大学、武汉大学举办研究生班；其他学校也应积极创造条件，争取获得学位授予权，陆续招收研究生。到1990年，争取培养出300名研究生，其中80%应留作师资。第二，选拔一部分政治、专业、外语几方面条件合格的本科毕业生、毕业研究生和中青年教师出国进修或攻读学位。第三，与省以上有关图书馆和情报机构签订合同，采取“请进来、派出去”的办法，实行馆系、所系挂钩和人才交流制度，即聘请有实践经验、适于做教学工作的图书情报专业人员担任兼职或专职教师；同时派教

① 郭锡龙：图书馆暨有关书刊管理法规汇览，中国政法大学出版社，1995年版，第435页。

师到图书情报部门做实际工作和研究工作，提倡各校教师相互兼课。第四，有计划地聘请国外图书馆学情报学方面的专家来华讲学。第五，举办短期或暑期进修班。第六，加强科学研究工作，建议首先在北京大学、武汉大学设立图书馆学情报学研究机构。为了解决图书馆中等职业技术教育师资缺乏的困难，要有计划地向办学单位分配图书馆学情报学大专毕业生。

④加快教学改革步伐。针对当时我国图书馆学情报学教育存在学科水平和教学质量不够高的主要问题，必须进行教学改革。一方面，要从研究改进专业知识结构着手，根据以下基本原则修订教学计划：第一，培养目标。本科以培养图书情报部门中级管理人员为主；研究生以培养教学和科研人才为主，其中一部分人要从事图书情报部门的高级管理和科研工作。第二，对传统的图书馆学、目录学课程要删繁就简，避免重复，大力增加情报学和图书馆现代化的课程，以适应新形势的需要。第三，课程设置，要理论与实际并重，博与专相结合，着重基本理论、基本知识、基本技能的训练。各校基础课和专业课的比例，必修课和选修课的比例，业务实习和社会调查时间，应大体相同，但具体安排可根据各校实际情况，扬长避短，办出特色。另一方面，各校应选择一些课程进行课程内容和教学方法的改革试验。

⑤ 抓紧教材建设，提高教材的科学水平。为了充分发挥全国高等学校教材编审小组的作用，应该进一步明确其任务和职责。编写教材要注意改革教学内容，即原有的教材有的要修订，尚未完成的要继续完成，有的则要新编。争取在 1990 年以前用编、选、译等办法搞出一套具有一定科学水平、为我国“四化”建设需要服务的中国化的图书馆学教科书和教学参考书。情报学的教材也要努力编好。编写教科书尚有困难的，要制订科学研究计划，在科学研究的基础上逐步写出教科书。为了适应教学需要，特别是新建专业的教学需要，可以先编写一套教学大纲。随着图书馆中等职业技术教育的发展，高等学校还应承担其教材的编写工作。

⑥ 加强现代化教学设备的建设。图书馆学情报学教育落后的一个表现是设备极端落后。高校基本的现代化设备，如复印机、缩微机、照相机等都不具备，需要认真解决。1985 年以前，首先要解决上述必需设备的所需经费，从教育经费的设备费中开支。1990 年以前，逐步装备微型计算机等设备。

⑦加强对图书馆学情报学教育的领导。发展各种形式的图书馆学情报学教育专业是一项迫切的、艰巨的任务。首先，希望教育行政部门和有关用人部门都能重视起来，协同做好事业发展规划，切实保证必要的办学条件。其次，需要有适当的机构牵头，负责全国

性的组织协调与规划。鉴于图书馆学情报学专业既应在文科院校设置，也应在理、工、农、医等院校设置，而目前教育部内又无统一归口单位，因此，要求高等学校图书馆工作委员会在做好图书馆工作的同时，逐步把高校的情报资料工作抓起来，并会同教育部高教一、二司和职业技术教育司进行图书馆学情报学教育的协调工作，至于图书馆学情报学专业的经常教学管理工作仍由各有关司负责。

2. 高校图书馆学情报学常识教育

随着高等学校招生工作的逐渐恢复，特别是从1978年开始，高校学生人数不断增多，学生对图书情报的知识需求不断增加，一些高校开展了针对读者的图书馆学情报学普及教育。在20世纪70年代末80年代初，不少高等学校开始以讲座的形式开设了文献检索课程。1981年，教育部颁发了《高等学校图书馆工作条例》，其中第九条规定，高校图书馆要“辅导读者查阅文献资料，并进行有关方法的基本训练”。此后，有更多的高校图书馆开设了文献检索课程，虽然多数仍然是以讲座的形式出现，但有的学校已将其列为选修课或必修课。在此基础上，1984年2月，教育部印发了《关于在高等学校开设〈文献检索与利用〉课的意见》，要求“凡有条件的学校可作为必修课，不具备条件的学校可作为选修课或先开设专题讲座，然后逐步发展、完善”。规定由各校图书馆负责组织教学与实习，全国高校图书馆工作委员会负责指导。这一决定对高校图书馆工作有很大的推动，许多学校克服各方面的困难，把这项工作抓了起来。全国及地方的高校图书情报工作委员会分别培训了2000多名教师，这些教师对于该项教学工作的开展起了促进作用。

3. 高校图书馆学情报学继续教育

高等学校图书馆主管部门对高等学校图书馆学情报学人才十分重视，积极开展图书馆学情报学继续教育。1978年5月15日至8月5日，国家文物局和北京大学合办古籍整理培训班，全国26个省、市、自治区30个图书馆的32名业务干部参加了学习。1980年11月20日，文化部图书馆事业管理局（筹）与北京图书馆在北京师范大学联合举办的以省、市、自治区图书馆馆长为对象的第一期图书馆研究班正式开学，学习时间为1个月。学习内容包括：公共图书馆的方针任务及其在“四化”建设中的作用，国内外图书出版及发行情况，图书馆的科学管理及业务知识，国外图书馆的现状及发展趋势等。

业余高等图书馆学情报学教育的出现。1980年3月，长春市业余图书馆学院开学，单行兼任副院长。同年，清华大学开办业余图书情报专修科。

继之，“函授”和“夜大”形式的高等图书馆学情报学教育也开始出现。1980年9月，北京大学图书馆学系恢复图书馆学专科的函授招生，学制3年。首批恢复招生的函授点

有北京、天津、沈阳、长春、哈尔滨、大连等，招生人数达492人。恢复招生后，函授教学采用聘请当地专家面授与学校主讲老师巡回辅导相结合的方式。同年10月，陕西省图书馆开办“图书馆夜大学”。

通过本期图书馆学情报学教育的初步恢复，使我国的图书馆学情报学人才得到了较为及时的补充，为20世纪80年代之后的图书馆事业的发展初步奠定了基础。

（六）高校图书馆队伍建设

高等学校图书馆队伍在“文化大革命”期间几近解体，“文化大革命”结束后，其建设经历了比较曲折的路程。

1. 教育法规对高校图书馆队伍的规范

1981年10月，教育部颁发了《高等学校图书馆工作条例》（以下简称《工作条例》），规定“高等学校图书馆实行校（院）长领导下的馆长负责制”，提出“馆长、副馆长应由认真执行党的方针政策、热心图书馆事业、有较高的科学文化水平和组织能力的人担任”。规定馆长的任务是“主持全馆工作，领导制定全馆规划、工作计划、经费预算、干部培训计划及规章制度等，并组织贯彻执行和总结，定期向校（院）长报告工作。馆长应参加校（院）长办公会，应是校（院）务委员会的委员。副馆长协助馆长完成各项工作”。馆长、副馆长的任免，“一般院校与系主任、系副主任相同，重点院校与教务长、副教务长相同”。对于图书馆工作人员的组成，《工作条例》规定应包括：“党政工作人员；专业人员；技术人员；技术工人；公勤人员”。要求“高等学校图书馆工作人员必须拥护中国共产党的领导，热爱社会主义祖国，努力学习马列主义、毛泽东思想，全心全意为人民服务，热爱图书馆事业，刻苦钻研业务，积极做好本职工作”。①

2. 高校图书馆队伍建设情况

（1）逐渐健全图书馆干部队伍

粉碎“四人帮”后，随着高等学校的恢复和发展，高校图书馆也得到较快恢复和初步发展，健全图书馆干部队伍对于领导图书馆积极开展工作有着重要的意义。因此，绝大部分高校图书馆十分重视干部队伍建设。例如，1978年5月，谢道渊被任命为北京大学图书馆馆长。“文化大革命”结束后，北京钢铁学院魏寿昆先生又回到北京钢铁学院的行政岗位上，于1979–1983年担任钢铁学院副院长兼图书馆馆长，这对于北京钢铁学院图书馆的恢复与建设起了积极的作用。②武汉大学图书馆1966年“文化大革命”开始

① 国家体委科教司：现行高等体育教育文件选编（1980—1992），北京体育学院出版社，1993年版，第575—576页。
② 师者如兰编委会：师者如兰，冶金工业出版社，2006年版，第42—43页。

后业务工作处于半停顿状态，党政机构遭到破坏。“文化大革命”结束后的 1978 年 3 月，馆系正式分开，恢复图书馆建制，选派干部充实图书馆领导班子，由侯廉实任图书馆党总支书记，次仁德吉（女）任副书记，设副馆长 3 人，即徐鸿、王令高、潘伯善。这样，通过加强组织领导，使高校图书馆恢复建制后得到了较好的发展。

（2）加大高校图书馆人员的培训力度

“文化大革命”刚结束，大量知识青年回城，很多教职工子女顶替进了图书馆。而提高图书馆工作群体的业务能力是提高整个图书馆服务水平的重要因素之一。在国家未明确规定高校图书馆人员素质提升方案之前，部分高校在增加图书馆工作人员的同时，采取了多种形式对图书馆工作人员进行培训。

1979 年，黑龙江大学图书馆采取自办在职业务学习班的方式，为一批新同志创造了良好的学习、提高机会。该学习班的教师，均由馆内有长期工作经验和业务水平较高的老同志分别担任，主要讲授藏书建设、图书分类、编目等业务理论知识，深入浅出，使新同志的业务能力得到了提高，收到了良好的效果。

1981 年，广东省高教局委托华南师范学院举办高校图书馆分编工作人员培训班，4 月上旬开学，7 月上旬结业。该班学员共 36 人，来自省内 29 所大专院校。先学习《图书馆学基础》《汉字排检》，然后学习《图书分类学》《图书馆目录》两门主课，实习 4 周。并选学外文编目或古籍编目，教学采用理论与实践、课堂教学与实际操作相结合的方式方法。①

随着我国高校图书馆事业的不断发展，国家对高校图书馆队伍建设越来越重视。1981 年 9 月，教育部召开全国高等学校图书馆工作会议，强调要建设一支又红又专的高校图书馆专业队伍，提出了一系列措施，包括从学校教师队伍、应届毕业生中选调、选留一批人员充实高校图书馆队伍。会后颁发的《高等学校图书馆工作条例》，对图书馆人员配备、队伍建设、待遇等重新作了具体的规定，高等学校图书馆队伍建设开始走上正轨。

1985 年 3 月，为了解决部分院校图书馆微电脑应用技术人员缺乏的困难，为高校图书馆应用电脑培训技术人员，受全国高等学校图书馆工作委员会秘书处委托，南京大学图书馆举办了一期图书馆微电脑应用技术培训班。参加学习的人员要求是电子计算机、数学、电子工程等专业的毕业生或从事过应用工作并有一定外语基础的图书馆工作人员。通过培训班的学习，学员要达到了解并掌握微电脑的基本原理，掌握中文微电脑的操作

① 华南师范大学图书馆：省高等图书分编工作人员培训班结业，图书馆论坛：1982 年第 3 期。

过程，用COBOL语言独立编制应用软件，掌握图书馆各子系统的结构原理的要求。①

图书馆工作人员除了在国内参加培训外，从20世纪80年代开始，一些人员充足的图书馆还鼓励工作人员外出进修，甚至攻读图书馆学或情报学方面的学位或出国考察以提高其素质。例如，1980年6月27日至7月19日，中华人民共和国大学图书馆代表团访问美国。该代表团由清华大学、北京大学、南京大学、天津大学、山东大学、四川大学的图书馆负责人共10人组成。主要访问了哥伦比亚大学等高校的图书馆，并应邀参加了美国全国图书馆协会年会。

（3）恢复高校图书馆人员技术职务评聘工作，鼓励图书馆人员提高业务素质

高等学校图书馆专业人员的职称制度对于调动工作人员积极性，鼓励图书馆工作人员不断提高业务素质有十分重要的作用。在职称改革以前，高等学校图书馆工作人员长期实行行政人员的工资标准。1978年11月，中国科学院制定了《中国科学院图书、资料、情报业务人员定职升职试行条例》，规定：中国科学院图书、资料、情报业务人员的技术职称分别为研究员、副研究员、助理研究员（馆员）、研究实习员（助理馆员）、管理员五种；并分别规定了各类业务人员定职、升职的业务标准。同年12月，教育部制定《高等学校图书和资料情报工作人员职务名称确定与提升的暂行规定》。以上举措的实施，使高校图书馆队伍建设取得了明显的成效，但仍然存在着专业人员数量不足、质量不高、青黄不接的现象。

（七）高校图书馆的科学研究

随着"文化大革命"的结束，党和政府开始重视哲学社会科学的研究。1978年3月，中国社会科学院和教育部联合成立"制定全国哲学社会科学发展规划"办公室，共同组织力量制定8年发展规划。国家在社会科学规划中把图书馆学情报学纳入了规划范围，将图书馆学作为其中的一个学科，制定了《1978~1985年图书馆学发展规划（草案）》。该规划中拟定的重点研究项目有五大类：图书馆学基本理论的研究；图书馆现代化问题的研究；图书馆管理科学化的研究；图书馆事业史和图书馆学史的研究；外国图书馆事业的研究。同年12月，在成都召开的中国图书馆学会筹委会扩大会议上，曾对这个规划进行了讨论和补充，并对1979年的科研计划进行了讨论。高等学校作为哲学社会科学研究的重要力量之一，也纷纷参加到哲学社会科学研究尤其是图书馆学情报学的研究之中。1982年12月10日，在第五届全国人大第五次会议批准的《中华人民共和国国民

① 江成：全国高校图书馆专业干部进修工作座谈会在南京召开，大学图书馆学报，1984年第4期。

经济和社会发展第六个五年计划（1981–1985）》第26章“哲学、社会科学”中将“图书馆学”作为一门学科提出。1984年3月16日至22日，全国社会科学图书资料情报工作“七五”规划会议在北京召开。

这一时期，高校图书馆除了积极参加全国大型图书目录及全国善本书的清查、鉴定外，也纷纷针对自己工作中所发现的问题进行研究。例如，1978年5月，北京大学图书馆学系便举行科学讨论会。会上收到关于图书馆现代化问题、建立图书馆网的问题、图书开放问题以及目录学方面的论文共计12篇。通过讨论，开阔了人们的视野，寻找了解决工作问题的策略，效果显著。

这一时期除了个人或小规模的图书情报学的研究外，开始出现大型协作的共同研究，有的甚至是全国性的合作研究，参与的图书情报学研究工作者多，研究成果档次较高。例如，1980年10月，在充分吸收图书馆工作者意见和建议的基础上修改完成的《中国图书馆图书分类法》（修订本）出版，同时出版简本和《中国图书资料分类法》第二版。又如，1983年，中国图书馆学会接受中国大百科全书出版社委托，抽调专人组成筹备组，负责编写《中国大百科全书》的图书馆学·情报学·档案学卷图书馆学部分。条目包括图书馆学、目录学、文献学三方面内容，共设词条813条，约80万字[①]。其中就有全国高校图书馆学方面的专家、学者参与该书的撰稿。

为了给图书馆工作者提供研究成果发表和出版的阵地，一批专业刊物和相应的专业出版社诞生了。例如，1978年，大连工学院图书馆创办《图书与情报工作》学术期刊；1979年1月，西北农学院图书馆编印的《图书馆通讯》第1期出刊；1980年3月，中国人民大学书报资料室创办《资料工作通讯》，它是《情报资料工作》杂志的前身；同年6月，武汉大学图书馆学系编辑的《图书情报知识》（季刊）创刊，它是中国图书馆学情报学高等教育与研究机构主办的第一家学术期刊；1979年2月，图书馆学专业出版社书目文献出版社在北京成立。除了继续印刷发行中西文统一编目卡片外，还编辑出版专业书刊、书目文献资料等。它是后来北京图书馆出版社（今国家图书馆出版社）的前身。

总的来看，1985年之前，高校图书馆工作者的科学研究意识不是很强，即便是高校图书馆学系教师的科研成果大多也是教学经验的总结或编写的讲稿或教案，公开发表或出版的意识不强，使我国图书馆学情报学的标志性研究成果在这一阶段较为少见。不过，毕竟高校图书馆工作者的科学研究意识已经复苏，尤其是高校图书馆人员技术职务评聘中科学研究成果要求的逐渐强调，这一局面在此后获得了根本性改变。

---

① 陈源蒸等：中国图书馆百年纪事（1840—2000），北京图书馆出版社，2004年版，第265页。

（八）高校图书馆的设施和馆舍建设

1. 高校图书馆的经费

1981 年之前，国家对高等学校图书馆的文献购置费没有明确规定。一般学校根据自己的业务状况自行决定，由于无规范性，绝大多数高校的文献购置费不足。1981 年 10 月，《工作条例》将图书购置费和资料费合并为书刊资料购置费，对其在全校教育事业费中的比例，提出“一般可参照 5% 左右的比例数，由学校研究确定”。全校书刊资料购置费“由图书馆统一掌握，合理使用”。[①] 这在一定程度上为高校图书馆最低经费保证提出了一个基本额度。

“文化大革命”刚结束的两三年，由于国家经济不景气，百废待兴，国家对高校的投入不多，高校的文献购置费也不多。但随着我国经济的逐渐恢复，国家对高校的投入逐渐增多，高校的文献购置费也逐渐增多。

2. 高校图书馆的设备

1981 年 10 月，《工作条例》提出“高等学校应有计划地为图书馆添置复印、缩微、视听等设备和家具，纳入学校的设备购置计划，由设备费内开支”。电子计算机等现代化设备则“由教育行政部门（或国家有关部门）全面规划，统筹安排”。

3. 高校图书馆的馆舍

“文化大革命”刚结束时，许多高校的图书馆馆舍不够理想，难以满足图书馆工作的需要。例如，黑龙江大学图书馆虽然于 1977 年从教务处分离出来，独立成为处级单位，但在独立初期，由于条件限制，没有独立的馆舍，而是利用该校主楼的一部分和地下室。全馆占地面积为 2359 平方米，共设 12 个书库、5 个阅览室，包括 1 个报刊阅览室、1 个教师阅览室，其他的是库室合一，条件相当艰苦。由于图书馆面积狭小，再加之其他一些客观原因，致使大量图书不能上架流通，只能长年积压堆放，变成了“死书”，发挥不了藏书的应有作用。

---

① 田晓娜：中国学校图书馆（室）工作实用全书，国际文化出版公司，1994 年版，第 749 页。

第四节 我国高等教育的快速发展与高校图书馆发展

一、我国高等教育的快速发展

（一）高等教育的任务和培养目标的确定

1987年5月27日，国家教育委员会《关于改革高等学校科学技术工作的意见》指出："中共中央关于科学技术体制改革和教育体制改革的决定，指明了高等学校科学技术改革的方向，也给高等学校的科学技术工作提出了更高的要求。高等学校肩负着培养高级专门人才和发展科学技术文化两项重大任务"，"必须紧密结合进行"。

1990年12月，国家教育委员会印发《关于教委直属高等学校"四定"工作的意见》，提出："委属高校担负着培养高质量的高级专门人才和发展科学技术文化的双重任务。学校在教学、科研工作中要坚持面向现代化、面向世界、面向未来。通过教学、科研、生产和社会实践相结合，不断提高学校的教育水平和科学研究能力。要使一部分委属高校能够办成或保持国内一流水平，并能在科学技术水平方面，根据国家需要逐步接近或赶上世界先进行列的高等学校。"

1993年2月13日，中共中央和国务院发表了《中国教育改革和发展纲要》（以下简称《纲要》），《纲要》指出：高等教育的具体目标是"培养的人才适应经济、科技和社会发展的需求，集中力量办好一批重点大学和重点学科，高层次专门人才的培养基本上立足于国内，教育质量、科学技术水平和办学效益有明显提高"。1994年7月3日《国务院〈中国教育改革和发展纲要〉的实施意见》、1995年5月19日国务院办公厅转发的国家教育委员会《关于深化高等教育体制改革的若干意见》中都重申了这一精神。

1998年8月29日，第九届全国人民代表大会常务委员会第四次会议通过的《高等教育法》规定："高等教育必须贯彻国家的教育方针，为社会主义现代化建设服务，与生产劳动相结合，使受教育者成为德、智、体等方面全面发展的社会主义事业的建设者和接班人。""高等教育的任务是培养具有创新精神和实践能力的高级专门人才，发展科学技术文化，促进社会主义现代化建设。”[①]

以上这些对高等教育的任务和培养目标的规定，对于保障这一时期高等教育的发展起了积极的作用。

（二）高等教育事业的快速发展

1989 年 11 月 30 日，国务院总理李鹏在会见“面向 21 世纪教育国际研讨会”的中外代表时说：“从我国目前经济发展的水平看，我国高等学校的数量已经够了，主要是提高教学质量的问题。教学内容和方法都要改革，使毕业生能适应社会的需要。”1990 年 1 月 16 日，李铁映在国家教委 1990 年工作会议的讲话中又指出：“几十年的经验证明，教育事业的发展必须坚持需要与可能、长远与当前、数量与质量相统一的原则。高等教育内部的层次结构、学科结构和专业结构也要调整，适当发展专科教育和应用学科，拓宽专业业务范围……高等教育的学校布局和专业布局也要根据社会的实际需要和提高质量、提高效益的原则，逐步进行调整，有些要进行联合，有的要适当撤并，减少学校和专业的重复设置。”

1994 年 7 月 3 日，国务院发布《关于〈中国教育改革和发展纲要〉的实施意见》指出：“高等教育要走内涵式发展道路，使规模更加适当，结构更加合理，质量和效益明显提高。”“到 2000 年，全国普通高等学校和成人高等学校本专科在校生达到 630 万人左右，其中本科生 180 万人，专科生 450 万人。18～21 岁学龄人口入学率将上升到 8% 左右。”“不同类型不同层次的高等学校应有不同的发展目标和重点，办出各自的特色。各类大专层次的高等教育应适当扩大规模，注意充分利用电视、广播、函授等办学形式，为广大农村、乡镇企业以及中小型企业生产第一线培养人才。本科教育要把重点放在提高质量上，硕士生、博士生的培养基本上要立足于国内。在培养基础学科人才的同时，要重视培养社会主义建设急需的高层次应用型和复合型人才。”

1995 年 5 月 19 日，国务院办公厅在转发国家教育委员会《关于深化高等教育体制改革的若干意见》中指出：“当前，随着现代科学技术的发展和社会主义市场经济体制的建立，社会、经济、科技、文化等结构正在发生重大变革，对各类人才的需求也正在发生新的变化；政府机构、职能的变化以及企业管理体制的改革，带来的领导管理方式、经费来源、投资体制和人才需求的重大变化，使高等学校，特别是中央业务部门所属的 300 多所高等学校中的大多数学校遇到的问题日益突出。解决这些问题的根本出路在于深化高等教

---

① 中国教育年鉴编辑部：中国教育年鉴 1999，人民教育出版社，1999 年版，第 100 页。

育体制改革。高等教育体制改革的各个方面是相互联系的有机整体，目前，要特别着重抓好管理体制的改革。”

二、我国高等教育快速发展时期的高校图书馆

（一）高校图书馆方针任务的确定

1.《普通高等学校图书馆规程》的规定

1987年7月，国家教委颁发了《普通高等学校图书馆规程》（以下简称《规程》），使高等学校图书馆沿着更为规范化的方向发展。《规程》规定：“高等学校图书馆是学校的文献情报中心，是为教学和科学研究服务的学术性机构。它的工作是学校教学和科学研究工作的重要组成部分。”“高等学校图书馆应贯彻党和国家的方针、政策和法令，宣传马克思列宁主义、毛泽东思想和人类科学文化的优秀成果，履行教育职能和情报职能，为培养有理想、有道德、有文化、有纪律的社会主义建设人才，发展教育科学文化事业，建设社会主义物质文明和精神文明作出贡献。其主要任务是：采集各种类型的文献资料，进行科学的加工整序和管理，为学校的教学和科学研究工作提供文献情报保障。开展流通阅览和读者辅导工作。开展用户教育，培养师生的情报意识和利用文献情报的技能。开发文献情报资源，开展参考咨询和情报服务工作。统筹、协调全校的文献情报工作。参加图书情报事业的整体化建设，开展多方面的协作，实行资源共享。开展学术研究和交流活动。”①

2.《中国人民解放军院校图书馆工作条例》的规定

1987年12月31日，中国人民解放军总参谋部颁发了《中国人民解放军院校图书馆工作条例》，该条例规定：“图书馆是院校的文献情报中心，是为教学和科学研究服务的学术性机构，是院校建设的重要支柱之一。它的工作是教学和科学研究工作的重要组成部分。”其总任务是：“图书馆必须坚持党的四项基本原则，坚持教育要‘面向现代化，面向世界，面向未来’的指导方针，贯彻党、国家和军队有关教育的方针、政策和法令，履行教育职能和情报职能，为培养军队现代化建设和未来反侵略战争需要的合格人才服务，为发展我军教育事业，建设社会主义物质文明和精神文明作出贡献。”其主要任务有：“根据各院校的性质和任务，采集各种类型的文献资料，运用科学方法进行分类编目与管理，为教学和科研工作提供文献情报保障。宣传马克思列宁主义、毛泽东思想，宣传党的路线、

① 胡义钧、孙维钧：图书馆工作实务全书，中南工业大学出版社，1997年版，第342页。

方针、政策和国家的法律、法令，宣传中央军委的有关方针、政策、原则和指示，宣传人类科学文化的优秀成果，推进社会主义精神文明建设。根据教学、科学研究和课外阅读的需要，开展流通阅览、读者辅导和参考咨询工作。开展文献分析和情报研究，提供资料情报服务。统筹、协调全院、校的文献情报工作。开展对图书馆学、情报学理论和现代化技术手段应用的研究。提高图书馆人员的专业水平和业务能力。开展馆际协作，实现资源共享。开展学术研究和交流活动。”①

3.《关于开展普通高等学校图书馆评估工作的意见》的规定

1991 年，国家教育委员会下发了《关于开展普通高等学校图书馆评估工作的意见》（以下简称《意见》），《意见》指出：“高等学校图书馆是高等学校的图书情报中心，是为教学和科学研究服务的学术性机构。”

以上图书馆方针制度的制定，对于指导全国各地高校图书馆事业的建设和发展具有重要的指导意义。

（二）高校图书馆的新建与重组

1985 年，中共中央《关于教育体制改革的决定》颁布后，高等教育改革序幕由此拉开，高等学校进入较大发展阶段。一批新的高校出现了，相应地，一批新建或重组的高校图书馆随之诞生。这些图书馆建立之后又积极发挥其功能，推动着高等教育的发展。

1. 高校图书馆的新建

1985–1993 年，一大批高校图书馆新建起来。例如，1985 年，中国计量学院图书馆、鸡西大学图书馆、江苏常州技术师范学院图书馆、苏州城建环保学院图书馆、福建莆田高等专科学校图书馆、福建财会管理干部学院图书馆、天津市工会管理干部学院图书馆、湖南省岳阳大学图书馆、南京财贸学院图书馆建立；1986 年，宁波大学图书馆、北京青年政治学院图书馆和安徽建筑工业学院图书馆建立；1987 年，浙江财经学院图书馆和长春大学图书馆成立；1989 年，西藏藏医学院图书馆和蚌埠高等专科学校图书馆成立；1990 年，辽宁本溪冶金高等专科学校图书馆和辽宁财政高等专科学校图书馆建成；1991 年，福建公安高等专科学校图书馆和澳门大学图书馆建立；1992 年，延边科技大学图书馆成立；1993 年，大连民族学院图书馆正式成立，其前身是东北民族学院图书馆。

2. 高校图书馆的重组

20 世纪 80 年代末，整合高等学校资源的呼声越来越高。一批高等学校开始重组，

---

① 郭锡龙：图书馆暨有关书刊管理法规汇览，中国政法大学出版社，1995 年版，第 545—546 页。

其图书馆也随之重组。截至 1999 年，重组的图书馆主要有：

1989 年 12 月，运城高等专科学校图书馆成立，该馆由原运城师范专科学校图书馆、运城地区教育学院图书馆、河东大学图书馆合并而成。同年，常熟高等专科学校图书馆创建，它由原苏州师范专科学校图书馆和常熟职业大学图书馆合并组成。

1994 年 5 月，上海大学图书馆由上海工业大学（建馆于 1960 年）、上海科技大学（建馆于 1958 年）、上海大学（建馆于 1983 年）、上海科技高等专科学校（建馆于 1959 年）的图书馆合并建立。

1996 年，石河子大学图书馆由原石河子农学院、石河子医学院、兵团师范学院、兵团经济专科学校所属 4 家图书馆合并而成，1999 年迁入逸夫图书馆新馆。

1997 年，太原理工大学图书馆由原太原工业大学图书馆、山西矿业学院图书馆和太原工业大学材料工程学院图书馆合并而成。1998 年 7 月，浙江海洋学院图书馆由浙江水产学院图书馆和舟山师专图书馆合并而成；同年 9 月，扬州大学图书馆由原扬州师范学院、江苏农学院、扬州工学院、扬州医学院、江苏水利工程专科学校、江苏商业专科学校 6 个省属院校图书馆合并组建而成。

1999 年 5 月，集美大学图书馆实现实质性合并。集美大学于 1994 年 10 月由集美学村原集美航海学院、厦门水产学院、福建体育学院、集美财经高等专科学校、集美师范高等专科学校 5 所院校合并组建而成，是一所以应用型本科教育为主的省属多学科大学；图书馆也随之由 5 所院校图书馆合并而成。同年 5 月，南通师范学院图书馆由原南通师范专科学校图书馆（创建于 1958 年）和原南通教育学院图书馆（创建于 1959 年）合并而成。

1999 年 9 月，北华大学图书馆由原吉林师范学院图书馆、吉林医学院图书馆、吉林林学院图书馆、吉林电气化高等专科学校图书馆合并组建。

（三）高校图书馆的领导管理

1. 通过全国高校图书馆工作委员会及其秘书处加强领导与管理

1986 年 11 月，国家教育委员会成立教材和图书情报管理办公室，对全国高校图书情报事业进行宏观管理。1989 年年初，在国家机关机构调整中，国家教育委员会教材和图书情报管理办公室并入国家教育委员会条件装备司。

1987 年 6 月，国家教育委员会把全国高等学校图书馆工作委员会改名为全国高等学校图书情报工作委员会，以便把图书工作与情报工作结合起来，发挥整体效益；同时规定，全国高等学校图书情报工作委员会作为“国家教育委员会领导下对全国高校图书情报事

业进行协调、咨询、研究和业务指导的机构”，其主要任务是：调查研究高等学校图书情报工作的状况，提出意见和建议；在文献搜集利用、自动化技术等业务工作中组织协作，推进资源共享；组织培训专业干部，交流信息和经验；进行学术研究，提供业务咨询；编辑出版反映高等学校图书情报工作的书刊；对高等学校图书情报工作进行检查评估和成果评奖；参加各系统图书情报工作的协作、协调；调查国外图书情报工作的经验、开展对外交流；组织国外文献的引进，接受和分配国外赠书；联系和指导各地区、各部委高等学校图书情报工作委员会的工作。[①] 全国高等学校图书情报工作委员会由国家教委聘请部分高校图书馆为委员单位，聘请其中一些委员单位的专家和少数教育行政领导干部组成常务委员会。全国高校图书情报工作委员会的常设机构是秘书处，其日常工作由条件装备司负责联系。

2. 通过中心图书馆委员会加强对高校图书馆的领导与指导

中心图书馆委员会在领导与指导高校图书馆业务方面发挥着积极的作用。一些中心图书馆委员会通过组织章程规范了委员会的任务。例如，1988 年 12 月 16 日，浙江省中心图书馆委员会全体会议讨论通过了《浙江省中心图书馆委员会组织简则》，明确了浙江省中心图书馆委员会的主要任务是：“研究全省图书情报事业发展规划、方针、政策，向有关政府部门提出建议；协调全省藏书资源布局和合理利用问题；协调全省图书情报系统现代化技术的应用；协调全省图书情报系统专业人员培训；协调和指导各系统图书馆网络活动。”[②]

由此可见，作为省（自治区、直辖市）级中心图书馆委员会会员馆单位的高等学校图书馆，在省（自治区、直辖市）级中心图书馆委员会的领导和指导之下，可以更有效地规划图书馆的建设、充分利用其他图书馆的图书信息资源、提高图书情报系统现代化技术的应用水平、培训提高工作人员素质以及积极为图书馆同行服务等。

3. 通过评估高等学校图书馆工作加强领导与管理

在国家教育委员会对高校图书馆进行评估以前，各高校和高校所在教育主管部门都进行过一些针对高校图书馆的评估工作。但就评估工作对高校的影响和深刻程度而言，国家教育委员会（教育部）所组织的评估最有影响力。

1989 年 3 月 27 日至 30 日在西安市举行了由全国高校图书情报工作委员会主持召开的全国高等学校图书馆评估研讨会。会议交流了各地区高校图书馆评估工作的经验；研

---

① 全国高等学校图书情报工作委员会秘书处：全国高等学校图书馆工作会议文集，大连工学院出版社，1987 年版，第 53 页。
② 浙江省图书馆志编撰委员会：浙江省图书馆志，中国书籍出版社，1994 年版，第 486—487 页。

讨了高校图书馆评估理论和实质问题；探讨了建立高校图书馆的评估制度；制定了评估体系和大纲方案。讨论的主要问题有：第一，高校图书馆评估工作的意义。与会代表认为，作为高等学校文献情报中心的图书馆，对高校教学、科研起着重大作用，图书馆的工作水平是衡量高等学校办学水平的重要标志之一。因此，必须把图书馆评估列为高校教育评估的重要项目，这是加强对高等教育进行宏观管理和指导的重要手段，是适应教育体制改革的必然趋势。第二，关于高校图书馆评估的指导思想。大家认为，无论是评估指标体系的制定，还是实施评估的全部过程，都必须坚持方向性、科学性和可行性原则，以便全面、客观地评估各高校图书馆的办馆条件和办馆水平。与会代表总结交流了前一段评估工作的经验，主要是：做好充分准备是搞好评估工作的基础；自评和专家评估相结合是一种行之有效的方法；搞好试点工作是搞好全面评估的重要途径；认真进行总结是巩固评估成果的重要措施。[①]

此后，各高校图书馆通过参加评估工作，不断改进工作作风，提高管理水平，促进了高校图书馆事业的发展。

4. 通过高等教育司及高等学校图书情报工作指导委员会对高校图书馆进行领导与管理

1993 年，“信息高速公路”的冲击遍及全球，图书馆改革又一次面临新技术的挑战，现代化技术在图书馆得到更广泛的应用。到 1997 年，中国教育科研网已经形成以清华大学为中心的总出口，以西北、西南、华中、华南、华东和京津等八大地区 9 所院校为节点，连接 200 多所高校校园网的立体网。1998 年，国家教育委员会改名为教育部，条件装备司被撤销，高等学校图书馆管理归高等教育司。

（四）高校图书馆业务工作的开展

根据全国高等学校图书情报工作委员会秘书处的统计，1989 年全国高校图书馆共购入新书 1565 万册（件），剔除旧书 443.5 万册（件）；外借图书 7159.4 万册次，开架书刊 7557.7 万册，开架书刊占全部书刊的 20%；每周平均开馆时间为 62.77 小时；解答读者咨询 76 万条，代检课题 1.63 万条，提供文献线索 72.8 万条，编辑书目、索引等资料 5.6 万份。[②]

全国高校图书情报工作委员会于 1987-1990 年在全国 326 所高校图书馆进行调研，其覆盖面占高校图书馆总数的 30%。通过调研表明，中文文献入藏率只有 66%，5 年新

① 吴育群、刘宏权等：中国社会科学学术会议通览（1979—1990），社会科学文献出版社，1992 年版，第 509—510 页。
② 刘英杰：中国教育大事典（1949—1990）（下），浙江教育出版社，1993 年版，第 1640 页。

书率为31%；通过国际联机情报检索查到线索约40%～50%，在国内无法找到源文献，说明外文文献严重不足；科研用户需求满足率平均只有50%。1995年，我国高校引进外文书刊只有6000种，收藏率为13%。[①] 仅有北京大学图书馆等少数几所高校图书馆馆藏具备较高的收藏水平和较强的保障能力。加之20世纪90年代初，由于书刊价格暴涨，文献购置费增长远远低于书刊涨价的幅度，文献量增幅下降，导致高校图书馆举步维艰，陷入困境。为了渡过难关，高校图书馆采取了以下措施。

1. 捐赠书刊活动

通过开展非贸易性的征集、调拨、国际交换、接受海外捐赠书刊活动，取得了显著效果，大大提高了文献资源保障能力。例如，上海外国语大学赠书分配转运中心，到1999年已接到赠书6万种，约86.7万册，赠刊2100种，约19.6万册，受益的高等学校达670余所。又如，1991年大连理工大学接受国家教育委员会委托，设立国外赠书大连转运站，至1999年已向全国各高等学校图书馆转运外文原版图书40余万册，成为各高校图书馆外文原版图书主要来源之一[②]。

2. 文献资源共享活动

在高校图书馆之间、高校图书馆与其他图书馆系统之间，开展文献资源共享活动，主要有：

①建立协调机构，组织协作网。1994年，全国高校图书情报工作委员会组织48所院校成立全国高校期刊协调网。1987年，国家教育委员会参加由50个部、委联合成立的全国部际图书情报协调委员会。②开展书刊采购协调。例如，北京地区、华东地区、广东省内高校图书馆开展外文书刊采购协调，大大节约了外汇。馆际互借活动有较大的发展，据对702所高校图书馆的调查，有397所（占56.55%）开展了馆际互借工作。有的省、市还实行了通用阅览证、借书证制度。例如，天津市高校图书馆与公共图书馆之间就发放了部分通用阅览证。1998年，根据李岚清副总理的指示，北京图书馆与北京大学、清华大学签订了合作协议书。1999年1月，全国各行业系统104家图书馆、情报机构在北京签署《全国图书馆馆际互借公约》，这充分说明我国高校图书馆的文献资源共建、共享已取得了可喜的进展。有些高校图书馆还编制了书刊联合目录，如北京大学图书馆等19个单位联合编制《西文图书联合目录》；国家教委文科文献信息中心以及全国各地15所高校图书馆文献信息中心联合编制《西文图书联合目录》。1994年以后，国家教委在实施“211

① 沈国强：树根集（信息管理文集），天马图书有限公司，2002年版，第8页。
② 张本义等：大连地区图书馆事业50年，大连出版社，1999年版，第116页。

工程”的同时，组建、开通了中国教育科研网（CERNET），有682所高校图书馆使用计算机，67所高校建成校园网，约200所高校图书馆组建局域网，建立图书馆自动化管理系统。1998年3月，高等教育文献保障系统（CALIS）网络正式启动，现已建立了一个全国文献信息中心和8个地区文献信息中心，依托现代化的设施，已联通58所高等学校，使CERNET网上文献信息资源可共知、共享。同时，围绕“211工程”重点学科建设的需要，有针对性地引进了一批文献数据库；建立了一批具有中国高校特点的文献与专业数据库，使重点建设的学科中文文献保障率达到95%，外文文献保障率提高到80%。

3. 多样化服务方式的推行

根据原国家教育委员会发展中心委托的“专业图书馆功能变化及其服务模式评价”课题组的研究结果表明：我国图书馆服务方式已有40余种，除了传统图书借阅、参考咨询服务外，还开展文献报道、检索服务、定题跟踪、情报调研、代译、电子信息、电子咨询服务；网络查询与检索、联机情报检索、课题开题立项与鉴定、文献情报查新、专利查新服务；横向课题跟踪、研究生试题标准答案、虚拟参考服务、图书馆导引以及开设文献检索与利用课程、系列讲座等。1999年之前，高校图书馆已注重提高服务质量与效益，开展开放、延伸与深度服务，开拓新的服务领域，扩大服务范围，不仅为学校教学、科研服务，还为经济建设、领导决策服务。变封闭为开放、变集中为分散、变被动为主动、变浅层为深层、变单一为多样化、变静态为动态、变单层为多层、变单功能为多功能。对一些重大科研项目，采取跟踪、“一条龙”服务，跟踪到取得经济效益为止。例如，南开大学图书馆为校内戈德防伪技术公司的“荧光防伪技术系列产品”开发、研制、鉴定、专利申请及投产进行跟踪服务，提供文献线索4000余条，全文复制文献数百篇。该公司利用这些文献，取得明显经济效益，盈利近千万元。

特别是20世纪90年代以来，高校图书馆打开隔绝图书馆与读者的各种有形与无形的墙，扩大开架书刊范围，既提高了书刊利用率，又方便了师生借阅。据1995年全国高校图书情报工作委员会统计，1053所高校图书馆开架书刊占其文献总藏量的20%，几乎所有书库（除了特藏善本书库外）都对教师、研究生开架、半开架；对本科生实行部分开架、半开架。开架最多可达到文献总藏量的50%，如北京大学图书馆、南开大学图书馆。开架率最高的广东省高校图书馆达36.8%[①]。

通过以上措施，推进了高校图书馆业务工作的开展，极大地提高了服务水平，满足了高校师生对图书情报信息的需要。

① 沈国强：树根集（信息管理文集），天马图书有限公司，2002年版，第10页。

尽管自20世纪90年代开始，高校图书馆文献量的增幅有所下降，但馆藏总量还是不断增加的。到1995年年底，高校图书馆藏书获得了一定程度的发展，藏书在100万册以上的高校图书馆有35所，其中北京大学图书馆藏书430余万册，四川联合大学、复旦大学、南京大学、武汉大学、华东师范大学、中国人民大学、中山大学、北京师范大学、清华大学、南开大学、东北师范大学、吉林大学、安徽师范大学、南昌大学等图书馆的藏书也都在200万册以上。这些高校图书馆藏书丰富，种类比较齐全。

高校图书馆藏书量的不断增长，不仅对满足高校师生从事教学、科学研究和社会服务的需要以及高校文化氛围的形成都起了积极的作用，而且对高等教育质量的提升有着重要的意义。

（五）高校图书馆学情报学教育的开展

这一时期，高校图书馆学情报学专业教育和常识教育都获得了很大的发展。主要表现在：

1. 高校图书馆学情报学专业教育

（1）图情教育专业方向的拓展

随着我国经济体制的转轨和社会信息化程度的不断提高，图书情报机构已不再是信息资源的唯一拥有者和提供者，一些公司、企业、电脑中心、数据库中心，甚至任何团体和个人都可在网上开展信息服务，从而对图书情报机构形成挑战。另一方面，社会信息部门已不再局限于从图书情报学专业挑选信息人才，信息人才市场已面临着多个学科专业的竞争，有些专业在吸收或转向信息管理教育之后，有着更大的竞争优势。因此，图书情报学专业只有拓宽专业面，才能适应社会对信息化人才的需求。基于以上原因，高校对图书情报教育专业方向进行了拓展。主要采取了如下措施：

① 以“图书情报学系”替代“图书馆学系”。1987年2月，经国家教育委员会和卫生部批准，湖南医学院建立图书情报学系，同年8月首次招生。1984年，武汉大学图书馆学系改称图书情报学院，此后，各高校图书馆学系开始陆续更名。而在20世纪90年代大多数高校又将图书情报系（院）改名为“信息管理系（院）”。继1991年江西大学（今南昌大学）、1992年北京大学、中山大学的图书馆学情报学系改称“信息管理系”之后，众多的图书情报学教育点先后改称与“信息”有关的系或学院，如“信息管理系”“信息学系”（华东师大）、“信息资源管理系”（南开大学）、“信息产业学系”（天津师大）、“信息技术与管理系”（北京师大）。

②图书情报学新专业的开设。一批高校积极拓展图书、情报与其他交叉或边缘学科的联系，开设新的专业。例如，四川大学信息与档案管理系在图书馆学专业下增设文献信息管理和企业信息管理两个专业（后又改设信息资源管理和现代信息技术专业），信息管理与信息系统专业设立经济信息管理和信息系统管理专业；武汉大学图书情报学院在图书馆学专业下增设信息资源管理和信息产业管理（后改为经济信息管理），科技信息专业设立国际经济与技术信息管理和计算机信息管理。随着 1997 年国家新专业目录的颁布，一些高校加大了开设新专业的力度。例如，湘潭大学信息管理系将原来的图书情报、科技情报、经贸信息、国际商务信息和档案学五个专业，调整成图书馆学、档案管理、信息管理与信息系统三个专业。南昌大学信息管理系将原来科技信息、文献信息、经济信息三个专业并存的多元化信息专业教育，调整为多元一体化的专业“信息管理与信息系统”，再设若干专业。

③“信息教育共同体”的组建

随着新“专业目录”的颁布及院系的调整，许多图书情报学教育点与相关学科专业联合办院。继华东师范大学信息学系于 1993 年归并国际商学院，东北师范大学信息管理系于 1995 年与原经济管理系、经济研究所合建国际工商管理学院之后，1997 年，山东大学信息管理系与社会学系合并为社会发展与信息传播学院；1996 年，中山大学信息管理系与计算机科学系、电子系等单位组成信息科学与技术学院，1998 年又调入管理信息系统专业与原信息学专业合并为信息管理与信息系统专业，并归属信息管理系；1998 年，四川大学信息管理系与秘书档案系合并成信息与档案管理系，再和管理科学与工程系、工商管理学系组建管理学院；1999 年，武汉大学图书情报学院与新闻学院合并成大众传播与知识信息管理学院，并从文学院调入编辑专业，与原出版发行专业合并成编辑出版专业。

此外，还有一些信息管理系与相关学科专业合建为管理学院等。这种联合办学的目的，是把有关信息教育的学科专业组成“共同体”，避免重复建置，有利于学科互补和教育资源的合理配置。

（2）学科建设成效显著

20 世纪 80 年代以来，特别是进入 20 世纪 90 年代以来，图书情报学的学科建设有了进一步的发展。在原来本专科层次人才培养的基础上，积极发展了高层次人才的培养，硕士点、博士点的建设，博士生导师的遴选以及接受访问学者和举办高级研讨班等，使图书情报学的高层次人才培养得以实现。1983 年，国务院学位委员会公布可授予图书情报学硕士学位的院校为3所。1990年6月，国务院学位委员会学科评议组第四次会议增设了“图书馆学与情报学”学科评议组，审议图书馆学情报学博士点、硕士点的设立等问题。1997年，国务院学位委员会办公室发布修订版《授予博士、硕士学位和培养研究生学科、专业目录》，将“图书馆、情报与档案管理”一级学科划归管理学门类，下设“图书馆学”“情报学”和“档案学”三个学科门类。1998年7月，教育部颁布新修订的《普通高等学校本科专业目录》，将图书馆学专业和档案学专业作为一级学科“图书档案学类”下属的二级学科，归入新增设的管理学学科门类，而信息学专业和科技信息专业与原有的经济信息管理、管理信息系统、林业信息管理等五个专业合并组成“信息管理与信息系统”专业，作为一级学科“管理科学与工程类”下属的二级学科归入管理学学科门类。

到1999年，具备图书馆学、情报学硕士学位授予权的教育点已达27个（包括部分档案学），其中自1996年以来新增的图书馆学硕士点有四川大学、郑州大学、湘潭大学、山西大学4所高校；情报学硕士点有湖南医科大学、黑龙江大学、天津师范大学3所高校；档案学硕士点有南京大学、武汉大学2所高校。

博士点也获得了较大发展。经国务院学位委员会批准，1991年，北京大学图书馆学情报学系和武汉大学图书情报学院分别招收首届图书馆学、情报学博士研究生。1993年，中国科学院文献情报中心和武汉大学图书馆学系成为具有图书馆学博士学位授予权的单位。1994年6月16日，北京大学信息管理系举行了首届图书馆学博士学位论文答辩会，周庆山的博士学位论文通过答辩。继北京大学信息管理系、武汉大学图书情报学院和中国科学院情报中心获图书馆学博士学位授予权和武汉大学图书情报学院获情报学博士学位授予权之后，北京大学信息管理系与国防科工委信息所、中国科技信息所联合申报获得情报学博士学位授予权，南京大学信息管理系与中国科学院文献情报中心联合申报获情报学博士学位授予权。到1999年，我国图书馆学博士学位授权点和情报学博士学位授权点已分别达到3个。

此外，北京大学信息管理系、武汉大学图书情报学院、大连理工大学图书馆等还接受国内访问学者和举办“高级研讨班”、干部进修班。仅大连理工大学图书馆从1982年到1999年，接受教育部委托，连续举办了17届高校图书情报干部进修班，累积培训900余名图书情报人员，他们中不少已成为高校图书馆的领导或业务骨干。①

（3）培养目标更为准确

随着我国经济体制的转轨和社会信息化程度的不断提高，以往的图书情报学专业培

① 张本义等：大连地区图书馆事业50年，大连出版社，1999年版，第116页。

养目标存在一定局限性，表现在各培养单位大都笼统地提培养“专门人才”“高级人才”“高级专门人才”，很少提培养“应用型”“复合型”人才。但随着社会发展对人才多样性的需求，人才培养目标要求多样化和具有针对性。1998年颁布的《普通高等学校本科专业目录和专业介绍》明文规定图书馆学专业“培养具备系统的图书馆学基础理论知识，有熟练地运用现代化技术手段收集、整理和开发利用文献信息的能力，能在图书情报机构和各类企事业单位的信息部门从事信息服务及管理工作的应用型、复合型图书馆学高级专门人才”。其业务培养要求是：“本专业学生主要学习图书馆学与信息管理的基本理论和基础知识，受到文献学、目录学、信息学、传播学、管理学、经济学等方面的基本训练，掌握文献信息搜集、处理、研究、开发与传递的技能。”毕业生应获得以下几方面的知识和能力：“掌握马克思主义的基本原理和关于文化、教育、科学的基本理论；熟悉我国关于经济建设、文化、教育、科学和图书馆事业的方针、政策和法规；掌握图书馆学与信息管理的基本知识，了解本学科的理论前沿和发展动向；掌握图书馆学的基本研究方法和从事科学研究的初步能力；掌握运用现代化技术手段进行文献信息的搜集、处理、研究、开发与传递的实际工作能力；具有较强的中外文献检索、阅读能力，以及人际交流能力。”可见，培养“应用型、复合型图书馆学高级专门人才”的目标更为明确。

信息管理与信息系统（情报学）专业的培养目标也规定“培养具备现代管理学理论基础、计算机科学技术知识及应用能力，掌握系统思想和信息系统分析与设计方法，以及信息管理等方面的知识与能力，能在国家各级管理部门、工商企业、金融机构、科研单位等部门从事信息管理以及信息系统分析、设计、实施管理和评价等方面的高级专门人才”。其业务培养要求是：“主要学习经济、管理、数量分析方法、信息资源管理、计算机及信息系统方面的基本理论和基本知识，受到系统和设计方法以及信息管理方法的基本训练，具备综合应用所学知识分析和解决问题的基本能力。”毕业生应获得以下几方面的知识和能力：“掌握信息管理和信息系统的基本理论、基本知识；掌握管理信息系统的分析方法、设计方法和实现技术；具有信息组织、分析研究、传播与开发利用的基本能力；具有综合运用所学知识分析和解决问题的基本能力；了解本专业相关领域的发展动态；掌握文献检索、资料查询、收集的基本方法，具有一定的科研和实际工作能力。”① 从中可得出，信息管理与信息系统（情报学）专业同样贯穿了兼顾“应用型”与“复合型”人才培养的思想。

---

① 张济海：新编高校招生录取及填报志愿指南（2002年），华语教学出版社，2002年版，第195页。

（4）课程体系更为完善

课程体系是培养目标的具体体现。1983 年 9 月 22 日，教育部印发《关于发展和改革图书馆学情报学教育的几点意见》的通知颁布后，图书馆学情报学课程体系建设获得了较快的发展，逐渐废除了传统的以“图书文献”为核心建立起来的学科体系。在 20 世纪 90 年代以后的改革中，强调遵循专业性与广泛性相结合，适应社会需求，适应现代化与信息化需求，保持传统特色，增强学术性与知识性的原则。本科教学的课程设置强调 “淡化专业，强化素质，厚基础，宽口径，强能力，重实践” 。为此，湘潭大学苟昌荣教授提出图书馆学、档案学专业实施按系招生，按“2+1+1”方案组织教学，即大学一、二年级进行政治理论课、外语课、计算机课、科学文化基础课的综合教学，大学三年级共同实施信息管理专业课教学，大学四年级依照学生自愿和专业实施各自专业教学，组织毕业实习和完成毕业论文（设计）。北京大学图书管理系吴慰慈教授主张，为适应当今社会信息化发展，情报学教育应该着眼于情报信息管理和情报信息系统网络建设的技术需要，着眼于 21 世纪信息高速公路计划实施的需要，跟踪信息技术的发展，及时将信息技术及其他现代化技术融入课程体系中，主张情报学教育内容必须向信息科学倾斜，增设《信息资源与多媒体》《信息技术与信息服务》《图书馆自动化系统》等信息科学方面的课程。①

由于现代网络技术在图书馆日益广泛地应用，并且图书馆学情报学一体化的进程大大加快，所以对于图书馆学的课程设置也应更多地涉及情报学和现代信息技术方面的内容，1997 年新的专业目录中，将科技情报学同相关学科合并改名为“信息管理与信息系统”，已表明了这一点，但同时可以看到的是情报学学科地位的丧失。正如孟广均教授所主张的，图书馆学情报学教育要变革、要创新，但必须建立在科学准确的专业定位的基础上。将图书馆学、情报学定位于信息资源管理学一级学科下，再进行课程体系的设置，才是明智之举，它既体现了信息时代发展要求，又体现了学科的基本特征。国家教育委员会和有关部门基于上述的认识，在课程设置方面作了大量的努力，为图书情报教学单位编制了全国统一的教学大纲和专业主干课程。

（5）师资队伍发展很快

这一时期，高校图书情报学教育的师资队伍发展很快。如武汉大学、空军政治学院、河北大学、四川大学、南京大学、湘潭大学、同济医科大学、中山大学、上海大学、安徽大学、南昌大学、湖南医科大学、华东师范大学、黑龙江大学、白求恩医科大学、南开大学、华南师范大学、北京师范大学、山东大学、中国人民大学、辽宁大学、西南师

① 张白影等：中国图书馆事业（1996—2000），湖南科学技术出版社，2002 年版，第 484 页。

范大学、北京联合大学、西北大学共24所高校图书情报学院（系）到1999年，已有专业教学人员580多人，其中教授86名、副教授217名，分别约占教师总数的14.8%和35.7%[①]。另外，师资队伍中获博士、硕士学位的比例也大大增加。因此，图书情报学专业师资队伍质量呈上升之势，表现为具有较高的学术造诣和教学水平。

2. 高校图书馆学情报学常识教育

1985年6月，高校图书工作委员会与中国科技情报学会共同召开了专题研讨会，重点讨论了高等学校文献检索与利用课程教材建设的相关问题，明确指出这是巩固与发展该课程的关键，决定按学科组织力量共同编写系列教材，为更多的学校开课创造条件。经过一年多的准备，1986年8月成立了系列教材编审委员会，决定第一批编写25个分册，1989年以前陆续出版。

1987年7月，国家教委颁发了《普通高等学校图书馆规程》，增加（或强调）了以下规定："高等学校图书馆应组织力量，采用多种方式对读者进行系统的检索和利用文献的教育，学校应将'文献检索与利用'课列入教学计划。""应积极开展参考咨询，加强文献情报检索、情报编译报道和分析研究及编制各种专题书目索引等情报服务工作。有条件的高校图书馆，要发挥学校的资源和人才优势，开展面向社会的文献情报和技术咨询服务，可根据材料和劳动的消耗或服务成果的实际效益收取适当费用。应积极创造条件，在高等学校图书馆工作中应用计算机等现代化技术手段，应用计算机应首先做好基础工作的准备，坚持协作和共享的原则。积极开展学术研究，组织学术交流活动。""图书馆的重点科学研究课题应列入学校的科学研究计划。""建立评估和奖励制度，对优秀的工作人员和突出的服务成果、研究成果给予奖励。"[②]

1987年9月，高校图书工作委员会又召开了全国高校文献检索与利用课教学研讨会，进一步总结交流了经验。同月，国家教委又印发了全国高等学校图书馆工作委员会秘书处《关于改进和发展文献课教学的几点意见》。国家教委在通知中要求："继续提高认识，创造条件，逐步推广普及。凡有条件的学校可作为必修课，不具备条件的学校可作为选修课或专题讲座开设，然后逐步发展、完善。"[③]

文献检索与利用课程的不断普及，对于增强学生情报意识，掌握获取信息、知识和情报的方法，起到了积极促进的作用。

① 詹德优：论我国图书情报学教育的进展，图书馆论坛，2000年第1期页。
② 胡义钧、孙维钧：图书馆工作实务全书，中南工业大学出版社，1997年版，第343页。
③ 张怀涛、倪延年：文献检索课教学研究手册（下），海洋出版社，1996年版，第3页。

（六）高校图书馆队伍建设

1. 教育法规对高校图书馆队伍的规定

1987 年 7 月，国家教育委员会颁发《普通高等学校图书馆规程》，重申了高等学校图书馆的队伍建设主要包括干部队伍建设和工作人员队伍建设。《规程》第三章“领导体制和组织机构”规定：“高等学校图书馆实行校（院）长领导下的馆长负责制。应有一名校（院）长分管图书馆工作。有关图书馆工作的重大事项应在校（院）长办公会上及时研究、作出决定。”“高等学校图书馆设馆长一名、并视需要设副馆长若干名。”“图书馆馆长一般应为学校校务委员会、学术委员会成员。学校召开的与图书情报工作有关的校（院）长办公会，应有图书馆馆长参加。副馆长协助馆长完成各项工作。馆长的任免，与教务长相同，不设教务长的学校与教务处长相同。”第四章“工作人员”规定：“高等学校图书馆工作人员包括：专业技术人员；党政工作人员；技术工人；公勤人员。”“高等学校图书馆工作人员必须拥护中国共产党的领导，热爱社会主义祖国，努力学习马克思列宁主义、毛泽东思想，热爱图书馆事业，有高尚的职业道德和全心全意为人民服务的精神，刻苦钻研业务，积极做好本职工作。”“高等学校图书馆应根据读者人数、藏书册数、年平均进书量，并参照学校的性质、系科的设置、教学和科学研究任务的轻重、校舍的集中与分散、开馆时间长短等情况，配备必需的工作人员。”

2. 高校图书馆人员培训力度加强

这一时期，高等学校继续加大对图书馆工作人员的培训力度，以便不断提高其素质。

1985 年，北京大学图书馆学系招收“五年两段制”函授本科学员，两段制中前 3 年专科、后 2 年为本科。同年 9 月 9 日，全国高校图书馆工作委员会委托湖南医学院图书馆主办的全国医学院校图书馆专业干部进修班开学。

1986 年 4 月 15 日至 5 月 11 日，国家教育委员会委托南京医学院图书馆举办全国高等医药院校图书馆馆长研讨班。同年 6 月 16 日至 28 日，全国纺织院校图书馆协作组举办纺织院校图书馆馆长研讨班。

1990 年 11 月 27 日，美国图书馆学会理事、俄亥俄大学图书馆馆长李华伟教授及该校医学图书馆馆长高斯女士到国防科技大学图书馆参观并讲学。

1991 年 4 月 23 日至 5 月 6 日，美国斯坦福大学莱茵图书馆馆长应邀到湖南医科大学讲学，就中美图书情报界共同关心的问题与中国学者进行了讨论，并向湖南医科大学图书馆赠送了磁盘、教学录像带等。

1992 年 11 月 11 日至 ~18 日，上海市高校图书工作委员会与华东师范大学联合举办全国高校图书馆馆长研讨班。

1998年7月12日至8月5日，安徽省高校图书情报工作委员会举办在职干部业务培训班。根据安徽省高校图书情报工作委员会当年工作计划安排和各馆几年的人员变动情况，在合肥举办了省文献情报资料工作人员短期培训班。全省有25个单位的56位同志参加了学习与培训[①]。培训班开设了三门课：《图书分类》《中文文献编目》《图书馆学导论》，为了在图书情报界早日实现网络化联机编目和书目数据共享，同时加开了《中国机读目录MARC格式》。几门课程均请图书馆的有关专家和信息管理系有经验的教师讲授，理论联系实际，学用结合，学员在较短的时间内基本掌握了学习内容，经过考试合格者，颁发了结业证书。同年，大连理工大学图书馆受国家教育委员会委托，在大连举办全国高校图书馆干部进修班，每半年一期。学员来自全国各个地区的高校，大多是在图书馆工作的非图书情报专业毕业的技术骨干和情报检索课教师。开设的课程有情报学、科技情报检索、知识产权、信息产业管理、情报研究、图书馆自动化和联机检索等9门。任课教师大多是大连理工大学图书馆各部门的业务带头人，70%以上具有副高以上专业技术职称。在学习期间，学员除了正常上课外，余暇时间安排去图书馆借阅、参观，与工作人员交流、座谈。经过半年的学习，学员收获很大，为他们从事情报工作打下了良好的基础。

以上培训活动对于高校图书馆工作人员素质的提高起到了积极的作用。此外，各高校图书馆主办或承办了大量的学术讨论会，或派人员参加全国各级各类的图书馆学情报学的研讨会，通过交流，使工作人员丰富了知识，扩大了眼界，提高了思想素养和业务能力。

3. 高校图书馆人员业务职称的评定及其对人员素质提高的促进

1986年4月2日，中央职称改革工作领导小组转发了文化部《图书、资料专业职务试行条例》和《关于〈图书、资料专业职务试行条例〉的实施意见》，将图书馆专业技术职务继续纳入国家系列。1987年6月16日，国家教育委员会职称改革工作领导小组办公室发出《国家教委所属高等学校实行〈图书、资料专业职务试行条例〉的实施细则（试行）》，到1987年年底，各高等学校普遍进行了首轮图书资料专业职务评聘工作。

由于高校图书馆人员专业职称的评定重视工作态度、工作实绩、学术水平和学历层次，促使高校图书馆从业人员不断完善自身素质，在制度上保障了高校图书馆队伍素质的整体提高。

① 政哲：安徽省高校图工委举办在职干部业务培训班，大学图书馆情报学刊，1998年第3期。

（七）高校图书馆学情报学研究的开展

1. 国家对图书馆学情报学研究更加重视

这一时期，国家继续把高校图书馆研究工作纳入法制化的轨道。1987 年修订颁布的《规程》规定普通高等学校图书馆的任务之一就是“开展学术研究和交流活动”；“高等学校图书馆应积极开展学术研究，组织学术交流活动。应注意总结工作经验，结合实际有计划地组织专题研究，以促进工作，提高专业人员理论水平。图书馆的重点科学研究课题应列入学校的科学研究计划。高等学校图书馆应积极参加国内国际图书情报界的学术交流。”①1987 年 12 月 31 日，中国人民解放军总参谋部颁发了《中国人民解放军院校图书馆工作条例》，规定军校的主要任务之一是“开展对图书馆学、情报学理论和现代化技术手段应用的研究”，开展学术研究和交流活动。

2. 图书馆学研究成果发表阵地的拓展

1985 年 11 月，由全国中医药图书情报工作协作委员会主办的《中医药图书情报工作》创刊出版。1986 年 5 月 4 日，北京大学图书馆学系编印《图书情报研究》试刊号，后因故未能正式出版。1990 年 3 月，中国图书馆学会会刊《图书馆学通讯》更名为《中国图书馆学报》。1994 年 5 月 5 日，空军第六飞行学院图书馆创办的《航空文摘》月刊第 1 期出版。1996 年 3 月 25 日，空军政治学院图书馆信息中心编的《政工文献通报》双月刊创刊出版。每期报道 300 篇左右的政工文献。

为了搞好办刊工作，图书馆界还举行过全国性的高校图书馆学专业期刊研讨会。例如，1997 年 7 月 8 日至 10 日，首届全国高校图书馆学专业期刊研讨会在天津理工学院图书馆举行。这是由《大学图书馆学报》编辑部和《津图学刊》编辑部联合发起的。参加会议的有 12 家期刊编辑部的代表共 18 人，会议围绕办刊的方向、质量和今后发展等问题进行了探讨。1998 年 10 月 30 日至 11 月 3 日，第七次全国图书馆期刊工作会议在湖南省长沙市召开。来自全国各地 31 家有关方面的 57 名代表出席了会议。会上，中国图书馆学会编辑出版委员会期刊编辑出版专业委员会作了《近几年中国图书馆学期刊发展状况及未来取向》的总结报告，回顾、总结了近年来专业期刊工作，并就今后的期刊事业发展作了比较深入的探讨。会上为评出的 12 家优秀期刊颁发了证书，对 4 种办得好、进步快的期刊给予了口头表扬。

这些图书情报方面的刊物的创办，对于广大图书馆工作者研究成果的发表提供了广阔的平台，同时也促进了这一时期图书馆学情报学科学研究的发展。

---

① 胡义钧、孙维钧：图书馆工作实务全书，中南工业大学出版社，1997 年版，第 342—343 页。

3. 高等学校图书馆工作者积极参与学术研讨会

高等学校图书馆事业在发展过程中面临了许多新情况，出现了许多新问题，促使高校图书馆工作者积极探索以便加以解决，学术研讨会正是集众人智慧的良好方式之一。从20世纪80年代中叶到2000年的十多年间，高校图书馆学界召开了无数层次各异的学术讨论会。比较重要的学术研讨会罗列如下①：

1994年10月17日至19日，大学图书馆自动化建设国际研讨会在清华大学图书馆召开。来自美国、中国香港地区和国内图书情报界的20余名馆长、专家参加了会议。

1996年8月26日至31日，国际图书馆协会联合会在第62届大会期间，召开了208个专题会议，包括国家图书馆馆长会议、有关亚洲地区图书馆的研讨会、有关图书馆新技术和电子图书馆的研讨会等。中外代表围绕“变革的挑战：图书馆与经济发展”这一作用与前景进行讨论。在这次大会上，中国代表提交论文55篇，占论文总数的四分之一，为中国代表在历届大会上提交论文之冠。

1998年3月29日至4月2日，由中山大学信息管理系与中华图书资讯学教育学会联合主办的“海峡两岸第4届图书资讯学学术研讨会”在广州中山大学举行。来自中国大陆、香港、台湾、澳门的100多位专家、学者出席了会议，交流论文53篇。研讨会的主题是：图书馆自动化与网络。

1999年11月15日，是著名图书馆学家、教育家刘国钧先生百年诞辰纪念日。当日，由刘国钧工作过的北京大学信息管理系、南京大学信息管理系、甘肃省图书馆联合发起、共同主办的“刘国钧先生百年诞辰纪念学术研讨会”在北京大学召开。收到论文80多篇，已结集为《一代宗师》由北京图书馆出版社出版。

高校图书馆工作者通过参加这些学术研讨会，开阔了自己的视野，提高了业务研究能力，对于高校图书馆工作者的成长发挥了重要作用。

4. 图书馆学情报学大型协作研究活动的开展

这一时期，除了个人或小规模的图书馆学情报学的研究外，更主要的是大型协作的共同研究，有的甚至是全国性的合作研究，参与的图书馆学情报学研究工作者多，研究成果档次高。例如，1986年9月8日至10日《中国大百科全书·图书馆学情报学档案学》的“图书馆学”筹备组在京召开筹备组扩大会议。根据“图书馆学”条目表（报批稿），研究各分支条目撰稿人选，并对今后工作作了安排。1988年10月12日，《中国大百科全书》“图书馆学”编辑委员会成立，周文骏为主任。1990年8月17日至22日，《中

① 陈源蒸等：中国图书馆百年纪事（1840—2000），北京图书馆出版社，2004年版，相关年份大事记。

国大百科全书》“图书馆学”卷编辑委员会在北京召开审稿会，来自全国各地的24位编辑委员对图书馆学重点条目进行了认真讨论、审议和修改。1991年8月12日至13日，《中国大百科全书·图书馆学情报学档案学》编辑委员会在京召开“图书馆学”部分条目终审会。1993年1月，《中国大百科全书·图书馆学情报学档案学》出版。该书在编撰过程中有大量高校图书馆研究工作者参加，其中《中国大百科全书》“图书馆学”编辑委员会主任周文骏即北京大学图书馆学系主任。又如，1999年6月，“中国高等教育文献保障体系”（简称CALIS）作为“211工程”高等教育公共服务体系建设项目，获国家发展计划委员会正式批准。“九五计划”期间，CALIS的总体建设目标是：以中国教育和科研计算机网为依托，到20世纪末，初步建成中国高等教育文献保障体系的基本框架。以此推进中国高等教育资源的合理优化配置，实现信息资源的共建、共知、共享，深化资源的有效开发和利用，提高高校教育和科研的文献保障水平。CALIS的建设任务是：通过文献信息服务网络和文献信息资源及数字化建设，初步实现系统的公共检索、馆际互借、文献传递、协调采购、联机合作编目等功能，建成中国现代高等教育文献保障体系的基本框架。具体内容是：①建立文献信息服务网络：由全国中心—地区中心—高校图书馆三级网络构成。“九五”期间建设1个CALIS全国管理中心（设在北京大学）、4个全国文献信息中心（文理中心设在北京大学，工程中心设在清华大学，医学中心设在北京大学医学院，农学中心设在中国农业大学）和7个地区文献信息中心（分别设在南京大学、上海交通大学、武汉大学、中山大学、西安交通大学、四川大学、吉林大学），配备必要的设备和管理软件。②文献信息资源及数字化建设：建设以重点大学为主体的高校书刊联合目录数据库、37个地区书刊联合目录数据库；引进一批外文文献数据库；自建一批有特色的或重点学科的专题共用数据库。③建立适合中国高校情况的文献信息保障体系的管理体系和运行机制。该项目涉及的高校多，除了图书馆外，还涉及高校的其他部门，动员了大量的人力、物力、财力和信息。该项目正在为高校的教育教学和科学研究发挥作用。

此外，1986年，中国图书馆学会协助文化部图书馆司组织编辑《当代中国的图书馆事业》一书。该书是《当代中国丛书》中的一卷，于1995年出版。中国图书馆学会编译出版委员会在这部书稿的组织、研讨、修订、定稿的全过程中做了大量的工作，部分高校图书馆工作者也参与其中。为庆祝中华人民共和国成立40周年暨中国图书馆学会成立10周年，中国图书馆学会决定编辑出版《中国图书馆学情报学论文选丛（1949-1989）》。新中国成立后，我国图书情报事业的发展进入了一个崭新的历史阶段，该书所反映的是

40年来我国图书馆学情报学的主要成就。该丛书共10集，每集包括前言、综述和论文三部分，约25万字。这10集的书名如下：第一集《图书馆学情报学基本理论论文选》，第二集《目录学文献学论文选》，第三集《图书情报事业的组织与管理论文选》，第四集《文献资源建设与布局论文选》，第五集《文献编目论文选》，第六集《情报检索语言论文选》，第七集《情报检索论文选》，第八集《读者学与读者服务工作论文选》，第九集《图书馆建筑与图书情报技术论文选》，第十集《图书情报事业发展战略论文选》。“该书在编辑出版过程中，得到了全国各高校图书馆学情报学院系及各文献情报机构的大力支持”①。中国图书馆学会图书馆学教育研究委员会组织编写、广西教育出版社出版的《全国图书馆学中专系列教材》，已由广西图书馆学会发行，该书在编写过程中也得到了高校图书馆学情报学工作者的大力支持。由中国图书馆学会编译出版委员会委托北京大学图书馆学情报学系周文骏、邵献图等编著的《图书馆学情报学词典》和武汉大学图书情报学院编著的《图书馆工作手册》，主要是由高校图书馆学情报学工作者完成的。每年编辑出版的《中国图书馆年鉴》也有大量高校图书馆供稿。

5. 研究成果丰硕，档次逐渐提高

（1）研究成果丰硕

全国高校图书馆结合各项业务工作，倡导开展学术研究，使本期的高校图书馆学情报学的研究成果十分丰硕。有的定期不定期地召开学术报告会、业务交流会、科学讨论会或专题研究会；有的专门建立研究机构，从事并组织相关的科研工作；有的出版了内部学术刊物或者公开发行学术刊物。一些学校还研究开发了图书馆计算机多功能用户系统、图书采访流通、目录检索系统等。有的图书馆还承担了国家、部委、省和校一级重点科研项目。

这一时期，高等学校图书馆积极承担各级科研项目，部分科研项目成果因为研究的创新性还获得各级奖励。例如，四川省高校图书馆仅1990–1995年便有一批科研项目成果获奖。1994年，四川省教育委员会、四川省高校图书情报工作委员会评选出四川省高校1990–1993年图书馆优秀论著102项，其中一等奖13项，二等奖24项，三等奖65项；1996年评选出四川省高校1994–1995年图书馆学优秀论著86项，其中一等奖5项，二等奖22项，三等奖59项。

另据张白影等主编的《中国图书馆事业（1996–2000）》（湖南科学技术出版社2002年版）第四部分《图书馆学研究综述》看，该书从“图书馆学基础理论研究综述”“图

① 中国图书馆学会：百年大势——历久弥新，科学教育出版社，2004年版，第132页。

书馆管理研究综述”“文献资源建设研究综述”“文献分类学研究综述”“文献编目研究综述”“图书馆读者工作研究综述”“参考咨询研究综述”“目录学研究综述”“图书馆现代技术研究综述”“图书馆期刊工作研究综述”“图书馆学情报学教育研究综述”等 11 个方面介绍了 1996 至 2000 年的图书馆学研究新进展，尽管其综述的研究成果是面向整个图书馆学界的，但可以说这 11 个方面大都是高校的研究工作者尤其是高校图书馆学情报学的研究者的成果，可见，高校图书馆学情报学科学研究成果丰富。

（2）研究课题档次和成果获奖层次逐渐提升

这一时期，部分研究课题立项层次及成果获奖层次都在逐渐提高。例如，1988 年，北京大学图书馆学情报学系、武汉大学图书馆学系合编的《图书馆学基础》和武汉大学、北京大学《目录学概论》编写组编写的《目录学概论》，均获得国家教育委员会颁发的第一届高校优秀教材一等奖。1995 年，武汉大学图书情报学院彭斐章的《书目情报需求与服务研究》等 4 项成果获全国高校首届人文社会科学研究优秀成果二等奖。1998 年 12 月 20 日，由东南大学张厚生教授主持的国家“九五”社会科学规划项目“信息新技术在图书情报工作中的应用和评估”通过专家鉴定组组织的鉴定，鉴定等级为一等。

总之，这一时期高校图书馆学情报学的研究有了较大的发展，各层次的立项课题增多，部分高校图书馆研究者承担了国家社科基金立项的图书馆学情报学方面的课题；这一时期高校图书馆工作者参与课题的人数增多，研究成果数量激增，部分研究成果质量也得到了提高，获得了各种层次的奖励。这些为 21 世纪图书馆学情报学科学研究奠定了良好的基础。

（八）高校图书馆的设施和馆舍建设

1. 高校图书馆的经费

1987 年 7 月，国家教育委员会在《规程》中明确规定：“欢迎社会各界、国内外个人或团体对高等学校图书馆提供捐赠和资助。”并在重申原 1981 年 10 月《高工作条例》的规定之外，要求“学校应从科学研究经费和计划外收入中提取适当比例作为购置文献资料的费用”。此后，高校图书馆的文献购置费逐渐增加。

2. 高校图书馆的设备

1987 年 7 月，国家教育委员会在《普通高等学校图书馆规程》中明确提出：在设备方面，要把计算机明确列入图书馆所需的设备之中，要求学校有计划地加以添置。

据统计，到 1989 年，1020 所高校图书馆中，静电复印机已达到一定程度的普及，各种计算机及外部设备有数百台。

为了推动计算机在高校图书馆的应用，1988 年 10 月 26 日，国家教育委员会教材和图书情报管理办公室转发《高校图书馆计算机应用经验交流会暨成果展示会纪要》，提出：应进一步提高各级领导和图书馆工作人员对图书馆应用计算机的重要性的认识，重视和支持这项工作；加强宏观指导，尽快进行统一规划；从实际出发，确定高校图书馆自动化的发展模式；促进资源共享。同年 11 月 9 日印发了《全国高等学校图书情报工作委员会章程》、技术委员会名单等，决定聘请专家组成现代化技术委员会，“作为有关部门在规划、组织和协调高校图书馆整体化和现代化建设时进行咨询的机构”。技术委员会的任务是“在高校图书馆现代化的发展方向、技术实施路线、标准化规范化以及资源共享等方面积极地提出意见和建议，并要努力调查研究和掌握国内外图书馆新技术应用的发展动向，吸取发达国家在图书馆现代化方面的经验教训，推广适用技术，对各高校图书馆自动化工作给予积极的引导和帮助”。从 1978 年南京大学图书馆和计算机系合作进行计算机应用于图书情报工作的试验研究开始，到 1989 年年底，已有 388 所高校图书馆拥有小型机和高档微机 54 台，微机（不包括 Apple 机）674 台，引进光盘系统和磁带数据源 12 套，建立国际联机检索终端 14 个，有 7 所高校的图书馆初步实现了比较全面的计算机管理。①

20 世纪 90 年代，中国高校图书馆已广泛应用缩微复制、静电复印、声像、防灾、防盗、计算机、光盘等新技术；相当多高校图书馆应用数据压缩、通信网络技术；在网络化建设方面取得了长足进展，组建各种类型、功能的网络；使图书馆藏书结构、文献加工、管理与读者服务工作面貌焕然一新。

数据库建设成绩显著。高校图书馆除了引进一批数据库外，还自建书目、期刊目录、文摘、全文数据库，其中以书目数据库为最多。1999 年，全国已有 200 所高校图书馆建立了 250 个数据库，其中，北京大学、清华大学、华东师大等校数据库数量较大。例如，清华大学建立的《中国高校自然科学学报论文文摘》数据库，累积数据已近 10 万条。进入 20 世纪 90 年代，这些数据库建设已进入成熟、实用阶段，类型也逐渐多样化。②

图书馆网络化已取得很大进步。20 世纪 90 年代初，全世界加快信息化进程，掀起建设信息高速公路的热潮，我国亦加速了中国信息高速公路的筹划与建设，开通了 CNPAC、CNDDN、CNNET、ISDN 等通信网络。中国教育与科研计算机网络（CERNET），

① 刘英杰：中国教育大事典（1949—1990）（下），浙江教育出版社，1993 年版，第 1643—1644 页。
② 沈国强：树根集（信息管理文集），天马图书有限公司，2002 年版，第 12 页。

中关村地区教育与科研示范网（NCFC）开通，连接INTERNET。此外，广东省、上海地区、江苏省高校图书馆也组建了网络。由北京大学牵头的中国高等教育文献保障体系，在“九五”期间加紧建设，已完成全国、地区中心的组建，进行硬件设备招标、应用软件开发，自建或引进数据库。深圳大学承建的广东省高校图书馆信息网、南京大学牵头的江苏省高校图书馆文献保障系统已经投入使用。截至1999年上半年，已有150余所图书馆开通了微机网络系统、成熟的小型机系统或局域网，可查找光盘数据库，而多数是多媒体光盘，可以说，这一时期我国高校图书馆已进入电子化、网络化发展的新时期。

3. 高校图书馆的馆舍

为了促进馆舍建筑的现代化，1986年10月20日，国家教育委员会办公厅转发《高等学校图书馆建筑研究讨论会纪要》中要求高等学校图书馆“要有先进的设施和技术装备、现代化的图书馆建筑，要为达到上述要求提供适用的空调；要为读者和工作人员提供舒适优美的内外环境；要满足图书馆业务和服务工作对建筑功能要求；要从当时、当地、本校、本馆的实际情况和可能条件出发，适应图书馆的不断发展，有调整的灵活性，有扩建的余地”。该纪要还提出了在筹备及建馆的过程中应注意的5条原则：不要仓促上马，草率从事；应从功能合理、使用方便出发，研究集中建馆或分散建馆；我国地域广阔，南北气候迥异，学校的地形、地貌各不相同，馆舍也不能千篇一律；选择和确定方案时，必须考虑节约投资，节约能源，节约人力；要强调整体效益。

1987年5月13日，城乡建设环境保护部、文化部、国家教育委员会共同批准发布的《图书馆建筑设计规范（试行）》，是在对国内现有图书馆进行广泛调查、总结经验教训的基础上编制的，“对图书馆的选址、总平面布局、室内设计、建筑设备、防火疏散和书刊资料防护各方面制定出若干规定和最低限值，以保护图书馆建筑设计的基本质量，符合适用、安全、卫生、经济的要求，促使图书馆建设进一步向科学化、现代化发展”。

以上这些规定对于高校图书馆馆舍建设起到了很好的规范作用，促使高校图书馆馆舍建设有了实质性变化。20世纪80年代以前，高校图书馆馆舍面积小，外观亦单调，多数图书馆采用固定功能模式和混合结构技术，其灵活性、适应性、实用性与扩充性较差；1980年，高校图书馆的总建筑面积只有132.33万平方米，相当多的图书馆没有独立的馆舍。1980年以后，高校图书馆进入了一个空前发展的新时期。根据对全国22所重点高校图书馆的调查，80%以上的高校图书馆新建了图书馆楼，1987年比1980年增加了157.67万平方米，增幅为119.15%。①

① 沈国强：树根集（信息管理文集），天马图书有限公司，2002年版，第7页。

第五节 我国高等教育大众化初期的高校图书馆

一、我国大众化初期的高等教育

（一）我国高等教育大众化初期的发展轨迹

20世纪末，随着知识经济和经济全球化的到来，人力资源成为全球竞争的焦点。为了培养出在国际舞台上具有竞争能力的学者和人士，使我国能够自立于世界强国之林，国家作出了“科教兴国”的战略决策。教育部于1998年12月24日制定了《面向21世纪教育振兴行动计划》，提出“到2010年高等教育规模有较大扩展，入学率接近15%”，第一次将高等教育大众化作为中国教育发展的政策目标。1999年6月发表的《中共中央、国务院关于深化教育改革全面推进素质教育的决定》则更加明确地提出“通过多种形式积极发展高等教育，到2010年，我国同龄人口的高等教育入学率从现在的9%提高到15%[①]”。为实现这一宏伟目标，从1999年开始，我国高等教育不断扩大招生规模。

1999年，我国高教管理体制改革继续按照“共建、调整、合并、合作”的八字方针和有关原则、政策，着重加大力度，全面推进高等教育发展，并取得了重大进展。

二、我国高等教育大众化对高校图书馆的影响

高校图书馆作为高校文献保障中心、“大学的心脏”，其发展、变化受到学校的影响。高等教育大众化阶段，高校的培养目标、办学类型、教学内容、培养方式和教育质量等的多样化，必然对高校图书馆产生深刻的影响，并向高校图书馆提出许多新的任务和要求。

（一）高校发展规模影响图书馆的规模

1. 图书馆读者数量倍增

1998年，全国普通高等学校在校生340.87万人、在校研究生19.89万人，到2003年分别增加到1108.56万人和65.13万人，分别比1998年增加了767.69万人和45.24万人。伴随着读者数量的大幅增加，高校图书馆的各类文献信息服务工作也全面展开，高校图

① 教育部中华人民共和国重要教育文献编审委员会：中华人民共和国重要教育文献（1998—2002年），海南出版社，2003年版，第288页。

书馆的读者服务工作从数量到质量都上了一个新的台阶。

2. 图书馆馆舍面积不断增大

高等教育大众化时期，由于高校招生人数连年增加，学校规模不断扩大，图书馆读者人数不断增多，高校图书馆亦不断地扩建或新建馆舍，高校图书馆馆舍面积迅速增大，全国各地到处都传播着新建或扩建高校图书馆的消息。例如，1999 年 12 月启用的新广州大学（桂花岗校区）图书馆，建筑面积 1.4 万平方米，功能齐全、高雅舒适；2000 年 9 月，1.5 万平方米的湘潭大学图书馆新馆落成；2000 年年底，陕西高校图书馆在建面积有 5.49 万平方米；2000 年 11 月，上海大学图书馆新馆开馆，建筑面积 3.8 万平方米；2004 年 9 月，东华大学松江校区图文信息中心启用，建筑面积 3.5 万平方米，使用面积 1.6 万平方米[①]。当时上海高校图书馆 3 万平方米及以上单个馆舍就有 9 个。这些新馆的结构、设备、装修水平均向现代化标准靠拢，普遍实行计算机网络管理，并普遍安装了空调、电梯、消防、监控和防盗设备，大部分新馆采用了大开间建筑方式，采用更方便读者的借、阅、藏合一的藏书布局。

（二）高等教育层次和专业设置影响高校图书馆馆藏资源变化

1. 教育层次多元化影响图书馆馆藏结构发生变化

由于我国正处于经济高速发展的时期，急需各方面的人才，许多高校都建有二级学院，其培养目标、教育层次呈现多元化的趋势。不同层次、不同类型的教育教学，客观上要求图书馆要提供内容广泛、种类丰富的信息资源。图书馆既要提供读者共同需求的信息资源，又要提供他们各自所需的不同信息资源。例如，既提供英语、计算机等级考试及公务员考试方面的书刊，又要提供不同层次、不同专业读者所需的各类专业书刊。

2. 高校专业设置市场化影响图书馆馆藏资源建设

在高等教育大众化阶段，我国高等教育的培养目标已从为国家培养“高级人才”向为社会培养“专业技术人才”转变。招生数量和就业率这两个市场供求的“晴雨表”，使高校的生存面临着来自市场的压力，它使得高校必须根据市场的需求经常有预测性地调整自己的学科和专业设置。近几年来，应用型、技能型、管理型等多种类型的人才需求旺盛，许多高校为此开设了相关的专业，现在一些师范院校有超过一半的专业为非师范专业就说明了这一点。作为高校信息中心的图书馆，在文献资源结构上也要作相应的调整，及时增加新增专业资源及扩展新增专业资源面，为读者提供多层次、多形式、多学科、多专业的

---

① 庄琦：透过数据看变化 2002—2006 年上海高校图书馆活动基础数据与分析，图书馆杂志，2007 年第 12 期。

信息资源，以科学合理的对应结构适应高校图书馆与高等教育大众化的相互促进和协调发展。

（三）高校的办学模式影响图书馆的服务方式

高等教育大众化阶段，高等教育办学模式多种多样，既有“合署共建”式，又有“产、学、研一体”式，还有“校企联办”式、“一主多元”式等，这就要求图书馆多渠道、多形式提供多元化的信息资源服务。从服务内容上说，读者除了需要传统的查目录找书刊的简单服务外，也需要通过多媒体和现代化信息网络查找有关学习、生活、研究等方面的信息资料，更需要图书馆提供适应各专业各学科读者需要的专业信息资源以及一些跨学科、集产学研于一体的综合信息资源；从服务方式上说，读者既需要图书馆对信息资料进行传统加工、整序、重组、再建，也需要图书馆为读者进行现代知识信息导航，并为一般读者提供引导咨询的共性服务，针对各类读者的不同特点提供个性化服务。

三、我国高等教育大众化对高校图书馆的要求

（一）要求图书馆对知识和信息资源的开发不断扩面增量

一是高等教育大众化阶段，高校发展规模和容量不断扩大，要求图书馆的知识信息提供量能够快速增长，形成一个适合研究生、本科、高等职业教育等多层次教育体系的文献保障体系。二是高等学校培养目标的多样化，专业设置、学科设置多样化，特别是选修课的大量增加，要求图书馆信息资源也要多样化，并扩展专业知识信息面。三是高等教育大众化初期，大众教育与精英化教育还有着紧密联系，甚至与精英教育并存。

（二）要求图书馆对知识信息的传输做到快速、高效

大众化教育阶段的多种办学形式要求学生更多地采取自学方式，这就需要有一个快速、方便获得知识信息的学习环境和条件，需要图书馆能快捷地提供学生学习、生活等方面的有关信息资源；并且，目前知识信息更新率快速提高、毕业生就业竞争日趋激烈，必将促使各教学单位和广大教师想方设法地把最新、最好的知识信息传授给学生，学生也要求迅速了解、掌握学科前沿知识及发展趋势，这就要求图书馆快速、高效地传输有关知识信息。

四、我国高等教育大众化初期高校图书馆存在的问题及应对举措

（一）我国高等教育大众化初期高校图书馆存在的问题

1.经费不足

高校图书馆作为全校文献保障中心，与师资、实验设备组成高校三大支柱。它在高等教育发展中发挥着十分重要的作用，尤其是在我国高等教育大众化进程中，为高等教育大众化的健康快速发展提供强有力的信息保障。但是由于我国的高等教育大众化是“后发式”，国民经济发展滞后，教育事业经费投入不足，图书馆经费更少。在高校招生规模逐年扩大的情况下，政府财政拨款并未增加多少。据统计，我国财政性教育经费支出占国民生产总值的比例长期以来不到3%，且比例呈逐年下降的趋势，大学生的生均经费逐年下降。

生均经费的下降意味着学生占用和使用实验条件、实习条件、图书资料、教学资源的全面下降。从 1999 年高校扩招以来，高校的招生规模虽上去了，但是政府对高等教育经费的投入却没有上去，这对于普通高校的发展是一个极大的挑战，对普通高校图书馆的发展更是一个巨大的挑战。经费的不足严重影响着高校图书馆的建设及作用的发挥，成为制约图书馆可持续发展的“瓶颈”。

2.现有馆舍面积不能满足扩招后读者的需求

我国高校图书馆建筑面积的计算一般以 1979 年教育部制定的《一般高等学校校舍规划面积定额》为依据，该定额分别按文、理学校学生规模确定图书馆建筑面积的人均平方米系数。例如，文科类高校图书馆学生阅览室座位按学生总数的 15% ～ 20% 设置，每座占地 1.8 平方米，总建筑面积 1000 ～ 3000 人规模的定额为 1.71 ～ 2.41 平方米 / 人①。

以上指标产生于 20 世纪 90 年代初，当时我国新一轮高等教育体制改革还未启动，校均在校生规模较小，因此，这一指标中的最大规模为 5000 人，体育院校和医学院校给定的最大规模分别为 2000 人和 3000 人，专科院校的最大规模定为 3000 人。

经过高校扩招，现实情况发生了很大变化，在校生低于 5000 人的已少见，不少高校在万人以上，有的已突破 3 万人，并且指标产生时，全球范围内信息化指数还比较低，我国计算机拥有量和普及率都很低，未计算现代图书馆的“研究箱”“小憩场”等。在“以人为本”思想的指导下，我国从 1999 年 10 月 1 日起实行新的图书馆建筑设计规范——《JGJ38-99 图书馆建筑设计规范》，强调选址与周围环境相协调、强调无障碍设计、强调

① 张文贤：国际惯例词典，复旦大学出版社，2000 年版，第 393 页。

多功能设计、强调环境更具人性化、强调开架管理和模数式设计的确认。[①] 全国大部分高校扩招后，在校生连年增加，但高校图书馆的馆舍面积大多没有随着学生数量的增加而增大，有的图书馆生均馆舍面积反而在减小。由此，造成生均占有图书馆的面积和生均占有阅览座位都有不同程度的减少。各类阅览室阅览座位极度紧张，致使大多数学习积极性高涨的学生不得不提前到阅览室门外排长队等候，尤其在复习迎考阶段，常常出现抢占座位的不文明现象。

另据资料显示，在全国1051所普通高等学校中，20世纪90年代新建、扩建的图书馆馆舍共有500多所，建筑总面积400多万平方米，平均每馆达8000平方米。但总体情况不容乐观。以2000年高校在校生1100万人为例，全国高校的平均学生规模已达到万人以上，以平均馆舍面积8000平方米计算，生均面积也只有0.8平方米。因此，即便20世纪90年代以来新建、扩建图书馆的馆舍资源也不能满足日益扩大的在校生规模对图书馆利用的需要，图书馆事业发展空间受到限制。

3. 馆藏资源建设存在问题

（1）生均文献量锐减

文献资源是图书馆提供服务的物质基础，没有丰富的馆藏，就不会有优质的服务。在图书馆文献资源建设经费方面，国家教委颁行的《普通高等学校图书馆规程》（第五章第三十条）规定图书采购经费应占学校总经费5%的指导性标准，但实际上，只有少部分学校能真正做到，大多数高校图书馆（特别是中西部地区）经费不到学校总经费的1%。高等教育大众化教育阶段，高校招生人数逐年增加，导致图书馆读者人数迅速增加，而全国大部分高校扩招后没有按应有比例相应地增加图书经费，有的甚至还减少了图书经费。并且由于纸质书刊的价格每年都在上涨，特别是2001年我国加入WTO后，各高校外文期刊、图书的建设更是面临严峻考验。由于高校对图书经费投入的力度不够，图书馆新书刊的入藏速度远远跟不上扩招人数的步伐，由此造成了生均馆藏量和新书拥有量锐减，使高校图书馆的文献资源处于相对贫乏的状态，图书馆文献保障率大大降低。例如，重庆某高校扩招前生均图书160册，纸质期刊0.4种；扩招后，虽然图书经费年年增加，但因增加的额度不足，造成现在生均图书还不足70册，纸质期刊不足0.2种[②]。另据统计，我国高等学校的馆藏图书从1998年的49826万册上升到了2001年的64296万册，扩大了1.3倍，但实际生均藏书量却在减少：本科院校从生均藏书115册减少至70册，增长

① 吕丽昕：论“以人为本”与《图书馆建筑设计规范》的修订，图书馆学刊，2005年第4期页。
② 高凡：数字时代图书情报服务与创新，西南交通大学出版社，2006年版，第119页。

率为 -39%；专科院校从生均藏书 126 册减少至 82 册，增长率为 -35%[①]。据了解，全国大部分高校在扩招后，生均文献信息资源均有不同程度的减少。总之，目前我国高校图书馆文献资源总供给量不足，导致多数本科高校尤其是万人以上的巨型大学的生均藏书量大幅下降，严重影响了图书馆的建设和作用的发挥。

（2）新增专业文献资源缺失，文献保障服务能力滞后

随着大众化教育的发展，高等学校的学科设置、专业结构、培养目标、教育层次、教学内容和课程体系等都发生了较大的变化。各高校为了提高自身吸引生源的能力、增强办学的竞争力和市场适应力，纷纷大力拓宽专业口径，改造传统专业，增加新兴专业，改革教学内容，大量设置选修课，以提高办学效益。因此，许多新的社会应用型专业从研究型学科中衍生出来，构成新的专业。与此同时，许多交叉学科、边缘学科也不断出现。这些变化都迫切要求图书馆文献资源所覆盖的学科范围要随之作出相应的调整，增加新增专业信息资源，使文献保障工作能够与之同步发展。但是，因图书馆与学校学科规划处缺乏必要的沟通，当图书馆得知学校又设立了某个新专业的信息时，往往距这个新专业设置的时间较久了，补充新专业的相关文献就显得滞后；另外，文献积累需要一个过程，许多重要的教学参考资料及相关的纸质资源是一时难以采购到的，因而文献保障服务能力滞后，不能满足新增专业读者的需要。例如，杭州电子科技大学的专业从原来的十几个扩展到现在的 40 多个，很多专业是近两三年才设置的，如工业设计、社会学、编辑学、汽车工程等，这些专业由于历史积累少，文献资源建设几乎从零开始[②]。

4. 现有工作人员素质不适应大众化教育的需要

长期以来，作为高校的三大支柱之一的图书馆因没有受到应有的重视，工作人员队伍建设受到严重影响，无论是干部的配备，还是工作人员的充实，随意性都较大，图书馆常常被当作安置家属子女及学校新进教师家属的地方。工作人员知识结构参差不齐、专业知识单一，大都不具备图书馆基础理论与专业知识。据统计，中国高校图书馆馆员中获得博士、硕士及双学位的人员很少，在北京地区几所高校图书馆人员中约占 6% ～ 9%，其他地区高校图书馆则几乎没有本科以上学历者；工作人员中大学本科学历包括通过成人自考获得本科学历的人员，学图书情报专业的只占 10% ～ 20%。工作人员的计算机技术、外语水平较低，网络知识缺乏，成为制约图书馆发展的一大因素，有一部分工作人员特别是年纪较大的工作人员，目前还不懂计算机的操作与运用。

① 刘海峰、谢作栩：我国普通高校扩招前后办学条件变化分析，教育发展研究，2002 年第 12 期。
② 卢坚、徐春云、徐莹：新形势下我校图书馆文献资源建设研究，杭州电子科技大学学报（社会科学版），2006 年第 1 期。

他们对电子邮件、网上信息检索与下载等现代化信息技术知之甚少，无法为广大师生提供最新信息和有关服务。总之，高校图书馆普遍缺乏既懂业务，又懂信息管理、通信及计算机技术的高素质、复合型人才，很难担当起大众化教育阶段（师生）读者的知识导航员和信息导航员。

（二）我国高等教育大众化初期高校图书馆的应对举措

高校图书馆是高等教育发展的支柱，在大众化教育阶段，其地位和作用显得更加重要。可以说，没有与之相应和配套的图书馆作为支撑，高教大众化就难以得到进一步发展。为了使高校图书馆能够在高等教育大众化阶段充分发挥其应有的作用，图书馆应积极采取相应措施以适应高等教育大众化发展的需要。

1. 采取多种措施，争取更多文献资源建设费

一直以来，图书馆文献资源建设中的“瓶颈”主要是经费问题。“巧妇难为无米之炊”，没有经费，图书馆的文献资源建设及读者服务就无从谈起。因此，图书馆要采取多种措施争取更多的文献资源建设经费。我国高等教育的经费主要是由政府承担，高校图书馆的经费由学校从事业经费中按一定比例拨付。根据国家教育委员会《规程》的规定，高校图书馆文献资源建设经费应按学校总经费的5%拨付。因此，首先，各图书馆应以《规程》为参照，通过做好图书馆工作，赢得学校领导的信任和重视，以争取学校每年从国家划拨的事业经费中按《规程》规定的相应比例拨给图书馆文献资源购置费。其次，随着扩招学生的增加，各高校图书馆还应争取让学校根据学生学费的数量安排一定比例的经费来补充文献经费的不足。最后，争取学校领导站在学校教学科研可持续发展的高度切实重视和支持图书馆的建设和发展，除了在学校的教育事业费和学费中保证一定比例的文献资料购置经费外，还可从学校科研费、产业收入和计划外招生经费中划出一定比例的经费，资助文献资源的建设。另外，图书馆还可配合学校重点学科建设，争取立项，获得专项经费支持。同时，图书馆还应多渠道争取其他方面的支持和投入。比如，与企业、社会团体联合办馆；或加大自身宣传，寻求社会团体和个人资助；或向社会读者提供服务，收取一定费用等。只有这样，才能使高校图书馆摆脱文献资源缺乏和经费不足的困境，走上健康可持续发展的道路。例如，上海海事大学扩招后，图书经费在1999年20万元的基础上，2003年增长为280万元，2004年约为500万元。经费的连年增长，使图书馆的年购印刷型图书由扩招前的8000余册增长到2004年的80000余册，在很大程度上缓解了文献资源的供需矛盾[①]。

① 高凡：数字时代图书情报服务与创新，西南交通大学出版社，2006年版，第120页。

2. 加强基础设施建设，跟上高等教育发展的步伐

在高等教育大众化阶段，读者直接要求面广量大、快捷高效的知识信息服务，这种服务要求图书馆必须具有相应的馆舍设施作为载体。

因此，应将图书馆的馆舍设施建设作为高等教育大众化工程的配套项目，加大对馆舍设施建设的资金投入，使图书馆馆舍与设施建设能与高校大众化教育规模容量相匹配、能与现代化的教育教学要求相适应、能承担和发挥知识信息服务中心的功能。首先，馆舍不足的图书馆要加强馆舍扩建或新建工作，以适应大众化高等教育的不断发展；其次，加强图书馆其他基础配套设施建设，如图书馆自动化、网络化的进一步建设，以满足读者快速获取知识信息的要求。

3. 做好图书馆的资源建设

图书馆文献信息资源是其服务的物质基础，因此，在高等教育大众化进程中，高校图书馆要抓住良机搞好文献信息资源建设。

（1）科学合理地制订图书馆资源配置计划

高等教育大众化阶段，高等教育的观念、功能、学校类型与规模、质量标准、入学与选拔方式、教育内容和学科专业设置、教学管理方式等都有所变革。因此，高校图书馆应科学合理地制订图书馆资源配置计划。

①制订好文献资源配置计划。第一，要充分了解本馆的馆藏资源情况，定期对馆藏资源进行统计分析，分析馆藏资源的学科结构以及各学科专业的馆藏资源在整个馆藏中所占的比例，对馆藏资源中比例不协调现象要及时给予调整。同时根据学校学科专业设置情况，制订图书馆的近期、中期资源配置计划。近期馆藏资源的配置计划中应对学校的新办专业有所倾斜，加大新办专业文献的采购力度。采购人员应在对本馆馆藏资源充分了解的基础上，制订明确的采购计划，做到每次采购心中有数。

第二，应根据学校的资源状况、读者需求、在校生人数等确定印刷型文献与电子文献的合适比例。因不同载体文献资源各有所长，彼此之间可相互补充，客观上能给学生获取知识和信息拓展出无限空间。因此，高校图书馆应根据它们的不同特点及读者的阅读需求，进行科学的购置、组织和整合。

第三，在分配当年的文献购置经费时，图书馆应根据本馆馆藏情况来确定购置中外文图书、中外文期刊及电子文献的资金比例。一般说来，期刊的经费安排主要考虑本校的学科专业设置及专业期刊连续性等因素来作计划。电子文献的采购计划可主要考虑电子资源的数据质量及所收范围，同时注意做到与纸质文献的互补性。在分配经费时，还要考虑教学与科研的关系，对于教学型大学，图书馆应重点保证教学的需要，优先购买教学急需的文献，对于价格昂贵的文献和利用率较低的外文期刊，尽量通过资源共享的方式解决。

第四，在保证馆藏文献学科的系统性和完整性的前提下，图书馆应根据扩招后的学科发展趋向，强化文献的专业化和系统化，确立各学科文献的入藏比例。并同时妥善处理图书与期刊、中文与外文的购置比例关系。总之，图书馆要科学、合理地做好各种载体、各种文种的文献信息资源入藏计划。

②确定合适的文献复本量。在大众化教育背景下，图书馆文献复本量也是一个值得研究的问题，复本量的多少直接影响着文献资源采购经费的利用效率。一方面，图书馆应根据各校区、各学科的专业分布及办学规模来确定文献采购的品种和数量。对于核心专业文献要保证其完备性，各个专业的文献在各个分馆内都应占有一定的比例，而对于专业以外的其他文献，采访人员应认真分析研究这类文献的流通率和拒借率，找出热点和非热点变化规律，作为确定这类文献复本量的依据。另一方面，基于电子文献的使用在广大图书馆读者中已有很高的认可度，图书馆可充分利用电子文献来解决复本量的问题，比如，对那些需要量很大的公共课参考书，从成本的角度讲不可能大量采购，图书馆可通过购买甚至委托加工其电子版来代替纸质文献，以解决纸质文献复本量不足的问题。对于外文原版期刊，原则上只购买一本，其他分馆或院系资料室若有需要则以复印本入藏，以此减轻图书馆复本量不足的压力。这种外刊复印，因为只限于校内的教学、科研用途，没有涉及任何商业目的，所以这种做法不会影响知识产权的保护。

（2）搞好馆藏资源建设，建立适合高校发展的文献保障体系

①调整并优化原有馆藏资源结构。根据本馆读者实际需求的变化以及学校所设专业特点和学科重点，以最大限度地聚集有用信息为原则，对原有馆藏资源进行重构，全面调查馆藏文献，按照学校教学和科研所必须使用的主要参考文献的类别、品种、数量、文种及使用频率等来优化文献资源。首先，实行“三线典藏”的动态管理制。根据文献的利用情况，将读者使用量大、使用频率高的书刊放置在一线书库，其他文献则根据其利用率的高低依次放置在二线和三线书库，以方便和满足读者的需求，节约读者的时间，也便于图书馆进行必要的文献剔旧工作。其次，在保证入藏文献学科系统性和完善性的前提下，及时筛选老化文献，以增强文献结构活力。

②合理采集文献信息资源，构建适合高校发展的文献保障体系。高等教育大众化阶段，由于各高校招收学生层次多样，所设学科、专业亦丰富多样，因此，图书馆要科学

合理地购置各种文献信息资源。

第一，采访人员要充分调查各院系、各学科读者对文献信息的需求情况，并根据本馆的馆藏状况，广泛听取各学科带头人及骨干教师的意见，选准、选好具有权威性且使用率高的文献入藏；在采选书刊时还要注意向学校主要学科和扩招后新组合、新设置的学科倾斜，以满足主要学科和新增专业的文献需求；同时，采访人员在采购文献时要具有超前意识，要围绕学校的改革与发展规划，使所采文献于学科建设的前沿，这样才能充分发挥馆藏资源应有作用。

第二，处理好纸质文献与非纸质文献、中文文献与外文文献的关系，构建合理的馆藏体系。

在纸质文献与电子文献、网络文献的关系上，由于三种载体文献各有优势，毫无疑问，三者会在较长的时间内处于相互补充和共存的局面，因此，图书馆要在文献资源采购方面处理好这三者的关系，确定三种载体文献恰当的采购比例。由于纸质文献尤其是外文原版书刊的价格不断攀升，而数字化技术的发展使电子文献的费用相对降低，从文献利用的频率和使用成本的角度，图书馆可以考虑将一些纸质文献转换成电子文献，以节省大量的馆藏空间，节省管理人力，也利于长期保存。在文献配置时，可将一些纸质文献的复本量降至最低，将节省的经费用于增加电子文献品种，以电子文献资源来保障大批量读者的复本需求。具体来说，在经费有限的情况下，可以考虑以纸质文献来保障读者对普通文献的需求，以电子文献来保障读者对专业性文献的需求；对于学生需求量较大且需求时间较集中的教学参考书刊以及一些新增专业的书刊应考虑采购电子文献；自然科学和社会科学很讲究资讯的时效性，应以电子文献保障为主；人文学科主要不是以时效性为评价标准，其更新周期更长，则应以纸质文献保障为主；核心馆藏（如重点学科、特色学科的学术期刊、学术专著）无论是否有电子文献，均保留纸质文献的订购；基础馆藏因其基础性和普遍性，可考虑购买电子文献来解决数量和覆盖面的问题，但电子文献和纸质文献重复率应控制在一定比例内；外围资源（如素质教育类、语言学习类、畅销小说及其他生活性、消遣性普通读物等）因其淘汰率高，且网络免费电子资源较多，应以免费资源和购买电子文献为主，纸质文献仅考虑品种的收藏；检索工具、期刊文献（特别是外文期刊文献）等应以购买网络文献为主，因为网络出版物更新速度快，检索功能强大，并可在局域网上同时提供给多个用户使用。例如，中国期刊全文数据库、中国优秀博硕士论文数据库、人大复印资料、外文科技期刊文摘、SPRINGER 全文期刊数据库、INSPEC 数据库、EBSCO 数据库、IEL 数据库等。而对于那些利用率较低的信息资源，则可通过馆际互借或文献传递服务等形式提供。总之，图书馆要将纸质文献、电子文献、网络文献三者有机地结合在一起，形成一个各具特色、互为补充又具有一定独立性的馆藏体系，使三种载体文献在读者文献服务中发挥更大的效益。

在中文文献与外文文献的关系上，由于外文文献资源是反映国际上各学科领域的前沿情况和研究动态，学术含量较高、信息含量大，具有学术权威性。但外文文献价格昂贵，一般图书馆在购买外文原版文献时往往会力不从心。因此，图书馆要在大量选购本校读者所需的中文文献的同时，在外文图书、期刊的采购策略上，以实用性为原则，精心选择和合理配置外文文献，使中文文献与外文文献形成相对平衡的状态，满足师生教学、研究和学习时对不同语言载体的文献要求。

（3）积极建立各类特色数据库，加强馆藏资源的数字化建设

图书馆要最大限度地发挥文献信息资源的保障作用，其中最重要的一点就是各馆特色化文献的收集、整理和数字化。只有各馆创建好各自的特色文献信息库，才能为读者提供各具特色的文献信息资源。例如，对本校重点（或特色）学科文献，教师的讲稿、论文、论著及本校博士、硕士学位论文，本校学术刊物，本校校友科研成果，地方特色文化资料等，应加大收集力度，并采用比较成熟的商用软件平台 TRS 等信息技术，将其数字化，制成全文或文摘索引型数据库，以提高这些文献的利用率，满足本校读者及校外读者的信息需求，达到资源共建共享的原则，缓解扩招后给图书馆文献资源建设带来的压力。另外，高校图书馆应将馆藏的各种多媒体电子读物和随书配盘内容上载到校园网络服务器上，从而改变传统图书馆的借阅方式，使读者不受时间、地域以及复本量的限制，最大限度地利用图书馆资源，满足扩招后读者的需求。

（4）加强虚拟馆藏建设

互联网上有着极其丰富的免费的专业资源。据统计，全世界已有 800 多所图书馆和 600 多个学术机构将其数据在互联网上开放，发布题录、文献信息、某领域的研究开发或生产动态等信息。但是由于网络资源的海量、无序、流动性大、质量良莠不齐，不便于用户对所需信息的获取。高校图书馆可通过校园网开展网际导航工作，如根据学校的专业特色，将有价值的、与学校所设学科和专业有关的信息（如专业电子期刊或与专业相关的数据库以及专业网站等）搜集起来，通过认真筛选，去伪存真、去粗取精后，加以分类、整理、规范，编制成文摘、索引，将其链接在图书馆主页上，形成学科导航，成为图书馆的虚拟馆藏资源，及时为教学科研和重点学科建设提供网上最新的信息资源。在图书馆的这种学科导航库指引下，读者通过逐级浏览，到特定的地址能迅速、准确地

找到所需信息。通过这种形式，一方面极大地方便了读者对网络信息资源的获取；另一方面在一定程度上弥补了图书馆现实馆藏文献资源的不足，扩大了图书馆的信息占有量，实现了网络信息资源和现实馆藏两种资源的最佳配置，缓解了扩招带来的压力，更好地为读者提供服务。在对网络资源进行开发、整合过程中，要注意信息资源内容的精品性和加工整理的规范性、标准性，以提高虚拟馆藏的质量，利于网络信息资源的兼容和共享。

（5）促进学校图书馆与各院（系）资料室文献资源的整合与开发利用

长期以来，学校图书馆与各院（系）资料室的文献收藏都是各自为政、互不相关，双方文献资源未能整合在一起共同使用和发挥应有的作用。这种格局，一方面是由于扩招，图书馆读者不断增多，其文献资源跟不上读者日益增长的文献信息需求；另一方面又因为院（系）资料室各自为政，购置了不少与图书馆相同的文献，并且读者很少，文献资源得不到充分利用，造成资源浪费。对此，学校应作出相关规定，打破学校图书馆和院（系）资料室及其他文献收藏单位各自为政的局面，组建一个以校图书馆为核心、以各院（系）资料室及其他文献收藏单位为组成部分的学校文献资源保障体系，通过对高校内现有的文献资源分布状况进行调整，调节校图书馆与院（系）资料室之间不合理的文献资源配置。由校图书馆统一购置文献资源，以减少文献资源的重复购置，节约有限的资源购置资金；同时，由校图书馆对各院（系）资料室进行统一管理，把资料室开放的范围扩大到全校的所有读者，以提高文献资源的利用率。此外，校图书馆还要充分利用各院（系）资料室工作人员对本系的课程设置、科研规划、学科发展比较熟悉的优势，调动他们的积极性，加强与专家、教师、学生的联系，及时了解读者对文献的需求情况、跟踪专家学者科研课题研究动向，将所获得的读者需求信息及时反馈给图书馆，以有效地保证学校文献资源购置的科学性、权威性和可靠性。

（6）利用文献传递服务，加强馆藏资源建设

随着高等教育大众化的发展，各高校不断扩大其规模和办学层次，图书馆读者人数不断增多且信息资源需求日益多元化，各高校图书馆都不同程度地出现了经费紧张、文献保障能力降低等现象，尤其面对价格昂贵的外文书刊和外文数据库，更是力不从心。这就要求图书馆在信息资源建设中走分工协作、共建共享的道路，利用一个共建平台，把各自的优势联合起来进行信息资源建设，以节约成本，应对目前图书馆资源匮乏的严峻形势。近年来，不少高校图书馆已积极行动起来，参加全国或地区的文献保障系统建设，如参加联机合作编目和协调采购，参与集团引进或共同出资建立镜像站点，以有限的经费联合购进学校急需的一系列中、外文数据库，如中国经济信息网、国研网、Springer、

IEL、EI、Elsevier、Worldscinet、EBSCO等；或者通过馆际互借与文献传递等多种手段实现信息资源的共建、共知、共享，以解决本馆文献信息资源匮乏的问题，满足大众化教育阶段读者对文献信息资源的需求。

4. 加强图书馆工作人员队伍建设，提高服务质量

高质量的服务，来自高素质的人才。大众化教育阶段，高校图书馆的工作任务和功能在不断更新，对图书馆工作人员提出了更高的要求，需要工作人员具备适合服务高等教育大众化要求的素质，要能承担书库管理、指导阅读、参考咨询、知识导航等工作任务。具体来说，大众化教育阶段，图书馆工作人员需具备以下几方面的素质。

（1）思想素质

高校图书馆作为学校文献信息中心，不仅是师生获得知识的场所，更是对广大师生进行政治思想教育的宣传阵地。因此，作为传播文明、服务育人的图书馆工作人员，必须具有良好的职业道德和思想素质。也就是说，作为高校图书馆工作人员，要做好本职工作，就必须：一要热爱本职工作，有全心全意为读者服务的思想，有高度的使命感和责任感、脚踏实地的工作作风；二要有良好的职业道德和个人修养，要想读者之所想，急读者之所急，积极为读者服务，真正成为读者的“良师益友”。

（2）业务素质

①扎实的专业知识。要做好本职工作，更好地为读者服务，高校图书馆工作人员必须具备扎实的图书情报方面的专业知识，如图书馆学基本理论知识、书刊的分类和编目知识、文献信息资源的检索知识以及图书评估技术等。同时，工作人员还要熟悉馆藏文献的特点及分布情况，掌握数字化信息资料的管理、综合加工和检索方法等，否则就难以为读者提供优质服务。

②广博的学科知识。高校图书馆面对的是不同学科、不同专业的读者，工作人员要为这些不同学科、不同专业的读者服务，就必须具备多种学科的文化素质，成为跨学科研究的复合型人才，才能够对不同类型的信息资源进行有效的重组、浓缩和深加工，进一步开发新型的信息产品，使读者获得信息精品；也才能够针对不同读者提供他们所需要的信息资源。此外，图书馆工作人员还要具备一定的外语知识，每个工作人员至少要懂一门外语，特别是英语。一是因为在Internet上有95%以上的信息是英文。高校图书馆工作人员要想在网络中有效地开发利用网络信息资源，为用户提供信息精品，就必须具有较高的外语阅读水平。二是有了良好的外语基础，才能为读者推荐外文资料，更好地提高外文文献的利用率。另外，图书馆工作人员还需了解教育学、心理学、管理学等

相关知识，为读者提供更多更好的服务。

③熟练的技术知识。计算机是互联网时代图书馆的重要工具，图书馆技术的应用、读者服务、自动化管理等都离不开计算机。因此，图书馆工作人员必须掌握计算机的相关知识，能够利用计算机对现代文献资源进行技术性处理，包括信息资源的储藏、收集、调出、统计等。同时，网络已成为现代人们获取知识的重要途径，高等教育大众化教育阶段，图书馆工作人员除了要从事传统的借阅服务工作外，更要从事网络环境下的信息传播、信息开发、信息增值等服务工作，由传统的图书馆管理员转变为合格的信息导航员。因此，工作人员还必须具有较高的网络知识及网络信息的检索、整理、加工等能力。

（3）智能素质

高校图书馆工作人员要为读者提供优质的服务，除了有良好的思想素质和业务素质外，还必须具备良好的智能素质，即工作技能。

首先，应具备良好的信息收集能力。工作人员要为读者服好务，要善于观察读者、了解读者的信息需要，要善于从浩如烟海的信息资源中发掘、分析、选择、整理出读者所需要的最有价值的信息精品。

其次，要具备良好的鉴别能力和敏锐的捕捉能力。目前，我国出版业空前繁荣，书刊种类五花八门，内容包罗万象，其中不乏“学术垃圾”，特别是网络资源质量良莠不齐，这就要求工作人员必须具备良好的鉴别能力，对书刊及网络资源进行认真鉴别、精筛细选。同时，采访人员要有良好的市场“触角”，能及时捕捉到新书出版发行的资讯，将最新的信息资源提供给读者。

另外，图书馆工作人员还要具备良好的交流能力，才能有效地与读者沟通，了解读者的需求和期望，更好地为读者提供优质服务。

图书馆工作人员要具备以上素质，除了工作人员自身加强学习外，更要求图书馆从工作实际出发加强工作人员队伍建设。一方面，图书馆可从教学、科研部门挑选一批不同学科、不同专业的教授、专家充实图书馆工作人员队伍，请他们专职或兼职从事图书馆工作，担任知识信息海洋的导航[①]；另一方面，图书馆要建立完善的工作人员培训机制，加强工作人员的知识和技术的培训教育，全面提高他们的思想道德修养和业务能力，以适应高等教育大众化教育阶段的服务工作。一是从图书馆现有人员中选拔一批优秀青年送到高校各相关专业、学科进修，超前培养一批与高教大众化教育相适应的图书馆人才；二是结合工作需要和工作人员的实际情况，侧重组织他们在馆内进行现代化管理和操作

① 余敦巧：高等教育从“精英化”向“大众化”过渡中的图书馆，图书馆学研究，2002 年第 10 期。

技能培训，加快他们的业务知识更新，完善其知识结构，提高他们的计算机及网络运用能力、信息处理能力、咨询能力、管理能力等，以适应高等教育大众化教育阶段的图书馆工作；三是积极引导图书馆工作人员业余自学，或通过参加在职进修、函授学习、学位晋升等多种途径不断改善自身的知识结构，提高知识层次和业务水平，更好地为读者服务；四是增强工作人员的协作精神，使工作人员之间相互配合、相互理解，形成良好的团队，共同为读者提供优质服务。另外，图书馆还要积极争取引进一批专业人才，让一定比例的专业人才来充实图书馆队伍，这样才能使图书馆的工作更具有知识性和技术性，从而达到现代化服务要求。

第三章　我国高等教育大众化纵深推进及高校图书馆建设

第一节　我国高等教育大众化纵深推进概览

根据我国“五年计划”阶段的划分，我们将我国高等教育大众化从2004年开始确定为纵深发展时期。

2004年，是我国教育事业持续健康快速发展的一年。这一年，高等学校教学质量稳步提高，高水平大学、重点学科建设和高层次人才培养工作继续推进，国家继续加强“211工程”二期建设，并启动“985工程”二期建设，推进“研究生教育创新计划”，高等教育事业持续健康稳步发展。2004年，全国共有普通高等学校和成人高等学校2236所，比上年增加126所。普通高等学校1731所，比上年增加179所，其中本科院校684所，高职（专科）院校1047所。成人高等学校505所，比上年减少53所。全国共有培养研究生单位769个，其中高等学校454所，科研机构315个。高等教育的招生数和在校生规模持续增加。全国招收研究生32.63万人，比上年增加5.74万人，其中博士生5.33万人，硕士生27.30万人；在学研究生81.99万人，比上年增加16.86万人，其中博士生16.56万人，硕士生65.43万人。毕业研究生15.08万人，比上年增加3.97万人，其中博士生2.35万人，硕士生12.73万人。普通高等教育共招生447.34万人。与扩招前的1998年相比，在短短的6年时间里，我国高等学校的招生规模翻了两番，其中本科209.91万人，高职（专科）237.43万人。在校生1333.50万人，其中本科737.85万人，高职（专科）595.65万人；毕业生239.12万人，其中本科119.63万人，高职（专科）119.49万人。成人高等教育共招生221.16万人，在校生419.80万人，毕业生189.62万人。普通高等学校校均规模有较大提高。普通高等学校全日制本、高职（专科）在校生平均规模由上年的7143人提高到7704人。2004年全国各类高等教育总规模达到2000多万人，高等教育毛入学率达到19%。由此不难看出，自1999年扩招以来，我国高等教育的发展令世界瞩目。

2005年，我国高等教育实现了又快又好的发展，为经济社会发展提供了有力的人才支持和知识贡献。全国招收研究生36.48万人，比上年增加3.85万人，增长11.8%，其中博士生5.48万人，硕士生31万人。在学研究生97.86万人，比上年增加15.87万人，增长19.36%，其中博士生19.13万人，硕士生78.73万人。毕业研究生18.97万人，比上年增加3.89万人，增长25.80%，其中博士生2.77万人，硕士生16.20万人。普通高等教育共招生504.46万人，比上年增加57.12万人，增长12.77%；在校生1561.78万人，比上年增加228.28万人，增长17.12%；毕业生306.8万人，比上年增加67.68万人，增长28.3%。成人高等教育共招生193.03万人，在校生436.07万人，毕业生166.79万人。2005年高等教育毛入学率为21%，各类在校生人数达到2300万人，高等教育培养规模已居世界第一①。

2006年是我国“十一五”的开局之年。本年5月，国务院决定2006年高等教育招生规模仅比去年增加5%左右，降低了发展速度，以使今后将在一段时期内稳步发展，合理确定学校的办学规模。强调以学生为本，深化高校教育教学改革，建立和完善高等教育质量保证体系。继续开展高等教育本科教学工作水平评估，促进高校重视本科教学质量。实行启发式教学，注重培养学生的社会责任感、实践能力和创造精神。继续实施“211工程”和“985工程”，重点加强高水平大学和重点学科建设。推动高校科技创新与人才培养紧密结合，提高科研和创新能力②。2006年，高等教育稳步发展，高等教育招生数和在校生规模持续增加，全国共有普通高等学校和成人高等学校2311所。全国各类高等教育总规模超过2500万人，高等教育毛入学率达到22%。

2007年，高等教育稳步发展。本年，全国共有普通高等学校和成人高等学校2321所。其中，普通高等学校1908所，比上年增加41所，成人高等学校413所，比上年减少31所。普通高校中本科院校740所，高职（专科）院校1168所。全国共有培养研究生单位795个，其中高等学校479个，科研机构316个。高等教育招生数和在校生规模持续增加。全国招收研究生41.86万人，比上年增加2.07万人，增长5.20%，其中博士生5.80万人，硕士生36.6万人。在学研究生119.50万人，比上年增加9.03万人，增长8.17%，其中博士生22.25万人，硕士生97.25万人。毕业研究生31.18万人，比上年增加5.59万人，增长21.84%，其中博士生414万人，硕士生27.04万人。普通高等教育本、专科共招生565.92万人，比上年增加19.87万人；在校生1884.90万人，比上年增加146.06万人，增

① 中国教育年鉴编辑部：中国教育年鉴（2006），人民教育出版社，2006年版，第115页。
② 杨东平：2006年中国教育的转型与发展，社会科学文献出版社，2007年版，第33—34页。

长 8.4%；毕业生 447.79 万人，比上年增加 70.32 万人，增长 18.63%。成人高等教育本、专科共招生 191.11 万人，在校生 524.16 万人，毕业生 175.44 万人。全国高等教育自学考试报考 956.27 万人次，取得毕业证书 54.23 万人。普通高等学校（不含独立学院和分校点）本科、高职（专科）全日制在校生平均规模由上年的 8148 人提高到 8571 人。2007 年全国各类高等教育总规模 2700 万人，高等教育毛入学率达到 23%。

2008 年，我国高等教育的总规模为 2907 万人，毛入学率达到 23.3%。其中普通本、专科学生由 1998 年的 340 万人增长到 2021 万人，研究生由 1998 年的 19.9 万人增长到 128.3 万人，另外还有 39.4 万的博士生[①]。我国高等教育进入了一个大提高的阶段。

第二节 我国高等教育大众化纵深推进给高校图书馆带来的机遇与挑战

一、我国高等教育大众化纵深推进给高校图书馆带来的机遇

随着中国高等教育大众化进程的推进，我国高等教育进入了一个跨越式的发展阶段，同时也给高校图书馆带来了发展的良好机遇。

（一）办馆条件进一步改善

1. 经费投入进一步加大

随着我国高等教育大众化发展的进一步推进，各高校都大力改善办学条件，其中包括改善图书馆的办馆条件，多渠道筹集经费，加大对图书馆的投入力度。据统计，2004 年国家投资了约 206.33 亿元的图书资料费。2005 年，据“教育部高等学校图书馆事实数据库”中 194 所高校图书馆文献资源购置费（含电子资源）的数据统计，194 所高校图书馆当年的文献资源购置费约为 6.80 亿元，经费总数排在前 5 位的图书馆是大连海事大学图书馆、复旦大学图书馆、四川大学图书馆、北京大学图书馆、山东大学图书馆，平均每馆约 2254.23 万元。据不完全统计，2005 年四川省各高校图书馆文献资源购置费是 1.35 亿元[②]。2006 年，据对 297 所高校图书馆的抽样调查，文献资源购置费总和为 10.9 亿元，

① 张晋峰：与中国高等教育共发展，新华书目报·教材导刊，2009 年 5 月 25 日，第 3 版。
② 姚乐野：四川省高校图书馆文献资源共建共享的实践（电子发言稿）。

最高的为复旦大学图书馆，约 2929 万元。据对 299 所高校图书馆的抽样调查，用在购买纸质文献上的总经费约为 8.62 亿元，平均值约为 288 万元，最大值约为 2480 万元。基本情况是，国内一流高校的图书馆的文献采购经费通常保持在 2000 万元左右，一般重点大学的图书馆的文献采购经费通常保持在将近 1000 万元，普通本科院校的图书馆的文献采购经费在 500 万元以上。2007 年度，据"教育部高校图书馆事实数据库"数据统计，521 所高校图书馆文献资源购置费总计约为 17 亿元，馆均约为 327 万元，略低于 2006 年的均值 388 万元。2007 年总经费排在前 10 位的是复旦大学图书馆、北京大学图书馆、浙江大学图书馆、上海交通大学图书馆、厦门大学图书馆、清华大学图书馆、武汉大学图书馆、华中科技大学图书馆、同济大学图书馆、四川大学图书馆。购置费最高的是复旦大学图书馆，约为 3165 万元，其次是北京大学图书馆，约为 3134 万元。2007 年 480 所高校图书馆的电子资源采购费总额约为 3.9 亿元，馆均约为 82 万元；最高的是北京大学图书馆，约为 835 万元，其次是上海交通大学图书馆，约为 829 万元。2007 年 528 所高校图书馆的纸质文献采购费总计约为 13.5 亿元，馆均约为 257 万元，略低于 2006 年的均值 288 万元；最高的是复旦大学图书馆，约为 2565 万元，其次是北京大学图书馆，约为 2226 万元。接下来是大连民族大学图书馆、浙江大学图书馆等，共有 16 所大学图书馆的纸质经费超过 1000 万元。这些数据表明，在我国高等教育大众化纵深发展阶段，图书馆的文献购置资金投入明显增加。面对扩招带来的这种机遇，图书馆抓住机会，搞好文献资源建设，使图书馆的服务更上一个新台阶。

2. 馆舍面积进一步扩大，馆舍结构更加合理

《普通高等学校图书馆规程（修订）》第三十六条规定："高等学校应按照国家有关标准，建造独立专用的图书馆馆舍。馆舍建筑应充分考虑学校发展规模，适应现代化管理的需要，满足图书馆业务功能的要求，具有调整的灵活性。"这几年，随着我国高等教育大众化发展的进一步推进，高校图书馆的馆舍建设得到进一步加强。2004 年度，根据"教育部高校图书馆事实数据库"对 462 所高校图书馆自报的建筑面积进行了排行，排在前 5 位的是浙江大学图书馆、浙江工业大学图书馆、厦门大学图书馆、浙江工商大学图书馆、上海大学图书馆，前 100 位高校图书馆建筑面积总计约为 300 万平方米，平均每馆约 3 万平方米。2005 年度，根据"教育部高校图书馆事实数据库"数据，203 所高校图书馆的现有建筑面积总计约为 276 万平方米，平均每馆约 1.36 万平方米。2006 年，根据对 300 所高校图书馆已建馆舍面积调查统计，总面积约为 524 万平方米，平均值约为 1.75 万平方米，馆舍总面积最大的是中山大学图书馆，为 11.78 万平方米；另外，根

据对300所高校图书馆在建馆舍情况调查，设计总面积近180万平方米，设计面积最大的是天津师范大学图书馆，为6万平方米。2007年度，531所高校图书馆的现有建筑面积总计约为891万平方米，馆均约为1.68万平方米。2007年，高校图书馆建设新馆的浪潮似有所回落。2006年，共有300所高校图书馆上报了在建新馆的建筑面积，而2007年只有24所高校图书馆上报了在建新馆的建筑面积，总计约为97万平方米，馆均约为2万平方米，大于2006年的馆均约5999平方米。在图书馆结构设计方面，新建和改建、扩建的图书馆普遍采用国际上流行的"统一柱网、统一层高、统一载荷"的模式设计，基本上都注意到了网络环境对图书馆的深刻影响，努力把图书馆建设成为楼宇控制自动化、通信自动化、办公自动化合一的智能大厦，因而一般都具有安全的门禁系统和消防系统。图书馆智能化综合布线系统更是受到特别重视，网络接口等数字化必备元素遍布全馆，使图书馆成为信息空间和多元文化交流的学术平台。此外，从可持续发展的角度出发，新建图书馆还相当重视以人为本，从空间环境的设计、外部环境的建设、内部氛围的营造等方面都考虑读者的使用感受和审美需求；并注意节约用水、用电，强调自然照明和通风，争取打造绿色图书馆。2007年，共有95座建筑获得中国建筑工程质量最高奖——鲁班奖，其中有6座是图书馆，除了南京图书馆新馆外，其余5座均为高校图书馆，多于2006年的3座高校图书馆。它们分别是锦州医学院图书馆、苏州大学新校区炳麟图书馆、中国海洋大学崂山校区图书馆、泉州师范学院图书馆、景德镇陶瓷学院新校区图书馆。高校图书馆新馆频频获得鲁班奖，可见各学校非常重视图书馆的建设，不仅设计面积较大，而且建筑质量上乘，为图书馆的可持续发展创造了很好的条件。

（二）自动化、网络化建设步伐明显加快

随着我国高等教育大众化向纵深发展，国家进一步加大了教育经费的投入，许多高校加大了图书馆现代化设备和网络化建设的经费比重，特别是乘着高校图书馆自动化、网络化评估与教育部本科教学水平评估的东风，大多数高校图书馆的自动化、网络化建设水平都上了一个新台阶。例如，云南财贸学院2004年投入180万元进行图书馆数字化建设。2004年年初，北京工业职业技术学院图书馆利用北京市专项款60余万元，扩建了电子阅览室，使电子阅览室计算机台位达到110个，并配备了先进的、人性化的管理软件，为读者提供资料查询、检索、网络及复印打印等服务。图书馆有计算机超过150多台，拥有服务器6台（套）（存储空间3.5T）。其中，用于文献检索的计算机超过30台。2005年，湖南科技学院图书馆更换了功能更加完善、数据结构更加先进的新

系统 Melinets——北京邮电大学图书馆管理系统，实现了文献的采访、编目、流通、书目检索、数据统计等工作的计算机管理。在网络建设上，该馆依托校园网建立了先进的馆域网和硬件平台，中心机房拥有国外进口的服务器及国内先进的存储设备，图书馆主干为千兆，馆内各信息点为百兆，并交换到桌面，通过校园网与因特网互联，馆内近百台终端均可上网检索，读者服务自动化水平不断提升。2005 年，中国高校图书情报工作委员会对 175 所高校图书馆拥有电脑数进行了排行，排在前 10 位的是苏州大学图书馆（共 1102 台）、武汉生物工程学院图书馆（1014 台）、大连外国语学院图书馆（1000 台）、山东大学图书馆（950 台）、华北电力大学图书馆（814 台）、四川大学图书馆（718 台）、中国林业科技大学图书馆（665 台）、复旦大学图书馆（660 台）、上海师范大学图书馆（620 台）、西昌学院图书馆（589 台）。2006 年，中国矿业大学图书馆通过招标，利用教育部专项经费购置 150 台 PC 机，新增了南湖电子阅览室。目前，西南财经大学图书馆已实现全面的网络化管理，开通了流通、采访、编目、典藏、参考咨询、期刊、阅览、行政管理、公共查询等系统，拥有服务器 20 台，磁盘阵列容量达 20TB，工作用计算机 57 台，读者查询用计算机 10 台，电子阅览室拥有 450 台计算机。清华大学普通阅览室都配备了大量的网络端口和计算机终端，大部分公共区域都可以无线上网，读者可以很方便地查询馆藏信息、使用各类专业数据库等。从以上例子中可见高等教育大众化推进后，我国高校自动化、网络化建设步伐明显加快。

（三）高校图书馆队伍建设又上新台阶

高校扩招，必定会引进大量人才，图书馆也借扩招的东风大量吸纳各类高级专业人才，尤其是计算机专业人才，以此改善图书馆的人才结构，提高图书馆的服务水平。近年来，高校图书馆在加快自动化步伐的进程中，一直将队伍建设作为工作的重点之一，高校图书馆专业队伍的学历层次、学科专业结构、职称结构等已今非昔比。不少高校图书馆都引进了具有硕士及博士学位的人员，2005 年中国高校图书情报工作委员会对 45 所具有博士学位的高校图书馆进行了排行，复旦大学图书馆最多，共有 6 名博士，中国科技大学图书馆有 5 名博士，北京大学图书馆有 4 名博士，四川大学图书馆有 3 名博士，西安理工大学图书馆、河北经贸大学、同济大学、东华大学、集美大学均有 2 名博士，其余 36 所大学图书馆均有 1 名博士[①]。北京工业职业技术学院图书馆，至 2006 年年底，图书馆共有工作人员 16 人，大专及以上学历 10 人，其中研究生（含在读研究生）5 人，占 69%；高级职称 5 人，

① 中国教育年鉴编辑部：中国教育年鉴（2006），人民教育出版社，2006 年版，第 525 页。

占31%。据“教育部高校图书馆事实数据库”数据统计，2007年度，532所高校图书馆的正式职工总人数约为2.55万人，每个馆的职工平均约为48人。102所高校图书馆拥有获得博士学位的职工，共166人，馆均1.6人，最多的是清华大学图书馆，有9名博士，其次是复旦大学图书馆，有7名博士。393所高校图书馆拥有获得硕士学位的职工共2424人，馆均6.17人，武汉大学图书馆、北京大学图书馆、清华大学图书馆、复旦大学图书馆分别以拥有58、50、48、47名硕士职工，在排行榜中居前4位。这些数据表明，高校图书馆的职工队伍建设正在向知识化、专业化、高学历化方向快速发展，为高校图书馆在高等教育大众化中发挥更大的作用打下了基础。

二、我国高等教育大众化纵深推进给高校图书馆带来的挑战

随着高等教育大众化的进一步深入，高校的扩招有力地推动了图书馆的发展，但无论是经费的投入还是人才的引进都远远满足不了读者持续增多的需求，图书馆在扩招的大环境下面临严峻的挑战。

（一）物质资源仍显不足

高等教育大众化的纵深推进使高校办学规模不断迅速扩张，在校读者不断增多，多数高校图书馆物质资源仍远不能满足学校不断扩大的办学规模需要。图书馆的物质资源主要包括文献、馆舍、设备三方面。

文献方面，生均图书总量未达到国家标准，新购置书刊的入藏速度与扩招的步伐严重失调。根据国家教育委员会1997年规定，高校生均图书要求为150～180册，而实际情况是，1999年扩招后全国普通高校生均图书只有124册，远低于国家规定的最低标准。部分合并学校由于各种历史原因，生均图书还达不到100册。据统计，1998年，四川省普通高校生均中文年购书量为1.69册， 2000年，生均中文年购书量为1.29册，减少0.4册，降幅为24%；1998年，生均外文年购书量为0.06册，2000年，生均外文年购书量为0.04册，减少0.02册，降幅为33%；1998年，生均中文年购刊量为0.25种，2000年，生均中文年购刊量为0.18种，减少0.07种，降幅为28%；1998年，生均外文年购刊量为0.04种，2000年，生均外文年购刊量为0.02种，减少0.02种，降幅为50%；1998年，四川省普通高校生均文献116册，2000年，生均文献84册，降幅为28%。随着高等教育大众化的继续推进，生均文献量还在继续下降。据统计，北华大学图书馆2004年生均图书只有60册；北京交通大学图书馆截至2005年，生均图书为

44.14 册。据四川省教育厅计财处统计，2006 年四川省高校文献总量为 6084 万册，生均藏书只有 52.6 册。截至 2006 年，湖南学院图书馆生均图书只有 68.55 册。文献的总量建设均未达到教育部《普通高等学校基本办学条件》中的要求。海南省经过教育部评估的高校，生均年进书量直线下滑，全省 2007 年生均进书量比 2006 年下滑 2.0375 册。作为学校和社会信息的重要基地，图书馆若不能保证足够的图书资料，势必影响学校的教学和科研工作。

馆舍方面，高校扩招后，部分大学新建或扩建了图书馆，或多或少缓解了馆舍的紧张状况，但馆舍面积的扩建速度远跟不上扩招的步伐，阅览座位经常供不应求。从四川 40 余所高校图书馆扩招前后的有关数据中可以看出，扩招以后，生均阅览座位明显减少，1998 年馆舍面积 265116 平方米，每一学生拥有馆舍面积 1.44 平方米；2000 年馆舍面积 280950 平方米，每一学生拥有馆舍面积下降到 1 平方米，部分图书馆平均每 10 人才有 1 个座位，有的甚至更少。例如，北京政法职业学院生均面积 1.20 平方米，生均阅览座位 0.17 个；海南大学海甸校区近 2 万名学生，图书馆阅览座位不足 1000 个，20 个人才有 1 个座位。可见，高等教育大众化推进后，高校图书馆阅览座位变得更加紧张。

设备方面，尤其是自动化、网络化等现代化信息基础设施的建设不足。很多高校图书馆由于缺乏经费，设备和管理软件等得不到及时的维护和升级换代，图书馆向网络化、数字化发展的步伐受到了制约。大部分高校图书馆电子文献入藏量不足，尤其欠缺各种网络数据库，网上能查询的信息资源贫乏，电子阅览室规模较小，阻碍了图书馆数字化、网络化建设的发展。例如，海南大学海甸校区近 2 万名学生，但电子阅览室电脑不足 40 台（而且是四五年以前的）。可见，高等教育大众化推进阶段，高校图书馆设备方面建设还需加强。

（二）人力资源不足

图书馆的人力资源包括工作人员的数量和质量两方面。一方面，高校扩招后，读者人数猛增，馆舍面积扩大，开放时间延长，工作人员却增加不多，这就造成绝大部分图书馆工作人员只能应付日常的开放工作，深层次的信息服务与科研等工作无法开展，降低了图书馆为教学、科研服务的质量；另一方面，随着高校扩招，学校大批引进高级人才，图书馆成了学校新进教师家属的安置部门，造成了图书馆工作人员素质层次滑坡，从事图书馆较高层次服务和研究工作的中高级专业技术人员缺乏，高、低级职称人员比例失调，从而影响图书馆的发展。例如，西华师范大学图书馆现有工作人员 87 名，其中正高

3 名、副高 11 名、中级职称 32 名、初级职称及其他人员 41 名。高级职称者只有 14 人，大部分工作人员都是中、初级职称，这样的人员结构将会影响图书馆的服务水平。

（三）各馆协作服务能力亟待强化

随着高等教育大众化的继续推进，各高校图书馆都不同程度地增加了读者人数，而文献资源量却未相应地增加多少，各馆有限的资源很难满足本校扩招后的新局面。因此，亟待各馆加强协作，共同肩负为读者服务的重任。四川省高校图书馆大多已认识到了文献资源共知、共建、共享的必要性和重要性。一方面，继续巩固馆际协作已有的成就，如成都地区部分高校图书馆继续执行馆际互借协议，外文期刊进行协调订购和共享等；另一方面，一些高校图书馆已开始尝试在网络的基础上建立全新的文献信息资源共享模式，如试行文献网络传递和馆际互借服务。但总的来看，目前馆与馆之间协作的力度仍有限，高校图书馆参与的面仍不广。

三、我国高等教育大众化纵深推进时期高校图书馆的应对措施

（一）加强图书馆基础设施建设

图书馆的基础设施（包括馆舍及其他硬件设施），是图书馆提供读者服务的物质条件。因此，必须加强图书馆馆舍和硬件设施建设。为此，图书馆应积极创造条件，争取各主管部门把图书馆的馆舍和硬件设施建设作为高等教育大众化工程的配套项目，加大对馆舍与硬件设施建设的资金投入，使图书馆馆舍与硬件设施建设能与高校大众化教育规模容量相匹配、与现代化的教育教学要求相适应，能承担和发挥知识信息服务中心的功能。图书馆的服务质量，不仅与丰富的馆藏资源、高水平高素质的馆员队伍密不可分，也与良好的馆舍条件（包括馆舍面积、内在设施）密不可分。作为高校服务教学、科研的重要学术机构和人才培养阵地，只有将良好的馆舍和硬件设施与丰富的馆藏资源、高水平高素质馆员队伍有机结合，才能使高校图书馆的地位、作用在形式和内容上形成完美统一。

（二）搞好图书馆资源建设

1. 积极争取和合理使用经费，加强馆藏资源建设

馆藏资源是图书馆为学校教学、科研提供服务的物质基础，没有丰富的馆藏资源就谈不上服务。因此，图书馆要在高等教育大众化纵深发展时期为学校的教学、科研提供服务，必须搞好资源建设。在图书馆经费紧张的情况下，要积极想办法，多方筹措，保

证必要的资源购置。除了争取上级下拨的补贴经费全部到位外，还应从学校事业费中争取图书资料费，并争取从学杂费中划拨一部分给图书馆作为图书购置费，以保证图书馆的年度经费。另外，图书馆还可通过贷款、社会赞助等方式增加经费，从而加强图书馆建设。

但是，我们应该清醒地看到，图书馆经费无论怎样增加，总是有限度的。因此，图书馆必须合理地使用经费，使每一笔经费“用在刀刃”上。这就要求图书馆领导要有一个总体的采购计划，合理分配每种资源购置费。同时，采购人员在采购书刊时，首先要明确图书馆资源建设要与本校办学定位和学科发展相匹配。随着高等教育大众化的纵深发展，高等学校的学科专业发生了很大变化，一方面各高校学科面扩大了，学科领域更加宽泛，很多单科性高校在向多科性发展，多科性高校向综合性发展；另一方面各高校比以往任何时候更加重视内涵建设，重视学校学科专业品牌特色和学术研究。科学技术发展强劲势头和高校学科专业的拓展要求高校图书馆信息资源建设与学校的办学定位、学科发展相匹配，紧紧跟上本校学科专业发展步伐，充分满足本校学术研究和科技创新需要。既要重视传统学科、优势学科发展需要，又要满足新兴学科发展需要，使图书馆能为本校各学科专业的教学和科研工作提供优质服务，能为提高本校办学水平作出贡献。其次，采购人员要充分了解服务对象的需求。在校学习生活的大学生和从事教学、科研工作的教师是高校图书馆信息资源主要服务对象。随着高等教育大众化的纵深发展，高校师生需求也有较大变化，师生的阅读动机、阅读倾向、阅读手段和方法都在发生相应变化，大学生在“学习知识、完成学业、扩大视野、科学研究、娱乐消遣、提高修养”等方面的阅读要求和阅读倾向都会与以前有所不同。此外，科学技术和网络信息资源的迅猛发展也推动了高校师生对图书馆信息资源需求的变化，对数字图书、网络信息资源的需求远远高于以前。这就要求采购人员在采选书刊过程中重视对服务对象需求变化的了解，在信息资源的内容和获取方式上满足教师教学和科研的需要，满足大学生在成长过程中对精神食粮和生存技能等的多元化需要，满足大学生素质教育和全面发展的需要。总之，采购人员在采选书刊等资源时要充分了解学校各院（系）的教学、科研及对书刊资料的需求情况，并多渠道、多方面地获取读者需求信息以及书刊出版信息，做到有的放矢，保证重点，兼顾其他，有比较、有鉴别地进行采购。

2. 多渠道、全方位地开发、传输馆藏资源，提高现有馆藏资源利用率

（1）图书馆要合理分配和使用馆藏文献资源

面对高校连年扩招、读者不断增多、文献资源匮乏的状况，图书馆应想办法加快图书

的流通率，来提高文献资源的使用率。例如，可以采取缩短借阅期限，把借书期限由原来的两个月调整到一个月；或增加阅览室的复本量，从而增加流动性，提高图书的利用率；或开放样本书库，使所有的馆藏资源都充分利用起来；或适当延长开放时间，提高现有资源的利用率。国家规定书刊阅览服务时间每周应达到70小时以上，即平均每天10小时，但据笔者经验，要是能充分利用资源，每天的开放时间可达12小时甚至14小时，所以在开放时间上是有潜力可挖的；另外，为减轻工作人员数量不足的压力，可利用在校大学生以勤工助学的形式参与图书馆的日常开放工作管理。采取一个工作人员带几个学生的办法，保证图书馆的正常开放，使部分工作人员有时间进行深层次的信息开发工作。

（2）加大宣传力度，以便读者充分利用馆藏资源

开展多种形式的宣传、报道，更好地揭示、宣传图书馆馆藏，把更多的读者吸引到图书馆来，使“每本书都有其读者”，将蕴藏在文献中的知识激活，合成新的知识产品，为社会创造财富，如开列推荐目录，编制二、三次文献，举办书展、书评、研讨会以及新型文献、新设备应用知识讲座等。

3. 加快图书馆数字化、网络化发展的步伐

（1）建立馆藏非书资料数据库

建立馆藏非书资料数据库，将随书光盘、磁带、其他音像资源等放在图书馆网上供读者使用，以增加馆藏量；或对本馆基本馆藏和具有某种文献优势的特色馆藏进行数据库开发，建立馆藏特色数据库，加强馆藏资源数字化，提高其利用率。

（2）增加电子文献的馆藏比例

根据高等教育大众化的发展需求，逐步增加电子文献的馆藏比例，尤其是收集和购入各种电子文献数据库和光盘数据库或网络版的数据库，以丰富图书馆馆藏，使读者能通过图书馆的主页查阅到他们所需要的资源。

（3）大力开发网络资源，扩大馆藏量

现代网络环境给图书馆提供了一个全新的信息资源获取途径，图书馆可以对Internet上的信息资源进行挑选、加工、组织、管理和深层次的开发，形成虚拟馆藏，提供给读者。

（4）搞好馆际互借，实现文献资源共建、共享

随着信息的急剧增加和书刊价格的持续上涨，图书馆有限的购书经费已不能满足广大师生对信息资源的普遍需求。由于经费、设备、管理等方面的原因，单个学校图书馆的信息资源建设不可能完全满足读者全方位的需求。为了充分满足师生的信息要求，图书馆必须走信息资源共建、共知、共享的整体发展道路。通过网络实行馆际协作，协调

各高校图书馆之间文献信息资源的收集、整理与共享，任何一个成员馆可以根据约定的协议使用其他馆的上网文献数据库存。这样，就可使一馆的文献信息资源中融入庞大的多馆资源，并且通过计算机和网络将信息快速传递给读者，实现信息资源的真正共享，使图书馆实现文献保障能力与招生规模同步扩大。

（三）创新图书馆读者服务模式

高校图书馆是高等教育发展的支柱，随着高等教育大众化的进一步推进，其地位和作用显得更加重要。高校图书馆要充分发挥其应有的作用，应根据高等教育大众化的特点，创新服务模式，提高服务水平。

1. 改革服务空间和模式，实行开放式服务

（1）实行一体化开架服务

高校图书馆传统的藏书布局和服务模式往往是“重藏轻用”，藏、借、阅、习分离，相当部分书刊只藏不借，即使允许外借的书刊，也实行借、阅分开，流通库的书刊只供外借，不提供阅览，读者进入流通库后需赶快选到合适的书刊借走，无法在流通库内细细研读；而阅览室的书刊则只供室内阅览，不能外借，读者看到自己需要而又一时阅览不完的书刊，在图书馆闭馆时只得恋恋不舍地放下；而自习室则只是在一间屋里配置了桌子和椅子，里面没有任何供读者利用的书刊。这种藏、借、阅、习截然分开的模式既降低了文献资源的使用效率，又会挫伤读者的积极性。大众化教育阶段，读者对信息资源的需求更高、更广、更自由，要求图书馆必须改变传统服务模式，打破时空界限，更好地解决“藏”与“用”的矛盾，进一步调整书刊资料布局，实行“藏、检、借、阅、查、咨、习”一体化的开架服务模式。这种新的运行模式，基本实行大开间的管理，除了极少数确实不宜外借的书刊置于特藏室外，其余各室的书刊既提供阅览，同时亦可外借。流通库与阅览室的界限被彻底打破，流通库既是阅览室，阅览室同时也是流通库和自习室。这种模式，既极大地提高了馆藏文献资料和书刊库剩余空间的利用率，又方便了读者，使读者的借与阅有了更为广阔的空间选择和更为从容的时间选择；读者既可从更多的文献中选择自己所需要的资源，又可通过阅览的过程来确定是否外借，从而提高了使用文献资料的质量；同时，还能促进图书馆工作人员与读者之间的良性互动，使图书馆工作人员的角色由原来的“守门员”“出纳员”转变为“管理员”“咨询员、信息员、导航员”，无形中也提高了图书馆工作人员的业务素质。

（2）实行一站式综合服务

一站式服务（One-Stop Service），原为欧美国家的商业概念。近几年来，这一概念

已被引进到图书馆信息资源服务上来，并成为图书馆信息资源服务追求的目标。图书馆一站式服务就是整合多种信息资源，将图书、期刊、报纸、数据库等资源合为一体，实行馆藏、借阅、查询、检索“一条龙”服务，达到资源和服务的有效链接或互补，利用资源的整体优势，让读者享受到多元化、快捷而便利的服务①。在传统服务模式中，多数高校图书馆的馆藏布局是将文献按载体形态或学科类别体系进行放置。这种馆藏布局很难反映学科间的横向联系，不适应读者按专题查找相关文献的需求。书和报刊、中文资料和外文资料、工具书和其他检索性资料等往往不存于一室，而不同的阅览室和书刊库往往又在不同的楼层，读者要查找某一专题的文献有时要跑几层楼，需要花很多时间，而且还要重复办理查、借、阅手续，这给读者带来诸多不便。大众化教育阶段，读者所需信息资源更专，更精，并且要求在最短的时间内有针对性地找到自己所需要的信息资源。因此，图书馆要根据学校的学科建设、学科重点调整馆藏布局，将同一主题、同一专业和相关学科的各类文献集中放置在一起，形成一个真正完整的体系，建立学科专题开架阅览室，实行一站式综合服务；同时，图书馆还应利用自动化程度较高的优势，建立专题数据库，实现馆藏文献电子化，使读者能很便捷地检索到他所需要的信息资源，从而免去阅读原始文献的艰辛，节约大量时间。这种一站式服务模式，既可以突出重点、方便查找、便利借阅、缩短读者与文献的距离、加快流通速度，又能反映学科、专业的发展动态。同时，由于同一学科、同一专业的书刊相对集中，避免了读者查阅不同类型、不同文种文献需到不同书库、阅览室的麻烦。因此，这种模式能够加快图书馆信息资源的流通，最大限度地节省读者时间，提高馆藏文献利用率。

（3）实行一卡通开放管理服务

传统的运行模式中，大多数高校图书馆采用的是分室分卡的管理模式。读者进入图书馆后，若要进入某一阅览室或书刊库，必须分别办理入室手续，如果要转到另一个阅览室或书刊库，则必须重新办理入室手续。这对读者而言，无疑十分麻烦。大众化教育阶段，读者人数不断增多，如果他们每入一室都必须重办入室手续的话，这既会浪费读者的时间，更会增加图书馆工作人员的工作量。实行“一卡通”开放式管理，读者入馆只需在一楼门厅处，使用校内通行的“一卡通”，刷卡通过门禁系统之后，即可自由地进入图书馆的任何一个借阅室自由阅览和借还书刊，无须再办理任何登记手续。这种自由的、高度开放的管理方式，大大简化了入室手续，节省了读者的时间，使他们在馆内的流动更为便捷。同时，在这种管理方式下，原有各室的独立监测系统亦随之取消，全

① 任永芳：复合图书馆个性化服务信息服务模式研究，图书馆学研究，2007 年第 3 期。

馆仅在一楼门厅出口处设立一个共同的监测系统，这无疑会节省不少资金。

2. 借助现代先进技术，提供优质服务

（1）利用 Blog，构建全新的与读者交流的空间

Blog 是继 E-mail、BBS、ICQ 之后出现的又一种网络交流方式，它按照时间顺序组织排列内容并自动更新，比电子邮件、讨论群组更加方便易用。通过 Blog，图书馆工作人员能够与读者形成良性的双向互动。传统服务模式中，图书馆的信息发布和读者的信息反馈基本上都是单向的，读者之间也缺少必要的交流。在图书馆新的信息服务中引入 Blog 技术，一方面，图书馆工作人员可以利用 Blog 发布工作信息、规章制度，快速向读者介绍到馆新书和新到数据库及其他信息资源，或为某些有特殊需要的读者提供专门的信息资源 Blog 链接，为他们提供专业信息资源导航；另一方面，读者利用 Blog 的回响 / 留言 / 评论（Comment）方式，可以和图书馆工作人员进行有效的沟通，从而改变传统的信息单向流动方式，使图书馆能够及时从读者那里获得有用信息，及时解决有关问题。例如，读者对图书采购的意见和建议可直接在 Blog 上畅所欲言，让采访人员了解自己的需求信息，使采访工作更具有针对性；同时读者也可通过 Blog 向图书馆推荐资源。

（2）基于 RSS，开展个性化推送和定制服务

RSS 是“Really Simple Syndication”的缩写，也叫内容聚合，是基于 XML 技术的因特网内容发布和集成技术。它具有信息来源多样、发布时效强、聚合个性化、无“信息垃圾”干扰等特点。RSS 服务能直接将最新的信息及时主动推送到读者桌面，读者只需通过 RSS 阅读器就能得到更新的内容，而不必直接访问网站。大众化教育阶段，高校所设学科、专业丰富多样，读者信息资源需求各具特点，需要图书馆提供个性化的服务。因此，在新的技术环境中，图书馆工作人员可先通过各种方式了解读者的信息需求特点，建立读者档案，然后将信息需求按领域主题分类，实时搜集某领域的信息资源。把读者感兴趣的某专题书目、专题文献资料、新书通报、图书馆快讯等推送给读者，使读者无论何时只要采用客户端专用的 RSS 阅读器打开自己的“推送频道”，就可以接收到自己所需要的信息，无须不断访问图书馆网站，使读者避免了网上漫无边际的查找与长时间的等待，提高了信息检索效率。例如，武汉理工大学数字图书馆材料复合新技术信息门户中，推出了基于 XML 的 RSS 推送频道，通过“材料复合新技术信息门户总频道”“新技术专题”“动态及相关信息”三个数据推送频道向读者推送信息，使得读者在不用打开网站页面的情况下能够阅读支持 RSS 输出的网站内容，减少读者网上搜索时间；清华大学图书馆提供的 RSS 定制服务提供了图书馆最新消息、中西文新书通告、商业数据库 RSS 服

务；厦门大学图书馆也推出了全频道订阅和分类信息订阅，提供包括借阅信息、公告信息、学术讲座、信息参考等方面的信息。这种基于RSS的个性化定制服务，把读者预定的信息按不同学科、主题类别聚合，形成RSS文档，传送到读者桌面，极大地方便了读者。

（3）利用Podcast，提供人性化服务

Podcast（播客）是互联网发布音、视频等媒体文件的方法，它与博客类似，其实就是语音视频博客。读者可以通过订阅RSS自动接收文件，并将媒体文件传送到便携终端，如iPod、手机等媒体播放器上收听、收看。图书馆利用Podcast，可以通过音频或者视频向读者语音介绍或带领读者虚拟参观图书馆，使读者了解图书馆的基本概况，如历史沿革、地理位置和馆藏情况等，或让读者观看一些新书的封面、内容简介、目录等，使读者感到亲切，从而激发阅读欲望。采用这种方式能够塑造出图书馆人性化的形象。

此外，图书馆还可利用IM（即时通信）进行参考咨询服务。例如，运用MSN、QQ、Skype等，通过文字、语音、视频等方式与读者进行沟通，为他们答疑解惑。

（四）切实加强图书馆队伍建设

高质量的服务，来自高素质的人才。图书馆要实现创新性服务，就离不开培养和造就业务能力强、具有创新精神的人才队伍。没有一支阵容整齐、素质优良的图书馆工作人员队伍，高校图书馆职能和作用就不可能得到充分发挥。随着高等教育大众化向纵深发展、高校办学规模快速增长以及图书信息资源建设的不断推进，图书馆工作人员队伍建设被提到重要议事日程，必须切实加强图书馆工作人员队伍建设。当前，高校图书馆工作人员队伍建设要着力解决好以下几个方面的问题。

1. 解决好图书馆人员数量和专业结构问题

大众化阶段，高校教育不断向多学科或综合方向发展，这就要求图书馆工作人员队伍具有多学科结构，不仅要有图书情报方面的专业人才，还要有网络专家、学校主打学科方面的人才和外语人才。因此，图书馆应积极引进各类人才，尤其是图书馆信息系统、网络的开发和管理人员及各学科专业人才，学校人事部门在引进各学科优秀人才时，也应考虑图书馆的人才配备，以解决图书馆人员数量和专业结构问题。

2. 提高图书馆工作人员业务素质

业务素质的提高和职业道德教育也是图书馆工作人员队伍建设的重要内容。在业务方面，为了更好地为读者服务，更好地发挥高校图书馆功能，每个图书馆工作人员除了要精通本职工作和所在岗位的业务，系统地了解、熟悉高校图书馆各个环节的职能、作用、

工作方式、工作要求，更好地理解本职工作在图书馆这一系统中的作用外，还要不断充实自己，不断扩大知识面，更新知识，使自己具有广博的综合知识，以提高信息服务能力，满足读者的需求。另外，图书馆工作人员还应注重外语知识的提高，因为无论是从互联网上获取、加工信息，还是对外工作交流，掌握一门或多门外语是图书馆工作人员在日常工作中的必需。同时，还要注意充实计算机知识，熟练掌握计算机操作技术，提高自己的信息服务能力。为此，图书馆要建立完善的图书馆工作人员培训机制，拟订职工培训计划，加强工作人员的业务培训和技术教育，全面提高他们的思想道德修养和业务能力，以适应大众化教育推进阶段的信息服务工作。

（五）全面提高读者获取、利用信息资源的能力

高等教育大众化纵深发展阶段，高等教育的培养方式与学生学习方式已发生了很大变化。学生通过自学完成学业的比例逐步增大，他们更加依赖图书馆，他们在专业知识的学习、工作技能和人生经验的获取等方面，都要通过图书馆才能完成。因此，图书馆要着力培养学生在实体图书馆与虚拟图书馆获取知识信息的技能。要将文献检索课作为高校的必修课，并加大文献检索课中的机检内容。同时，高等教育大众化纵深发展阶段，不少高校为适应市场对人才的需要，不断地调整专业，教师需要不断地转换和更新自己的知识，才能培养出合格的人才，为此，他们也会更加依赖图书馆提供的有关新的信息资源。因此，图书馆要对读者进行培训，指导他们快速获取信息资源的有关知识。可根据读者特殊需求举办文献检索培训班或讲座；也可请各专业、各学科专家、教授介绍他们利用图书馆的经验，专门讲授某一领域知识信息资源利用的途径、方法和技巧，充分发挥各专业、各学科专家教授的指导咨询作用。同时，图书馆还要培养一批专业学科“导航员”，为读者提供知识信息检索的咨询和指导。

总之，随着高等教育大众化步伐的不断增大，高校图书馆面临着机遇和挑战，要加强资源和队伍建设，加快数字化、网络化发展的步伐，不断从质量、改革、创新、发展上提高自己的服务水平，使图书馆的建设和发展与学校的建设和发展相适应，只有这样，才能使其在高校建设中发挥为师生教学、科研提供信息服务的功能，成为高等教育大众化的重要阵地。

第四章 我国高等教育大众化时期各类型高校图书馆

第一节 我国高校分类简介

关于高等院校的分类，国外方法较多。例如，卡内基教育基金会将美国的高等院校按其所授学位的不同分为十种类型；《美国新闻与世界报道》周刊则将美国高等院校分为五种类型，每年按若干指标进行排名。我国对高等院校也有多种分类方法：1996 年，上海智力开发研究所建议将我国高等院校分为研究型大学、省部级重点大学、一般本科院校、普通专科学校、高等职业技术学校五类；1997 年，辽宁省教育研究院邓晓春建议将我国高等教育分为科研教学型大学、本科教学型大学和专科教学型大学三类；2000 年，教育部院校设置处戴井冈等根据学校学科设置的特征、学生培养层次、教师水平和学校科研活动开展情况，将普通高校分为具有研究型特点的大学、教学型高校和高等职业技术教育类学校三类；2001 年，清华大学何晋秋等提出，现阶段我国高等院校可分为研究型大学、教学科研型大学、教学型大学或学院、社区学院或 2 年制大学四类；2002 年，中国管理科学研究院武书连按大学的科研规模将大学分为研究型、研究教学型、教学研究型、教学型四种；2004 年，兰州大学甘晖等人将我国高等学校分为研究型大学、教学科研型大学、教学型大学、高职高专院校四类；2005 年，国家教育发展研究中心高教研究室主任马陆亭将我国高等学校分为研究型大学、教学科研型大学、本科教学型学院、专科教学型学院四类；同年华东师范大学戚业国将我国高等学院分为博士/研究型大学（研究 I 型、研究 II 型、博士点大学）、硕士型大学、学士型学院、高职高专学校四类。

以上划分各有特色，但分类研究中影响较大的是武书连的“四型”分类法。其分类方法是：将全国所有大学的科研得分百分比从 70% 降到黄金分割点 61.8%，按各大学科研得分降序排列，并从大到小依次相加，至得分累计超过全国大学科研得分的 61.8% 为止，各个被加大学是研究型大学；不统计研究型大学，将全国其余大学的科研得分降序排列，并从大到小依次相加，至得分累计超过被统计大学科研得分的 61.8% 为止，各个被加大学是研究教学型大学；依此类推，确定教学研究型大学，最后剩下的就是教学型大学①。具体见表4–1。

表4–1 武书连中国大学的分类

层次	类型	数量（所）	比例	基本特征
1	研究型大学	37	6.3%	学术水平最高、科研成果最多、以研究生培养为主。科研成果占全国高校的61.9%；博士生占67.6%；硕士生占46.6%
2	研究教学型大学	80	13.5%	研究生和本科生培养并重的大学。科研成果占全国普通本科大学的23.6%；博士生占23.8%；硕士生占29.7%
3	教学研究型大学	133	22.5%	教学为主、科研为辅，教学科研协调发展。科研成果占全国普通本科大学的8.9%；博士生占8.6%；硕士生占17.3%
4	教学型大学	341	57.7%	本科教学为主的大学。科研成果占全国普通本科大学的5.5%；没有博士研究生；硕士生占6.7%；本科生占39.5%

（资料来源：武书连，《2003年度中国大学排名》，中国统计出版社，2003年版）

应该说，目前我国还没有真正意义上的纯研究型大学。但业内一般认为我国进入“985工程”的高校就是研究型大学，进入了“211工程”但未进入“985工程”的大学是研究教学型大学，其他大学则根据科研得分情况分别是教学研究型和教学型大学。笔者赞同这种观点。

《规程》指出：“高等学校图书馆工作是学校教学和科学研究工作的有机组成部分，其水平是学校总体水平的重要标志。高等学校图书馆的建设和发展应与学校的建设和发展相适应。”因此，高校图书馆的资源建设和发展与学校的定位有着直接的关系。不同类型的高校图书馆在其文献资源建设上应该有所不同或有所偏重。不同高校图书馆应根据各自学校的总体目标，确定自己的馆藏资源建设体系，提出切合实际的文献资源开发和利用的措施，从知识创新和科技创新的整体思路出发，为完成学校整体目标创造性地开展各项工作。

① 武书连等：2003年中国大学评价，科学与科学技术管理，2003年第2期。

第二节 我国各类型高校图书馆

一、研究型大学及图书馆

（一）研究型大学的概念及基本内涵

按照美国斯坦福大学校长盖哈德·卡斯帕尔的观点，研究型大学是一种符合以下三项基本要求的高校，即精选学生、主要致力于探索知识，富于批评性的追根究底的精神。这类大学是美国高等教育中的杰出类型，它对科学技术进步和培养高层次人才作出了突出贡献，对世界科学技术的发展也贡献巨大①。在我国，研究型大学是指具有较强的研发实力，以培养高级创新型人才为主要任务、以科研为中心的大学。研究型大学是国家对基础科学和尖端科学进行研究，并输送人才的基地。它处于中国高等教育体系的最高层次，是中国高等教育的脊梁，是国家高等教育发展水平的重要标志，对国家科技、经济、社会及高等教育的发展起重要的推动作用。研究型大学以培养创新型高层次人才为主，博士、硕士研究生的数量占在校生总数的半数以上，研究生培养是其主要任务，博士生占 67.6%，硕士生占 46.6%；同时科学技术研究工作在学校占有很大的比重，学校的大部分教师常年担负着国际和国内重大科研任务，有许多属于国家基础科学理论研究或尖端科学研究，其学术水平最高、科研成果最多，科研成果占全国高校的 61.9%②。学校把高层次人才培养与高水平科学研究结合起来，承担与完成国家社会重大科研项目，在国际交流与合作方面占据较高层面。美国的一位研究型大学校长这样说："研究型大学一直是美国科学研究和学术发展的主要资源，是一流的科学与学术的源泉。"研究型大学不仅仅是一种荣誉，而且在国家生活中它还是思想库、知识库和智慧源。在知识经济时代，研究型大学是知识经济的动力，推动着未来知识经济的发展。研究型大学是一个国家的核心竞争力所在，对国家核心竞争力和综合国力的提升发挥着极为重大的作用，同时它也是国家创新体系的重要构成部分，在国家科技创新体系中有其独特的分工，是国际科技和人才竞争的制高点。一般说来，研究型大学在师资力量、生源质量、经费投入额度、

① 王永节等：研究型大学在知识创新中的地位和作用，科学学研究，2000 年第 2 期页。
② 陕西科技大学发展规划处：高等教育参考，2007 年第 3 期，第 16 页。

成果水平、培养人才的层次等各方面均优于一般大学。

目前，全世界能称为研究型大学的并不多，在美国 3000 多所大学及研究机构中也只有 130 所左右。据东亚研究型大学校长会议的有关报道，在我国目前 1000 多所大学中研究型大学还不到 10 所[①]。另据报道称，目前我国共有本科院校 720 所，国家重点建设的 38 所“985 工程”大学基本可列为研究型大学，这类大学约占本科大学总数的 5%，在国内大学的综合排名约在前 40 位，如北京大学、清华大学等。

（二）研究型大学的特征

研究型大学作为高等学校中的精英，在培养高水平的探索型、开拓型的人才，创造高水平的科研成果特别是原创性的成果等方面发挥着十分重要的作用，与其他类型的大学比较起来，研究型大学具有如下显著的特征。

1. 科学研究特征显著

研究型大学区别于其他大学的根本标志就在于“研究”，它以科学研究作为工作的重心。研究在学校内具有很高的优先权，始终处于学校核心地位。研究型大学一般都拥有众多的国家重点实验室，承担国家级重大研究课题多，经费充足，原创能力强，各主要学科的研究处于本学科、专业前沿，研究成果显著，并易于实现产学研的合作。

同时，研究型大学以创新研究带动创新教育，学校以培养研究生为主，在培养学生的过程中着力于启迪学生思维，发展学生智能，激发学习积极性、创造性，使学生养成良好的科学态度和强烈的科学责任感；学校借助科学研究，从创造性思维的角度来培养精英型人才。有学者对美国研究型大学教授工作量的分析表明，有的教授只把 20% 左右的时间用在教学上，而 60% 以上的时间则用来进行科研[②]。由此，科学研究是研究型大学的重要使命，是学校的工作核心，也是研究型大学区别于其他大学的重要特征。

2. 学术性强

学术性强是研究型大学的核心价值和最本质的属性，是研究型大学区别于其他大学的重要特征，是研究型大学的灵魂。美国最早的研究型大学约翰·霍普金斯大学第一任校长吉尔曼在就职演说时曾宣称：“学术研究将是这所大学教师和学生的前进指南和激励器。”因此，学术自由、学术至上是研究型大学所追求的一种境界，是研究型大学的灵魂，学术质量和水平是研究型大学的生命线。由此，有人说世界研究型大学发展的历史就是一部学术发展史和学术革命史。我国研究型大学都拥有雄厚的科研力量。据统计，

① 费业昆、瞿其春、张帆：研究型大学图书馆的创新发展思考，大学图书馆学报，2001 年第 5 期页。
② 赵曙明：美国高等教育管理研究，湖北教育出版社，1992 年版，第 188 页。

排名前50位的高校科研经费占全部高校总经费的64%以上，培养着我国80%的博士生。国家级的科技任务、科研经费和科技创新基地也明显向这些高校集结。北京大学和清华大学都有500名左右的在站博士后。研究型大学也是国家自然科学基金任务的主要承担者。据统计，2001年的国家自然科学基金中，研究型高校获得的资助经费占全国总数的四分之三左右。

3. 生源质量高，师资力量雄厚

研究型大学生源广泛，入学考核严格，重视吸引本国乃至全世界最优秀的学生就读。例如，哈佛大学1998年有来自135个国家的1.8万多人报考，只有11%被录取，95%以上的被录取者在中学成绩名列班级前10名，在满分800分的全国考试中，英语成绩为700～790分，数学成绩为690～790分。我国的清华大学、北京大学每年的生源大多是来自各省（自治区）的高考状元，或各地（市）高考状元。优秀的生源保证了学校学生整体素质的一流。对于这些高起点的优秀学生，研究型大学通过不同领域的科学研究，培养出大批具有创造性精神气质和“复合能力”的精英型人才。例如，哈佛大学曾培养了6位美国总统，英国有数位首相出自剑桥大学。

同时，研究型大学还拥有一流的学术大师、著名学者。在美国，几乎所有诺贝尔奖获得者都曾担任过研究型大学的教授，与研究型大学有着密切的联系。几乎所有的研究型大学和学院在其下属的部门都有著名的学者。有些学者和研究人员都是在世界范围内根据自己的需要招聘而来的。据统计，在1901–1972年，美国共有92人获得诺贝尔自然科学奖，其中五分之三的人拥有著名大学的学士学位，并且在21所名牌大学获得博士学位。美国的加州理工学院，拥有63名美国科学院院士，29名美国国家工程院院士，75名国家文理学院院士，有27名教授或校友获得28次诺贝尔奖。在我国，北京大学和清华大学两院院士已经达到102人，占高校院士总数（1260人）的8.1%。因此，研究型大学具有很强的人才优势。

4. 办学特色突出

突出的办学特色是研究型大学生存与发展的成功之道[①]，它着重体现在学科建设上。学科建设是承载教学、科研和社会服务的平台，是大学核心竞争力的重要组成部分。一流学科、特色学科既是大学水平的象征，也是学校全面发挥各方面功能的基础。可以说是学科特色把大学推上了研究型大学的行列。研究型大学一般都拥有一批举世公认的高水平的学科。例如，在全国最近评选的964个高等学校重点学科中，北京大学和清华大

① 郭艳琳、谷贤林：竞争：美国研究型大学的特征，北京教育（高教版），2004年第5期。

学共拥有130个重点学科，占总数的13.5%[①]，清华大学有数学、控制科学与工程等22个国家级重点学科，北京大学有哲学、社会学、电子科学与技术等81个国家重点学科。美国普林斯顿大学在数学、哲学、理论物理、天文学和化学等学科上都享有盛誉，哈佛大学的商业管理、斯坦福大学的心理学、麻省理工学院的物理学、牛津大学的政治经济学和剑桥大学的物理学也都享誉世界。

5. 教学科研设施优良

研究型大学除了拥有著名学者、大师级导师云集、高素质的生源等优势外，还拥有优良的教学科研设施，如图书馆、博物馆和实验室等，这是研究型大学的又一显著特征。一流的图书馆、博物中心和丰富的馆藏资料，不仅为研究型大学的发展提供了良好的学术研究环境，也为高层次的人才培养创造了条件。“研究型大学的成长是需要图书馆提供的研究和教学乃至服务条件作为保证的，对图书馆的重视成为大学办学目标的一个重要内容”[②]。中国著名的高等教育家朱九思曾强调说：在美国，不重视大力增加图书馆馆藏的大学，不会成为好大学；不重视图书馆建设的大学校长，不会是好校长。美国最早的研究型大学——霍普金斯大学就十分注重图书馆的价值。仅就大学藏书而言，美国研究型大学的图书馆是一流的，它们既利用传统方式储存丰富的藏书，又利用高科技手段储存大量信息，且服务设备便利，开馆时间有保障。哈佛大学的图书馆收藏的图书数量超过千万册，是我国重点大学藏书的数倍。美国联邦教育部国家教育统计中心根据图书馆的馆藏，并参考图书馆的经费，列出了1988年的美国50个最大的大学图书馆，其中有49个在研究型大学内[③]。

（三）研究型大学对图书馆的要求

1. 图书馆的发展要与学校融为一体

由于研究型大学的基本内涵高于普通教学型大学，因此要求图书馆的发展必须与其融为一体，具备为学校进行高水平、多学科的科学研究以及培养高层次的研究型人才服务的能力，以提高服务层次、学术地位和社会地位。因此，研究型大学图书馆除了为师生提供一般性服务外，更重要的是要有一种良好的学术环境、学术土壤、学术氛围，图书馆广大职工要在科研上有所成就，要在文献信息资源建设及读者服务工作上有所研究、有所创新，突破原有的模式，提供创新性服务。

① 张力、国家教育发展研究中心：2002年中国教育绿皮书—中国教育政策年度分析报告，教育科学出版社，2002年版，第98页。
② 沈红：美国研究型大学形成与发展，华中理工大学出版社，1999年版，第234页。
③ 胡弼成：国外研究型大学的本科教育及其启示，清华大学教育研究，2001年第3期。

2. 图书馆资源建设要与研究型大学资源利用同步

目前，世界对一流研究型大学的评估指标体系中，多数是以科研成果为背景的，而进行科学研究必须要有丰富的研究资源作为支撑。因此，研究型大学要求图书馆的文献信息资源建设水平要与学校的教学和科研水平同步或超前。图书馆不仅在文献数量上必须想方设法支持学校各项教学与科研活动，而且必须注意掌握文献资源的学术性、研究性及原创性。图书馆必须注意研究本校有哪些重点科研项目、课题；有哪些重点建设的学科专业；有哪些在国际国内学术界非常知名的学术研究人员，特别是那些中青年科学家，他们对图书馆的期望是什么，他们特殊的信息需求是什么，这样才能更加有的放矢地建设好馆藏文献信息资源，为研究型大学做好服务工作。

3. 图书馆人力资源管理要与研究型大学的优化管理同步

研究型大学的学术发展需要图书馆根据学校各学科专业建设情况提供有针对性的服务，需要图书馆具有支持学校进行高水平、多学科的科学研究及培养高层次研究型人才的能力。这就对图书馆人力资源管理提出了更高的要求，要求图书馆在与研究型大学人力资源优化管理保持同步发展中，注重改变人力资源管理理念，建立以人为本的人才管理机制，注重人才的使用和培养，充分调动图书馆工作人员的积极性，做好高层次、高质量的服务工作。

（四）研究型大学图书馆的特点

研究型大学的图书馆作为学校的文献信息中心，是研究型大学知识发现、知识创造、科技创新的有力保障。其主要任务是保障全校的教学、科研活动，促进学校综合实力的全面提升，服务于高级创新型人才的培养。明确研究型大学图书馆的主要特征将有利于研究型大学图书馆的目标定位，有利于推动研究型大学图书馆的建设与发展。

通过对国内外研究型大学和研究型大学图书馆的研究分析，笔者认为研究型大学图书馆具备如下特征。

1. 研究性

研究型大学图书馆的用户群体显现出明显的研究性。一方面研究型大学的教师必须是研究型的教师；另一方面研究型大学的学生在群体构成上、入学选择标准上、培养导向上、毕业鉴定上等都具有明显的学术性、研究性①。而且研究型大学的核心目标和中心工作就是在多个学科领域取得优秀的科研成果，并将科研成果应用于实际；师生读者都

① 李勇、闵维方：论研究型大学的特征，教育研究，2004 年第 1 期。

十分关注新知识的增长及不同学科领域中的新突破，这种高质量的“研究型”用户群体，造就了研究型大学图书馆的研究性特征。为保障“研究型”用户群体的需求、创造优良的研究环境，研究型大学的图书馆就必须具有研究性，不断地研究本馆馆藏信息资源，研究用户信息需求及图书馆自身资源结构、人员结构，并积极参与到学校的相关研究项目之中。例如，哈佛大学图书馆要求馆员参加35%以上的科研工作；清华大学图书馆工作人员积极参与研究工作，自主研发了基于WAP的手机数字图书馆系统等。

2. 知识服务集成化

研究型大学读者的层次高，他们对知识信息的专业性、前沿性、时效性等方面都有更高的要求，他们对图书馆的依赖不再仅仅是查阅与工作有关的文献资料，更主要的是通过图书馆所提供的信息资源发现新知识、识别新知识、创造新知识。因此，研究型大学图书馆主要是通过对信息资源进行知识发掘来提供知识化服务。同时，由于研究型大学的研究特性，要求图书馆创造以读者为导向的集成化知识信息服务体系，从资源、技术、服务平台、服务通道、服务手段和服务效率等方面优化组合，集中图书馆信息人才开发信息资源，利用集成化的信息服务，来满足读者高层次的信息需求。集成化信息服务内容具体包括：信息挖掘、信息导航、信息推送、信息检索、定题服务、学科信息门户、重点学科网络资源导航、在线交流等信息技术的开发和使用，虚拟参考咨询的进一步深入、国际交流与合作、国际联机检索、馆际互借、文献传递等资源共享的实现，联机检索、文件传输（FTP）、远程登录（Tel-net）、电子公告（BBS）等直接获取信息的自助服务，还包括以用户为中心，针对用户个性化的需求而开展的个性化信息服务（如数据推送服务、个性化定制服务、博客）等。这种集成化信息服务为用户获取信息大开方便之门，满足了用户的多元化、高层次的信息需求。例如，中国人民大学图书馆的“数字图书馆个性化信息服务系统”（Kingbase DL）就是一个集资源推荐、咨询服务和信息检索为一体的服务平台，在图书馆异构数字资源的基础上，根据用户的专业特征和研究兴趣，向用户提供和推荐教学学科所需要的资料和信息，并在此基础上，提供对用户的适时咨询服务。

3. 特色化

办学特色是高校在一定办学思想的指导下和长期办学实践中逐步形成的、独特的、优秀的和富有开创性的个性风貌。特色是大学的生命力和竞争力的重要标志，也是研究型大学生存与发展的成功之道。它包括办学理念特色、学科专业特色、教师特色、课程设置特色、教学特色和科研特色等。这些特色一方面对研究型大学图书馆的文献资源建设提出了特殊的要求；另一方面对研究型大学图书馆的资源服务提出了特殊的要求。它要求研究型大学图书馆的文献资源建设要具有针对性、可利用性，要紧密围绕学校的学科设置尤其是重点学科、尖端学科的设置来建设馆藏资源，并形成一些特色数据库。例如，上海交通大学图书馆的“机器人信息数据库”“校重点学科网上图书馆”，天津大学图书馆的“中国建筑文化特色资源”，清华大学图书馆的“清华特色资源”，华中科技大学图书馆的“机械制造及自动化特色数据库”和“重点学科导航库”等。

4. 数字化

为了快速、有效地获取信息资源进行有关研究，研究型大学的教师、科研人员及学生要求图书馆能快速、便捷、准确、及时地提供信息资源，让他们足不出户（在办公室、在家甚至是在科研现场）便可以通过个人网页、项目网页、学科门户等在网络上搜集到所需的有用信息资源，这就要求图书馆文献信息资源数字化或图书馆数字化。据有关资料显示，美国研究型大学图书馆数字化建设早在 20 多年前就已开始。例如，哈佛大学图书馆的 Library Digital Initiative（LDI）项目，发端于 1998 年。目前，在我国以清华大学、北京大学为龙头的研究型大学图书馆已经开始图书馆数字化或正走向数字化。例如，清华大学建设的“清华大学学术信息资源门户”已正式开放，它将电子资源的导航与检索、馆藏书刊目录查询、馆际互借和文献传递、虚拟参考咨询、参考文献引用以及网络搜索引擎等扩展服务有机整合在一起。通过一个门户，读者可以实现远程访问、无缝获取所需信息和服务，更高效地利用图书馆提供的信息资源，使清华大学图书馆电子资源管理和服务达到了国际先进图书馆的水平。同时，清华大学图书馆还对馆藏资源的数字化和现代化服务也作了不少探索。目前，已经利用馆藏古籍和校内学者的研究资料建成了清华建筑数字图书馆、中国数学数字图书馆、中国机械史数字图书馆、教学信息资源数字图书馆，并提供网上浏览服务，极大地方便了读者。另外，北京大学图书馆的“北京大学数字图书馆研究所”也在进行着数字资源的建设实践和服务，“华中科技大学数字图书馆”也为读者提供了方便。

（五）图书馆适应研究型大学发展要求的对策

1. 转变服务观念

建设研究型大学图书馆首先要有先进的办馆理念，在信息资源、服务手段、服务模式、队伍水平、图书馆的发展等方面都要与研究型大学相适应。具体来讲，研究型大学图书馆的先进理念包括：以邓小平理论和“三个代表”重要思想为指导，深刻贯彻落实科学发展观，不断增强责任感和服务意识，开拓创新，将服务模式从信息的收藏转变为知识的应用与管理；真正确立“以人为本，服务为本”的思想原则，并将其作为图书馆的宗旨和精髓，贯穿于图书馆的整个工作中，积极支持和配合学校进行高水平、多学科研究及培养高层次研究型人才；充分利用现代化的设备和资源，运用现代数字多媒体、网络技术等，更主动、更热情、有针对性地为学校师生服务，满足师生及科研工作者在网络环境下自由方便地检索、存取科研所需要的信息资源的需求，从而推动研究型大学不断发展。

2. 改变资源结构、加强资源建设

除了具备必需的与研究型大学相适应的硬件条件外，研究型大学图书馆还要加快文献资源的购置和资源结构的优化，形成一流的文献保障和服务水平。改变过去仅满足于常规的教学科研工作需要的资源建设模式，使图书馆文献信息资源能够满足学校高水平的科学研究和培养创新型人才的需要。为此，研究型大学图书馆要注意文献信息资源的学术性，注意收藏更具专业性和时效性的专业数据库、国内外标准、会议论文、网络资讯等电子资源。在纸质文献采购方面，要以外文期刊为主、图书为辅。外文期刊经费一般应占研究型大学图书馆总经费的75%左右，因外文期刊能反映最新的科研动态、科研成果、学术思想，是进行科研工作的重要工具。而图书内容相对来说是已经成型的、结论较为成熟的理论，对于科学研究只起辅助参考的作用。同时，研究型大学图书馆还应多引进一些有利于启发和培养学生科学精神和创新意识的书刊或电子资源，因研究型大学十分强调学生的创新精神、创新意识、创新能力的培养，研究型大学图书馆要从文献上为他们提供一些有益的帮助，让他们能通过文献学习他人的创新实践，受到启发，并且吸取他人在创新实践中的有益经验和失败教训。

3. 搞好读者服务工作

（1）确定服务重心

研究型大学图书馆的服务重心应为大学培养一流人才、建设一流学科提供服务。主要体现在：第一，根据学校的办学特色和发展方向及读者的需要，在信息资源建设上，加大“高、精、尖、新”资源的比例，并在服务方面开展一些针对性的个性化服务，满足师生对新知识、新研究动向的了解和掌握的需求；第二，加强为重点学科服务的力度。因重点学科是学校几代人在教学和科研方面辛勤耕耘的结果，一般都担负着重要的科研项目，承担着培养高水平人才、出高质量科研成果的重担。为此，图书馆要加强为重点学科服务的力度，即在学科资料方面，在数字资源建设和建设专题检索网站方面，在为重点学科开设学术交流场所方面以及在建设重点学科阅览室、开展专题咨询服务等方面，要为一流学科的建设，提供有力支持和保障。

（2）改变服务模式

研究型大学是以研究为主，以培养高水平、高层次的创新型人才为主要任务的大学。作为研究型大学的图书馆，应树立以人为本的个性化服务理念，改变传统服务模式，实现从传统“事实”型服务向主动地、有的放矢地为读者提供高层次的“研究”型服务转变。为此，图书馆要实行学科馆员制度。学科馆员（Subject Librarian）制度是图书馆利用具有某一学科专业背景的资深馆员为对口院（系）提供主动的、深层次的知识、文献信息服务的一种新的服务工作机制，是研究型图书馆为学术科研服务的新举措及先进的办馆理念，是为培养高水平研究型人才“量体裁衣”的个性化信息服务模式。图书馆可根据学校各学科专业建设情况，挑选培养优秀的馆员担任学科馆员，负责与某一个院（系）或课题组建立联系，在院（系）与图书馆之间架起一座桥梁，利用学科馆员在该学科和跨学科领域的丰富专业知识、学科知识评价能力，更加专业地为相关科研人员提供特定专业文献信息的优质服务，使科研人员准确把握当前的研究热点和现状，确定今后的研究问题和方向，促进学科建设与课题研究工作的顺利开展。学科馆员一般通过 E-mail、电话、MSN 等多种方式为在校教师、研究生和大学生的科研提供数据库使用常见问题的咨询、科研课题查新、专题信息检索、定题服务、文献传递等对口服务。另外，研究型大学图书馆还要采用现代技术为读者提供推送服务，使读者足不出户就能获得自己需要的信息资源，图书馆可根据读者所设定信息的范围和特征，将其定制的信息资源不断地通过 Web 自动传递到他们的个人计算机资料库中，方便他们使用。

（六）著名研究型大学图书馆简介

1. 清华大学图书馆

清华大学图书馆成立于 1912 年，前身是 1911 年建立的清华学堂图书室。1919 年 3 月，图书室独立馆舍（现老馆东部）落成，建筑面积 2114 平方米，迁入新馆舍的同时，更名为清华学校图书馆。自 1928 年起改称现名。因馆藏逐年大量增加，馆舍不敷使用，于 1930 年 3 月开工扩建馆舍（即今老馆之中部和西部），于 1931 年 11 月竣工，馆舍面积增至 7700 平方米，可容书 30 万册，阅览座位 700 余席。1935 年 10 月至 1936 年 9 月，著名文学家朱自清教授任图书馆委员会主席兼代图书馆主任。至抗战前夕，馆藏书刊已极为丰富，计 36 万余册。1937 年“七七事变”后，图书馆被迫随学校南迁，运抵昆明书刊 2.3 万余册。抗日战争胜利后，随学校迁回北平，到中华人民共和国成立前夕，馆藏有书刊万余册。1952 年国家教育体制改革，清华大学由一所综合性大学调整为工科大学，所有文、理科及一部分工程技术院、系被调整到其他院校，相关图书资料也被调拨出去，至1958年共向外校调拨图书18万余册。为适应院系调整后清华大学成为一所多科性工程大学教学和科研的需要，图书馆对馆藏结构进行调整和改造，重点采集工科类图书。1966年馆藏已发展到135万余册。十一届三中全会以后，清华大学开始进行学科调整，逐渐恢复文、理科等院系，重新扩展成为一所综合性大学。随着学校学科布局的调整和规模的不断扩大，图书馆馆藏的种类和数量也有了较大的发展，至1990年已达250万册（件）。1991年9月，由香港邵逸夫先生捐资和国家教育委员会拨款兴建的新馆落成，后被命名为“逸夫馆”。新馆建成后，图书馆馆舍总面积达27820平方米，阅览座位2800余席。目前由主馆和人文社科、经济管理、法律、美术、建筑、医学6个专业图书馆组成。自1998年以来，该馆在继续增加印刷型馆藏的同时，大力发展电子资源，已形成了以自然科学和工程技术科学文献为主体，兼有人文、社会科学及管理科学文献，包括中外文图书、期刊和报纸合订本、音像制品以及计算机文档等在内的多种类型、多种载体的综合性馆藏体系。目前，该馆已形成了以自然科学和工程技术科学文献为主体，兼有人文、社会科学及管理科学文献等多种类型、多种载体的综合性馆藏体系，物理馆藏超过350万册（件），包括古籍线装书22万册，专题性文集、地方志收藏丰富；西文期刊中有近200种从创刊号开始入藏，如《美国国家科学院院报》《英国伦敦数学学会会刊》《英国伦敦皇家学会哲学学报》《化学文摘》《物理文摘》等。物理馆藏中还包括该校博士、硕士论文6万多篇，缩微资料2万种，音像资料和多媒体光盘2万件。近年来，电子资源得到迅速发展，至2006年年底，该馆订购各类数据库350余个；读者可利用的中、外文全文电子期刊4.2万余种；中、外文电子书近92万种。

清华大学图书馆具有良好的网络环境。20世纪90年代初，该馆的自动化、网络化建设就取得了重要进展，逐步建立起比较先进、完备的信息基础设施。先后引进了ILIS、INNOPAC图书馆集成管理系统；通过网络提供馆藏中外文图书和期刊目录的公共查询，馆内业务工作如采购、编目、期刊管理以及流通等业务均在INNOPAC管理下进行；还建立了光盘网络查询系统，通过校园网为全校师生提供文献信息检索服务。图书馆主干网于2001年升级改造为千兆以太网，安装了200多个独享百兆服务器端口和1200多个独享十兆桌面端口。2003年，图书馆布设了无线局域网，覆盖馆内全部公共区域；2005年安装了千兆防火墙，阻隔网络病毒，对网络进行实时防护，有效地保障了网络的安全稳定运行。该馆建有全国高校最大的镜像服务基地，截至2006年年底，镜像基地建有向全国提供服务的镜像站点20个，服务器已达到110台，存储数据量达30TB。2005年，图书馆和网络中心、计算中心合作，分别开发了“电子资源远程访问系统”和“电子资源访问控制系统”，保障了学校师生从校园外利用电子资源。该馆还十分注意对外交往，加入了国际图书馆协会联合会，并与世界40多个国家和地区的200多所大学和研究机构建有书刊交换关系。

如今，清华大学图书馆紧随着清华大学建设世界一流大学的步伐，向着建设研究型、数字化和开放文明的现代化图书馆的目标不断前进。

2. 北京大学图书馆

北京大学图书馆（简称北大图书馆），前身是始建于1902年的京师大学堂藏书楼，是我国最早的近代新型图书馆之一，辛亥革命之后正式改名为北京大学图书馆。“五四”时期李大钊为馆长。1919年，毛泽东经在北京大学任教的恩师杨昌济介绍，在此任助理员，负责登记新到的报刊和阅览者的姓名，管理15种中外报纸。1952年全国院系调整，北京大学图书馆随北京大学迁至原燕京大学址，原燕京大学图书馆馆藏并入北京大学图书馆，并吸收了部分其他单位的馆藏，形成以原燕京大学图书馆馆舍为中心的格局。1975年，在校园中心地带建成一座新的图书馆，成为中国当时建筑面积最大、馆舍条件最好的图书馆。馆名由邓小平题写。1998年5月4日，北京大学百年校庆之际，由香港著名实业家李嘉诚博士捐资兴建的北京大学图书馆新馆落成。新馆位于1975年馆的东边，1998年年底投入使用。1999年启用UNICORN图书馆自动化集成管理系统，实现了公共查询、采访、编目、流通、教学参考书、连续出版物控制、器材设备预订等自动化操作与管理，并实现了通过网络检索其他联机商业数据库和自建数据库的功能。2000年，北京大学与北京医科大学合并，原北京医科大学图书馆改称北京大学医学图书馆，拥有馆舍面积10200平方米，阅览座位1000余个，藏书34万余册，以生物学、医学、卫生学和医药类为主，中、外文期刊4000种。2005年北大图书馆对1975年旧馆大修，整合了新、旧两馆。新、旧馆总面积超过51000平方米，阅览座位4000多个，藏书容量可达650万册，规模上成为当时亚洲高校第一大馆。百余年来，北大图书馆经历了筚路蓝缕的初创时期、传播新思想的新文化运动时期、建成独立现代馆舍的发展时期、艰苦卓绝的西南联大时期、面向现代化的开放时期。如今，经过几代北大图书馆人的辛勤努力，其已发展成为资源丰富、现代化、综合性、开放式的研究型图书馆。截至2007年，该馆拥有藏书600余万册，其中以150万册中文古籍最为世界瞩目，包括20万册5～18世纪的珍贵书籍，是中华民族的文化瑰宝。此外，外文善本、金石拓片、1949年前出版物的收藏均名列国内图书馆的前茅，为研究者所珍视。近十年来，大量引进了国内外数字资源，包括数据库

（400 多种）、电子期刊（4.5 万多种）、电子图书和学位论文（40 多万种）等。近年来，还进行了大量数字化资源加工和特色数据库建设，开展网络化服务。

北大图书馆一直把“以研究为基础，以服务为主导”作为办馆宗旨，为读者提供书刊借阅、资源查询、信息与课题咨询、馆际互借与文献传递、用户培训、教学参考资料、多媒体点播等服务，成为北京大学教学、科研中最重要的公共服务体系之一。该馆还非常重视数字图书馆的研究和建设。于 2000 年成立的数字图书馆研究所开展了有关数字图书馆模式、标准规范（元数据、数字加工标准等）、关键技术、互操作层与互操作标准等的研究，并开始进行小规模应用实践，为北京大学数字图书馆的建设奠定了技术基础。为加强本校文献资源建设的整体规划，实现文献资源的最佳利用，为教学科研提供更加个性化的服务，北大图书馆正在全面实施“北京大学图书馆系统建设”，即以“资源共享、服务共建、文献分藏、读者分流”为思路，在全校实现自动化系统、文献建设、读者服务、资源数字化、业务培训的统一协调。2005 年年底，已经有 15 个院系图书馆成为分馆，初步形成了北京大学资源与服务共享体系。

作为研究型大学的图书馆，该馆还注意对外交流与联系，北大图书馆是国际图书馆协会联合会会员，并与国外 500 多个图书馆、学校、研究机构保持着固定的资料交换和馆际互借关系。

目前，“中国高等教育文献保障系统”（CALIS）管理中心和全国文理中心、中国高校人文社会科学文献中心（CASHL）、教育部高校图书情报工作指导委员会秘书处、中国图书馆学会高校分会秘书处等机构设在北大图书馆。北大图书馆因此成为中国高等教育文献资源共享的重要枢纽，为高校图书馆事业的发展作出了贡献。

二、研究教学型大学及图书馆

（一）研究教学型大学的概念及界定

中国管理科学研究院《中国大学评价》课题组按科研规模划分，对研究教学型大学的定义是：“不统计研究型大学，将全国其余大学的科研得分降序排列，并从大到小依次相加，其中研究生各一级学科第一名的大学先行计算，至得分累计超过被统计大学科研得分的 61.8% 为止；各个被加大学是研究教学型大学。”有学者认为研究教学型大学应必备以下几个条件：在全国高校各类排行榜中的位置处于第 50 ～ 100 名的大学；年科研经费应不少于 8000 万元；在国外及全国性刊物上年发表学术论文数应多于 800 篇；围

绕特色学科形成学科群，本科一级学科有效覆盖面在 4 个以上；硕士学位点覆盖 3 个以上的学科且在 20 个以上，博士学位点覆盖 3 个以下的学科且在 10 个以下，每年授予 50 个以上的博士学位、200 个以上的硕士学位；生师比在 9 ∶ 1 ～ 14 ∶ 1 这一区间；本科生与研究生的比例高于 3 ∶ 1；教师人均科研经费不低于全国高校的平均水平；小班（40 人以下）授课率不低于 60%；在校生规模一般不低于 6000 人；办学历史在 50 年以上。这类学校本科生、研究生并重，硕士生、博士生占较大的比重，博士生占 23.8%，硕士生占 29.7%，可授博士、硕士、学士学位；科学技术研究工作在学校占重要地位，科研成果占全国普通本科大学的 23.6%①。在我国，业内一般认为研究教学型大学是指进入“211 工程”但未进入“985 工程”的学校，如北京工业大学、北京交通大学、中央音乐学院、天津医科大学、西南交通大学等。

（二）研究教学型大学的特点

研究教学型大学是介于研究型大学和教学研究型大学之间的高校，其特点：

一是研究生教育与本科教育并重，主要任务是培养具有研究潜力、能够把握从事研究领域内前瞻性问题的创新型人才；在办学层次上形成一个涵盖博士、硕士和学士的完整体系，硕士、博士研究生数量占在校生总数的半数以上。

二是科研与教学工作并重，并强调科学研究的重要地位。科学技术研究工作在学校工作中占有很大比重，拥有相当规模的硕士生、博士生和博士后研究人员，可完成国家级基础研究及重大科研项目，可创造“高、精、尖”科技成果，进行较高层面的国际交流与合作。

三是在教学模式上，主张在研究中学习和在学习中研究，强调科研促进教学，即在教学工作中突出创新精神的培养，通过对不同层面的研究提高本科生的实践能力，培养创新性思维，将研究成果及时应用到本科教学工作之中。重视本科教育，充分发挥科研育人功能。

四是在社会服务上，研究教学型大学主要面对区域经济发展的需要，开展教育培训、知识应用和科技服务工作。从社会经济需求角度看，知识应用和科技创新领域量大面广，发展潜力巨大。因此，研究教学型大学可以开展非学业的各种培训，运用自己的科研成果创办科技企业或者采取其他方式推广知识技术的运用，为社会、企业提供广泛的咨询服务。

（三）研究教学型图书馆建设与开发

研究教学型大学是研究生教育与本科教育并重、科研与教学工作并重的大学，它要

---

① 刘国瑞：区域创新体系建设与高校的服务策略，辽宁民族出版社，2008 年版，第 282 页。

求图书馆密切配合学校的教学和科研工作，提供相应的文献信息。因此，研究教学型图书馆的任务就是根据学校的任务和特点提供高质量的文献和高标准的服务，支持学校现在的以及可预见的将来的学生的学习、教师的教学科研及本校的各种学术活动。为此，图书馆必须做好馆藏建设。

1. 建立科学、合理的文献信息资源保障体系

高校图书馆的藏书体系需密切反映图书馆的目标，也就是学校的总体目标。研究教学型图书馆资源建设要根据学校学科建设和本校用户信息需求及他们的研究重点，以本校学科特色和研究重点，构建一个印刷型文献与电子型文献共存、馆藏资源与网络资源互补的层次结构科学、空间布局合理的文献信息资源保障体系。

一是继续加强适合学校学科特色和研究重点的纸质文献资源建设。

二是特别加强电子资源建设以适应学校教学科研需要。随着信息时代的到来及高等教育大众化的深入推进，研究教学型师生对信息的依赖程度日益加深，需求也呈几何级数增长，图书馆传统单一型的文献资源难以满足读者日益增长的多元化、个性化的需求。电子资源以其存储密度高、信息量大、内容新颖、更新速度快且使用方便以及易于实现资源共享等显著特点，受到读者的认同和青睐。电子信息资源已成为图书馆信息资源的重要载体。因此，研究教学型大学图书馆应着重加强电子资源建设。

三是根据学校学科设置和学科发展规划，在扩大国内丰富资源采购量的基础上，有选择地引进国内外重要的数据库资源，尤其是全文数据库。例如，北京工业大学图书馆引进了Webofknowledge、IEEE/IEEElectronicLibrary、ElVillage、ISI Proceedings、Derwent Innovations Index、SPIE、OCLC First-Search、Elsevier、Springer-Link、Cambridge Scientific Abstracts等重要数据库，基本满足了本校师生的需要。

四是根据学校的学科特点和发展方向，确定合理的馆藏文献比例。如，西南交通大学图书馆十分注意馆藏文献比例，该馆应用科学类图书占44.8%，自然科学类图书占17%，社会科学类图书占27.7%，文化艺术类图书占9%，综合类图书占1.5%，形成了合理的馆藏结构。该馆还十分注意配合学校学科专业的发展，增加新办专业文献资料入藏量。

2. 开发馆藏资源，服务特定读者

当今时代，图书馆的效用不仅是以某一个馆的文献收藏量、所建数据库规模或自动化系统的先进程度来衡量，而且以网络资源利用状况、方便读者查询的程度以及提供信息的数量和质量为标准。也就是说，图书馆的信息资源开发利用的程度，成为图书馆事业生存与发展的关键因素。因此，研究教学型大学图书馆要根据学校师生及其他社会用

户的需求特点，开发馆藏信息资源，形成新的信息产品，提供给他们；或帮助读者充分吸收和发现文献信息的潜在价值，提高读者信息的获取效率，使馆藏信息资源最大限度地为教学、科研和社会生产服务。例如，西南财经大学图书馆文献中心深度挖掘馆藏资源，编辑出版有：《金融文献译丛》(月刊)、《经济学文献译丛》(月刊)、《管理学译丛》(月刊)、《财经法学译丛》(月刊)、《海内外高校发展动向》(半月刊)以及经济学科、财税学科、金融保险学科、工商管理学科、经济信息工程、电子商务、法学与人口学科、思想政治、MPA 等学科和课程的《学科最新发展动态》(月刊)和《读者报》(月刊)，与相关单位合作编辑有《金融文化报》和《四川钱币报》等，为师生及社会用户提供了他们所需要的信息资源。

三、教学研究型大学及图书馆

(一) 教学研究型大学的概念及内涵

根据中国管理科学研究院《中国大学评价》课题组发表的2005年度中国大学分类标准，教学研究型大学的概念是：不统计研究型和研究教学型大学，将全国其余大学的科研得分降序排列，并从大到小依次相加，其中本科各专业第一名、研究生各二级学科第一名、有博士学位授予权的大学先行计算，至得分累计超过被统计大学科研得分的 61.8% 为止；各个被加大学就是教学研究型大学。教学研究型大学是以教学为主、科研为辅，教学科研协调发展的大学。它重点在专门型人才的培养，有着大量科技研究成果，其科研成果占全国普通本科大学的 8.9%。这类大学具有较齐全的学科专业和部分较强学科，以本科教育为主，硕士与博士研究生培养具有相当能力，博士生占全国普通本科大学的 8.6%、硕士生占 17.3%[①]，可大力结合地方经济、文化需要开展科学研究工作，是地方政治、经济、文化发展依靠的主力军，是地方高层次人才培养的基地和高水平科学研究与成果转化的基地，并具有较高的国际交流与合作水平。简言之，教学研究型大学是学术水平较高、科研成果较多、研究生和本科生培养并重、教学科研协调发展、兼有大众高等教育特征和精英高等教育特征的大学。在我国 720 所本科院校中，未列入“985”建设的“211”大学和部分省属重点大学大致可列为教学研究型大学，这类大学约占本科大学总数的 25%，在国内大学的综合排名在 200 位以内，如甘肃农业大学等。

---

① 陕西科技大学发展规划处：高等教育参考，2007 年第 3 期，第 16 页。

（二）教学研究型大学的特征及图书馆

1. 教学研究型大学的特征

（1）强调教学与科研并重

绝大多数的教学研究型大学都是从教学型大学发展而来的。因此，教学研究型大学在搞好教学的同时，强调的就是科学研究工作在学校发展中的地位，以争取科研项目为目标，首先，通过科研任务来整合科研资源、集聚科研力量，从而带动学科建设和队伍建设。其次，通过各种政策来增强学科意识，引导学科建设。最后，通过学科建设水平的提高，获得学位点的授予权，推动学校各个层次的学位教育。

（2）科技创新的突破性发展

科技创新是提升学校办学水平的主要支撑点，是教育教学质量的根本保证。该类大学一般拥有一批省部重点学科和重点实验室，部分特色优势学科拥有国家重点学科和重点实验室（工程中心），并围绕特色学科形成学科群，在学校强势学科的基础上，大力开展跨学科研究工作，实现特定学科的突破性进展。

（3）人才培养以应用型为主

教学研究型大学主要培养的是知识面宽、应变能力强、综合素质过硬，具有一定的复合知识和开拓精神、研究潜力，以技术开发、技术应用为主的高级专门型人才。

2. 教学研究型大学图书馆建设

教学研究型大学的成功定位及发展离不开教学研究型大学图书馆的大力支持，教学研究型大学图书馆作为学校主要的信息资源保障和支撑体系，要搞好自身建设，服务于学校的发展目标。

（1）图书馆建设的必要性

随着高等教育大众化的深入发展、高校教学方法的改进及教育改革的深入，大学课时逐渐削减，学校留给学生自学的时间逐渐增多，许多大学生都把注意力集中到图书馆来，图书馆里有丰富的参考书和精编的习题指导书，特别是某一学科方面最前沿的图书，能够补充和扩展学生在课堂上学不到的知识，图书馆成了大学培养人才的重要场所。同时，由于绝大多数的教学研究型大学都是从教学型大学发展而来的，图书馆原有资源不能满足教学研究型大学的需要，特别是一些重点学科的资源相当匮乏。因此，图书馆应根据学校的特点及读者的需要搞好馆藏建设。

（2）教学研究型大学图书馆现状

当前，教学研究型大学图书馆在管理和服务上还与教学研究型大学发展趋势有着不相适应的地方，图书馆的建设也和教学研究型大学的需求存在差距。主要体现在以下几个方面：

第一，图书馆与学校的各研究机构或科研组织缺乏联系和沟通，对学校的总体科研活动支持力度不够。例如，图书馆与学校的科研处、研究中心、主要课题项目组、重点实验室等缺乏联系，不能及时地了解学校的有关研究情况，不能及时有效地为学校的科研工作提供服务。

第二，因教学研究型大学多由教学型大学升格而来，图书馆服务重点总体上还停留在简单借阅的层次上，没有真正实现向高层次研究性服务的转变，缺乏有效的服务手段和创新的服务方式。因此，不能更有效地为学校培养有创新能力的高层次人才提供服务。

第三，图书馆的服务对象还仅仅局限于本校学生和教师，远离社会公众和企业需求，因而其服务还与教学研究型大学建设的要求有一定差距。

（3）建设教学研究型大学图书馆的措施

①准确定位，确定正确的建设方向。教学研究型大学图书馆要发展，首先要给自己准确定位，确定正确的办馆思路。就我国大学图书馆服务水平和资源结构而言，教学研究型大学图书馆是学术水平较高、资源较完备、服务技术较先进、服务水平较高的图书馆，是介于研究型大学和教学型大学图书馆之间的一类大学图书馆，是教学研究型大学发展的重要支撑力量。因此，教学研究型大学图书馆的建设要与学校的发展方向一致，其资源种类要与学校办学规模、办学层次相匹配，要能满足本校开设的所有专业、学科的教学对文献资源的需求。同时，坚持走重点发展和特色发展之路，确立为重点学科、特色学科建设服务的龙头地位，对重点专业、重点学科所收藏的文献要质量好、档次较高、门类较为齐全，以对学校开展各类科研项目提供强有力的文献信息资源保障。为此，图书馆的资源建设要以学校的专业设置、教学与科研的需要为依据，坚持以专业书刊为主，向重点学科倾斜，兼顾基础学科、人文学科；坚持以教学一线服务为主，向科研工作倾斜，重点收藏本校品牌专业、特色专业的文献。

②建立符合学校学科发展规划要求的文献资源保障体系。文献资源是教学研究型大学图书馆落实办馆理念、办馆思路和实施办馆行为的支撑条件，是实现图书馆全面、协调、可持续发展的物质基础。因此，教学研究型大学图书馆要为教学研究型大学提供良好的文献资源保障，必须加强馆藏文献资源建设。

首先，做好馆藏文献的采购工作。一是做好采购前“访”的工作。由于教学研究型大学具有特殊性，采购人员要深入各院（系）、学科规划处、科研处、各研究中心等教学科研部门进行调查，注意研究和了解本校重点建设的和有特色的学科的研究方向、承担了哪些重点科研项目、今后的重点发展方向是什么、相应的文献需求是什么等，并定期召开“文献需求调查”座谈会，邀请各学科带头人、骨干教师、留学回国人员及重要科研项目主持人参加，广泛听取他们的意见，选准、选好具有一定权威性、使用率高的文献入藏。二是按照学校的发展方向和定位，采购各学科发展所必需的文献。三是要以科学、系统的观点正确处理好纸质文献与电子文献建设的关系、馆藏规模与结构的关系、馆藏数量和质量的关系、共性服务与特色服务的关系、重点学科与非重点学科的关系，坚持走协调发展之路，使图书馆既有学术水平的标志性提升，又有各项工作水平的整体提升。四是文献采购要具有先进性和前瞻性。采购人员要在科学发展观的指导下，科学分析国内外经济与社会的发展状况和趋势、高等教育发展状况和趋势以及由此对资源与服务提出的新需求，结合学校内外环境和图书馆自身特点，选择那些学术水平高、反映学科前沿并具有实际应用价值、适合本校师生需求的文献信息资源。

其次，对现有馆藏资源结构进行科学合理的组织和安排。馆藏资源是图书馆赖以生存和发展的物质基础。教学研究型大学图书馆要为学校的教学、科研做好服务工作，就必须对现有馆藏资源进行调整，科学合理地规划设计出符合高等教育发展规律、适应学校发展需要、适合读者需求的馆藏结构。一是根据学科专业结构对馆藏资源进行科学合理的组织。例如，改变过去按文献类型组织管理的模式，构建按“学科”组织管理的模式，结合学科性质，按照馆藏文献利用率的高低，组成集成化的三线典藏制藏书布局，或按学科知识间的关联性、学校专业设置及重点学科建设情况，分别设置若干个学科文献库，使同学科、同专业、同专题的文献资源同在一个书库。这样，读者在进行文献信息查询和科学研究时，便可一步到位地查找到他们所需要的文献。二是重新对现有馆藏文献进行合理的评估，系统分析各类文献的利用情况，在保证入藏文献系统、完善的前提下，用科学的方法（如统计法、文献计量法）筛选、剔除一些老化的、不适合学校发展需要的、利用率低的文献，补充一些主要学科和扩招后新组合、新设置专业的文献，使图书馆馆藏“吐故纳新”，得到进一步的优化。

再次，加强馆藏资源数字化建设。由于数字资源具有物理空间占用小、使用方便、多用户可同时使用等特点，因此，大众化教育推进阶段，在图书馆读者不断增多、文献资源不足的情况下，进行馆藏资源数字化不失为一种好办法。一是将利用率高的热门书扫描加工后，放在 Web 服务器上供读者上网阅读；二是将馆藏非书资料，如随书光盘等放在 Web 服务器上供读者使用；三是自建特色学科数据库。目前，各高校都有各自的特色学科与优势专业，相应的图书馆的馆藏资源亦各具特色，图书馆可对其丰富的特色馆藏文献信息资源进行全面深入的揭示和开发，建立具有本馆特色的学科数据库。

最后，搞好虚拟馆藏资源建设。虚拟馆藏（virtual holdings）是指通过通信网络、计算机设备与技术获取和利用本馆以外的具有使用权而无所有权的信息资源的总和，它包括电子信息资源、数字信息资源、网络信息资源等。因虚拟馆藏具有虚拟性、无产权性、丰富性、共享性、动态随机性、易用性等特点，因此随着高校办学规模不断扩大，图书馆应根据本校读者的需要加大对数据库的引进购买力度，以缓解馆藏不足和馆舍紧张的问题。图书馆在购买网络联机数据库时，应以国内比较著名、大家认可的综合类全文数据库为主；同时，为满足学校重点学科与特色专业的科研需求，引进一些针对性、专业性强的外文数据库。另外，图书馆还要组织人员对网上丰富的资源进行筛选、加工、整理，形成可供本馆读者使用的共享信息资源。

四、教学型大学及图书馆

（一）教学型大学的基本内涵及特征

教学型大学是专门从事本科教学及以各种职业技术教育为主体的大学。它以应用型人才培养为主，有适量的教学科研和科技研究，有较强的4年制本科教育和部分专科教育，个别专业能培养硕士研究生，其办学比较灵活，有较强的适应能力。它处在中国大学金字塔组成结构的最底层，在我国高校中占有重要的作用。其特点包括：

一是教学型大学的主要任务是传承文化、传授知识或培训技能，为社会各行各业培养各种各样的高素质的专门技术型人才。为应对大众化的发展、就业市场的需要，其传授的知识具有很强的应用针对性和规范化。这类学校以本科教学为主，有较强的师资力量和相当完善的课程体系，有一定的基础研究力量和技术开发能力，其科研主要是围绕如何提高教学质量而进行的教改研究。

二是教学型大学形式多样，种类繁多。教学型大学的办学层次和性质决定了其办学主体的多样化、投资主体的多元化、办学形式的多类型化。从办学主体上看，教学型大学包括国家、地方政府、企业和事业单位举办的各种高等教育机构。从投资主体上看，教学型大学包括国家及社会各种投资主体。在办学形式上，教学型大学更是形式多样、丰富多彩，按大的系列分类，有普通高等教育和成人高等教育；按层次分类，有研究生教育（主要是硕士）、本科教育、专科教育；按类型分类，有职业技术教育、函授教育、远程教育、电大教育、夜大教育、自学考试等①。

① 宣勇：大学组织结构研究，高等教育出版社，2005年版，第195页。

（二）教学型大学图书馆建设

1. 准确定位，确定正确的建设思路

教学型大学是以培养本、专科学生为主的院校。办学条件不如研究型、研究教学型及教学研究型大学，其中最重要的是办学经费不足。作为学校三大支柱之一的图书馆要准确定位，选准正确的建设思路，密切配合学校的教学任务进行建设，特别是文献资源建设一定要切合学校实际。文献资源建设是一项系统工程，同时也是一个动态工程，因此图书馆要随着学校的发展及学科建设的发展进行馆藏资源建设，要注意各种资源关系的协调，避免重复和浪费，尤其要注意实体资源与网络资源的协调，将图书馆建设成一个印刷型文献与数字化文献、实体馆藏与虚拟馆藏合为一体的科学合理、节约实用、保障有力的文献保障体系。

2. 利用有限经费，搞好馆藏资源建设

由于教学型大学以本科教育为主，并有专科教育，主要培养应用型专门人才，但办学经费不充足,因此,图书馆要紧密结合学校的实际,合理利用有限的经费搞好馆藏资源建设。

（1）根据学校的办学特色，完善传统纸质馆藏资源

纸质文献历史悠久，一般图书馆经过多年的积淀都有着丰富的馆藏，并且大多纸质文献价格相对较低、读者又大多习惯于阅读纸质文献。因此，教学型大学图书馆要根据学校的办学特色不断加强和完善已有的纸质馆藏资源，并不断改善馆藏纸质文献的结构和配置，形成较为鲜明的具有本校学科、专业特色的馆藏。

（2）合理配置电子文献资源

由于教学型大学担负着大量的本科生及专科生的教育任务，并且年年扩招，图书馆的读者人数不断增加，而图书馆的经费却没有相应地增加。因此，为保证读者的学习、研究的需要，图书馆要在建设纸质馆藏资源的同时，尽可能地加大对数字资源的投入，合理购买电子文献资源，以保证学校教学与科研的需求。因为电子文献集“图、文、声、像”于一体，具有种类多、体积小、容量大、检索方便、读取速度快、不受时间限制、多用户可同时使用等特点，图书馆合理购买电子资源能缓解购书经费紧张、馆藏纸质资源不足的问题，如购买“超星数字图书馆”“书生之家”等。

（3）采用先进技术，使馆藏资源数字化

为缓解教学型大学图书馆经费不足、馆藏资源匮乏的问题，图书馆还应对现有馆藏文献数字化以扩大馆藏量。例如，将使用率高的公共用书（如英语等级考试书、计算机等级考试书与其他热门书）及教学参考书等扫描加工后，放到服务器上供读者上网阅读；

还可通过超星公司或其他 IT 企业采用 TRS 信息技术镜像图书，如超星图书馆最近为西华师范大学图书馆新镜像图书 41 万多册、北大方正 APABI 在该馆镜像各类电子图书 2000 多册，增加了该馆的图书量。

3. 挖掘网络有用资源，补充馆藏文献量

由于教学型大学图书馆经费有限，因此，图书馆要充分挖掘网络资源，依据学校学科和专业设置，对网上免费的相关学术资源进行搜集、分类、整理，建立网上学术资源导航库，及时地在图书馆网页上发布并链接，如链接 Free-FullText、HighWire、中国自然资源数据库、国土资源科学数据库等，以扩大师生获取文献信息的渠道；另外，有些数据库商家为推广其产品，常向图书馆提供试用，图书馆要抓住试用时机及时向师生介绍试用数据库，让师生获取更多的免费网络信息资源。

4. 开展联合采购和馆际互借，实现资源共享

教学型大学图书馆经费困难，各馆购买的书刊品种有限，这就需要各馆互相协作、联合购买，特别是价格昂贵的外文原版图书和一些数据库，更应走协作之路，以便节省经费、增加馆藏量，提高扩招后的文献保障率。为此，各教学型大学图书馆应开展联合采购，实现资源共享，以弥补自己馆藏的不足。在进行联合采购时，要明确各自的馆藏结构和馆藏重点，加强采访的针对性、实用性、适时性，建设良好的共享体系。同时，图书馆应积极与国家科技图书文献中心、中国高校人文社会科学文献中心、国家图书馆以及其他高校图书馆等建立原文文献传递服务关系，积极开展网络原文文献传递服务工作，实现信息资源的高度共享，以提高图书馆的文献保障能力。

第五章 对我国高校图书馆未来建设的思考

按照《中国教育与人力资源问题报告》的战略构想，到2050年我国将进入高等教育普及化阶段，那时高校图书馆也将不仅是某一高校所独自拥有的文献信息中心，也不仅是一个服务性的教辅机构，而是整个国民教育的重要组成部分。它将向全社会公民开放，成为人们获取知识、加工知识、配置知识资源的基地，承担起收集知识、加工知识、传播知识、培养人才的重任。具体地说，高等教育普及化阶段，高校图书馆将呈现出以下特点。

一、高校图书馆高度现代化

高等教育普及化时期，高校图书馆的高度现代化，除了包括图书馆的采访、编目、典藏、流通、统计、查阅咨询、情报检索、查新等业务工作全部实行计算机完成外，主要体现在馆藏多元化、虚拟化、网络化等。馆藏多元化指文献信息载体多样化，高校图书馆的馆藏除了由传统的印刷文献向印刷型和非印刷型文献并存方向发展外，更趋于由实体向虚拟化、数字化、网络化发展。信息网络化指高校图书馆利用收藏文献资源的数据库化与通信技术、网络技术、计算机技术相结合，克服单个图书馆文献收藏的局限性，在信息资源的共享上实现网络化，即我们所说的“大图书馆”。

二、高校图书馆功能不断创新

传统的读者服务是“图书馆向读者提供知识的服务，也就是最简单的借阅图书资料”。高等教育普及化时期，新的高校人才培养模式要求要塑造集知识、能力与素质于一体的创新型人才，高校图书馆将是信息资源产品的“加工厂”，站在培养适应社会需要的新型人才的高度，根据新型的培养模式的要求对有关信息资料进行二次加工、三次加工，创造直接可为师生利用的高效的信息产品，把高校图书馆传统的知识传递功能调整到知识创造功能，把“服务于”教学、科研的功能调整到“结合于”教学、科研功能的高度，使传统的收藏功能向利用功能转变。同时，由于普及化时期网络通信的高度发达，高校图书馆的功能将由单一的文献信息传递功能向多维的网络信息传递功能转变。另外，由于高等教育普及化时期高校图书馆面向社会读者开放，因此其功能将由为师生教学、科研服务转变为为大众提供终身学习的功能。再就是，高校图书馆因其丰富的馆藏、浓厚的文化氛围等，又具有为人民群众提供丰富精神生活和文化娱乐的功能。

三、高校图书馆学术性职能不断强化

高等教育普及化时期，为适应高等教育的变革，高校图书馆的学术性将不断得到强化，学术研究将成为图书馆的工作任务，成为推动高校图书馆不断发展的催化剂。高校图书馆将通过学术研究，不断提高馆员的综合素质，不断改进、提高业务工作水平，使信息资源整序更为规范、读者服务更有效、办馆效益更高，在高等教育普及化中发挥更大的作用。

四、高校图书馆知识服务更便捷

高等教育普及化时期，现代化、网络化高度发达，图书馆可将多种信息资源（如图书、期刊、报纸、数据库等资源）整合为一体，根据读者的个性化需要，采用先进技术，推送给读者，使读者享受到多元化、快捷而便利的服务。

五、高校图书馆直接参与学校教学

高等教育普及化时期，教育媒体趋于信息化，使以课堂讲授为主的教学方式变为以学生运用信息手段、主动获取信息知识为主、教师指导为辅的教学方式，高校图书馆直接参与教学，通过文献信息对学生读者进行全社会性的、全知识性的教育，扩展了教育的开放度，成为高校开展教育的“主课堂”。同时，图书馆工作人员将是学校网络课件开发的重要参与者和学校课程的设计者，他们将参与和支持网络教学资源的开发和新技术的应用，成为学校网络课件开发小组的成员；他们还将积极参与网上教学和讲座；并评价、组织高质量的网络资源，形成嵌入课件的超级链接，还将设计检索图书馆电子资源的用户界面，提供虚拟咨询台，为课件用户解答咨询、承担课件开发中的版权申请和管理任务，等等。总之，高等教育普及化时期，高校图书馆将成为推动高等教育发展的生力军。

六、高校图书馆成为终身教育的重要场所

高等教育普及化时期，教育的过程已不再仅集中在传统意义上的学校，继续教育和各种形式的技能教育成为全社会的行动。那时的社会已是“学习型社会”，各类教育资源都向公众开放,高校图书馆也将对社会全面开放,为全社会的学习者提供文献信息保障,成为无围墙的学校，成为适应各年龄和知识层次的人学习和研究的最佳场所，成为公众终身教育的重要机构。

参考文献

[1] 胡守为，杨廷福 . 中国历史大辞典 [M]. 上海：上海辞书出版社，2000.

[2] 白清滨 . 图书管理员手册 [M]. 长春：吉林人民出版社，1988.

[3] 李国新 . 中国图书馆年鉴 [M]. 北京：科学技术文献出版社，2004.

[4] 张文贤 . 国际惯例词典 [M]. 上海：复旦大学出版社，2000.

[5] 赵国璋，潘树广 . 文献学辞典 [M]. 南昌：江西教育出版社，1991.

[6] 甘肃省文献资源调查工作组 . 甘肃省文献资源利用指南 [M]. 兰州: 兰州大学出版社，1991.

[7] 高等学校图书情报工作指导委员会 . 中国高等学校图书馆大全 [M]. 北京：印刷工业出版社，2008.

[8] 吴晞 . 文献资源建设与图书馆藏书工作手册 [M]. 北京：书目文献出版社，1993.

[9] 游铭均，白景龙 . 学校工作评估实务全书 [M]. 北京：中国人事出版社，1996.

[10] 安顺市地方志编纂委员会 . 安顺府志 [M]. 贵阳：贵州人民出版社，2007.

[11] 安作璋，熊铁基 . 秦汉官制史稿 [M]. 济南：齐鲁书社，1984.

[12] 白兴发 . 彝族文化史 [M]. 昆明：云南民族出版社，2002.

[13] 白新良 . 中国书院发展史 [M]. 天津：天津大学出版社，1995.

[14]（美）彼德・德鲁克 . 创业精神与创新 [M]. 北京：工人出版社，1988.

[15] 蔡克勇，韩民 . 跨世纪的中国高等教育办学与管理体制改革研究 [M]. 南宁：广西教育出版社，2002.

[16] 蔡振生，刘立德 . 陈宝泉教育论著选 [M]. 北京：人民教育出版社，1996.

[17] 陈豹义 . 难忘的回忆：福建师范大学老同志回忆录 [M]. 北京：中国大百科全书出版社，2007.

[18] 陈谷嘉，邓洪波 . 中国书院史资料 [M]. 杭州：浙江教育出版社，1998.

[19] 陈磊 . 素质教育新论 [M]. 武汉：武汉理工大学出版社，2003.

[20] 陈学恂 . 中国近代教育史教学参考资料 [M]. 北京：人民出版社，1986.

[21] 陈元晖 . 中国古代的书院制度 [M]. 上海：上海教育出版社，1981.

[22] 程千帆，徐有富 . 校雠广义 [M]. 济南：齐鲁书社，1998.

[23] 董乃强 . 中国高等师范图书馆史 [M]. 北京：人民教育出版社，2002.

[24] 杜克 . 当代中国的图书馆事业 [M]. 北京：当代中国出版社，1995.

[25] 樊克政 . 书院史话 [M]. 北京：中国大百科出版社，2000.

[26] 符娟明 . 比较高等教育 [M]. 北京：北京师范大学出版社，1987.

[27] 何东昌 . 中华人民共和国重要教育文献 [M]. 海口：海南出版社，1998.

[28] 贺国庆，王保星，朱文富 . 外国高等教育史 [M]. 北京：人民教育出版社，2003.

[29] 侯光明 . 中国研究型大学——理论探索与发展创新 [M]. 北京：清华大学出版社，2005.

[30] 胡凡，巴新生 . 中国古代史研读要览 [M]. 哈尔滨：黑龙江人民出版社，1990.

[31] 胡建华 . 战后日本大学史 [M]. 南京：南京大学出版社，2001.

[32] 金恩辉 . 金恩辉图书馆学文选 [M]. 长春：吉林人民出版社，1993.

[33] 李秉严 . 四川高校图书馆 100 年 [M]. 成都：四川科学技术出版社，1999.

[34] 李才栋 . 江西古代书院研究 [M]. 南京：江西教育出版社，1993.

[35] 李才栋，熊庆安 . 白鹿洞书院碑记集 [M]. 南京：江西教育出版社，1995.

[36] 李朝先，段克强 . 中国图书馆史 [M]. 贵阳：贵州教育出版社，1992.

[37] 李剑萍 . 中国现代教育问题史论 [M]. 北京：人民出版社，2005.

[38] 李明华 . 中国图书馆建筑研究跨世纪文集 [M]. 北京：北京图书馆出版社，2003.

[39] 李铁君 . 大学学科建设与发展论纲 [M]. 北京：中国社会科学出版社，2004.

[40] 李希泌，张椒华 . 中国古代藏书与近代图书馆史料 [M]. 北京：中华书局，1982.

[41] 李振民，赵保真 . 中国抗日战争史纲 [M]. 西安：西北大学出版社，1992.

[42] 梁柱 . 蔡元培与北京大学 [M]. 银川：宁夏人民出版社，1983.

[43] 沈红 . 美国研究型大学形成与发展 [M]. 北京：华中理工大学出版社，1999.

[44] 沈津 . 书韵悠悠一脉香：沈津书目文献论集 [M]. 桂宁：广西师范大学出版社，2006.

[45] 舒新城 . 中国教育史资料 [M]. 北京：人民教育出版社，1981.

[46] 吴晞 . 时代的链接：深圳图书馆十五年 [M]. 北京：北京图书馆出版社，2001.

[45]（日）松见弘道 . 中国图书与图书馆 [M]. 北京：书目文献出版社，1995.

[46] 王惠君，荀昌荣 . 图书馆文化论 [M]. 长沙：湖南大学出版社，2004.

[47] 王酉梅 . 中国图书馆发展史 [M]. 长春：吉林教育出版社，1991.

[48] 隗瀛涛 . 四川近代史稿 [M]. 成都：四川人民出版社，1990.

[49] 魏宏运 . 中国现代史 [M]. 北京：高等教育出版社，2002.

[50] 夏东元 . 郑观应集 [M]. 上海：上海人民出版社，1982.

[51] 谢灼华 . 中国图书和图书馆史 [M]. 武汉：武汉大学出版社，1987.

[52] 熊明安 . 中国近现代教学改革史 [M]. 重庆：重庆出版社，1999.

[53] 熊月之，周武 . 圣约翰大学史 [M]. 上海：上海人民出版社，2006.

[54] 徐凌志 . 中国历代藏书史 [M]. 南昌：江西人民出版社，2004.

[55] 宣勇 . 大学组织结构研究 [M]. 北京：高等教育出版社，2005.

[56] 严文郁 . 中国图书馆发展史：自清末至抗战胜利 [M]. 台湾：枫城出版社，1983.

[57] 中国图书馆学会 . 中国图书馆事业百年 [M]. 北京：北京图书馆出版社，2004.

[58] 中国图书馆学会 . 百年大势——历久弥新 [M]. 北京：科学出版社，2004.